다문화사회와 역사교육

다문화사회와 역사교육

초판 1쇄 인쇄 2023년 6월 01일
초판 1쇄 발행 2023년 6월 10일

지은이 | 곽희정
펴낸이 | 윤관백
펴낸곳 | 선인

편   집 | 장유진
영   업 | 김현주

등   록 | 제5-77호(1998.11.4)
주   소 | 서울시 양천구 남부순환로 48길 1(신월동 163-1) 1층
전   화 | 02)718-6252/6257
팩   스 | 02)718-6253
E-mail | sunin72@chol.com

정 가 17,000원
ISBN 979-11-6068-819-1 93370

다문화사회와 역사교육

곽희정

발간사

  연구 앞에서는 두려울 수밖에 없다. 특히, 연구자의 삶이 아닌 교육현장을 누비면서 살아온 나에게는 더욱 그러하다. 하지만 큰 용기를 내어 이 글을 세상에 내놓게 되었다. 솔직히 이 글은 나의 지난 10여 년의 삶이 응축된 결과물이다. 나는 2012년부터 다문화 대안학교에서 다문화 배경의 학생들에게 역사를 가르치는 교사로 활동해 왔다. 한국어가 서툴고 한국문화가 익숙하지 않은 다문화 배경의 학생들에게 역사를 가르치는 일은 거의 모험에 가까운 일이었다. 무엇을 어떻게 가르쳐야 하는지 실제적인 지식이 거의 전무한 현실에서 홀로 고군분투하며 무수한 날들을 고민하고 성찰하였다. 돌이켜보면 교육현장에서 다문화 배경의 학생들과 직접 부딪히면서 이를 이론화 하는 과정이 나에게는 결코 쉽지 않은 시간이었음을 고백하지 않을 수 없다. 그럼에도 불구하고 이 글을 세상 밖으로 내놓은 것은 마치 나의 숨겨놓은 비밀을 고백하는 일처럼 부끄럽고 두렵기만 하다. 하지만 교육현장에서 여전히 어려움을 겪고 있는 현장교사들과 앞으로 다양한 배경의 학생들을 가르칠 예비교사들을 위해서 용기를 내었다. 부족한 글이지만 교육현장의 이야기를 고스란히 담고 있는 연구서가 흔치 않은 현실 상황에서 이들에게 실질적인 도움이 될 수 있으리라 생각한다. 그리고 이 글을 발판으로 더욱 활발한 논의가 펼쳐지기를 기대한다.

  이 책의 1부는 필자의 박사학위논문을 요약한 글이다. 그리고 2부와 보론은 한국연구재단 KCI 등재학술지인 『다문화사회연구』, 『역사와 교육』,

『다문화사회와 교육연구』에서 출간된 논문을 요약·수정한 글이다. 특히, 「이주배경학습자를 가르치는 역사교사의 수업 전문성 연구」는 천은수 박사님의 조언을 받아서 집필하였고, 「관광통역안내사의 직업경험 연구」는 이로미 박사님의 도움이 있었기에 보다 탄탄한 논리를 갖출 수 있었다. 그리고 「결혼이주여성의 한국사 학습 목적과 의미」는 김옥녀 박사님의 도움으로 완성될 수 있었다. 이 자리를 빌어 세 분 박사님께 진심으로 감사드린다.

끝으로 이 조그만 학문적 결실이 이렇듯 책으로 만들어질 수 있도록 많은 도움을 주신 분들에게 감사인사를 하지 않을 수 없다. 우선 나의 학부 스승이면서 늦깎이 연구자로 입문한 부족한 제자를 한결같이 응원해 주시는 숙명여대 역사문화학과 문지영 교수님께 진심으로 감사하지 않을 수 없다. 아울러 현장실천가이면서도 연구자로서의 삶을 살아가기 위해서는 나의 학문적 이론을 세상 밖으로 드러내야 함을 일깨워 주신 역사와 교육학회 조성운 회장님과 동국대학교 강택구 교수님께 감사의 마음을 전하고 싶다. 그리고 항상 고군분투하면서 살아가는 나의 삶에 버팀목이 되어준 동생 희임이와 친구인 민정에게 고맙다는 인사를 하고 싶다. 마지막으로 이 책의 출판을 기꺼이 수락해 주신 선인출판사 윤관백 대표님과 하늘나라에 계신 나의 아버지, 투병 중이신 나의 어머니께 이 책을 바치고 싶다.

2023년 5월

곽희정 씀

차례

발간사   5

1부 중도입국청소년을 위한 한국사 교수전략 연구

Ⅰ. 서론   11

   1. 연구의 목적과 필요성   11

   2. 연구방법   16

Ⅱ. 공평교수법(Equity Pedagogy)   24

   1. 공평교수법의 의미와 논의   24

   2. 문화감응교수법(Culturally responsive teaching)   35

Ⅲ. 중도입국청소년 대상 한국사교육 실태   43

   1. 중도입국청소년 대상 한국사교육의 필요성   43

   2. 중도입국청소년 대상 한국사교육의 한계   51

Ⅳ. 중도입국청소년을 위한 한국사 교수전략 탐색   68

   1. 한국사 수업에서 공평교수법의 실천방안 모색   68

   2. 한국사 수업설계 방안   87

Ⅴ. 중도입국청소년을 위한 한국사 교재 개발 방안   113

   1. 교재 내용 구성   113

   2. 교재 내용에 따른 교수전략   133

Ⅵ. 결론   152

2부 이주배경학습자를 위한 역사교육

1장 이주배경학생을 가르치는 역사교사의 수업 전문성 연구　　157

2장 결혼이주여성의 한국사 학습의 목적과 의미　　181

보론

결혼이주여성 관광통역사의 직업경험 사례연구　　199

참고문헌　　239

◈ 1부 ◈

중도입국청소년을 위한
한국사 교수전략 연구

중도입국청소년을 위한
한국사 교수전략 연구

Ⅰ. 서론

1. 연구의 목적과 필요성

역사교육은 이미 다양한 현장연구와 이론 연구를 통해서 학문적 성과를
축적해 오고 있다. 그리고 최근 들어 다문화교육과 역사교육에 관한 논의도
활발하게 이루어지고 있다. 하지만 다문화배경 학생이 매해 급증하고 있는
한국의 교육 지형에서 여전히 이들을 대상으로 하는 역사교육에 관한 논의
는 매우 부족한 실정이다. 특히 다문화배경 학생 중에서도 한국어와 한국문
화가 익숙하지 않은 중도입국청소년들에게 한국사를 어떻게 가르쳐야 하는
지에 관한 연구는 매우 미미한 실정이다.

대개 중도입국청소년이란 일정 기간 외국에서 성장하다가 한국에 입국한
청소년을 통칭하는데, 우리나라의 경우는 결혼이민자가 한국에서 국적취득
후 현지에서 거주 중이던 자녀를 한국으로 초청하여 학령기에 들어온 청소년

이나 이주노동자인 부모와 함께 동반 입국한 청소년들이 다수를 차지한다.[1]

중도입국청소년은 한국에서 생활하면서 한국어를 모국어로 배우고 한국의 감수성을 지닌 국내출생의 다문화가정 자녀들과는 달리, 외국에서 태어나 일정 기간 동안 성장한 후 한국에 입국하였다. 이에 부모의 국제결혼으로 한국에서 태어나 성장한 일반 다문화가정의 청소년들과는 확연히 다른 가치관과 환경적 특성을 갖고 있다. 따라서 국내 출생의 다문화자녀들에 비해 한국어와 한국문화에 대한 이해가 매우 부족할 뿐만 아니라 2개 이상의 언어와 문화의 혼재, 새로운 가족의 결합, 학습공백, 생활 습관 및 가치관의 차이 등으로 모든 것이 낯설고 긴장된 상황 속에서 생활한다. 더욱이 대부분 학령기에 속하는 학생들이지만 체류 신분의 문제, 학교 진입에 필요한 서류와 절차상의 문제, 한국 교육 시스템에 대한 이해 부족, 낮은 한국어 능력 등의 문제로 공교육에 진입하는데 어려움을 겪고 있는 실정이다.[2]

전국다문화가족실태조사에 의하면 중도입국청소년의 재학자 비율은 66.8%를 보이고 있는데, 이들 중 다수는 학교교육 안에 진입하였다 하더

---

1) 교육부는 다문화 학생의 유형을 국제결혼가정의 자녀와 외국인 가정의 자녀로 구분하고 있다. 그리고 국제결혼가정의 자녀를 국내출생 자녀와 중도입국청소년으로 구분하고 있다. 본 연구에서는 교육부에서 구분한 중도입국청소년의 정의와 달리 이주노동자인 부모와 함께 동반 입국한 외국인 가정의 자녀도 중도입국청소년으로 포함시키겠다. 즉, 외국에서 생활하다가 중도에 한국으로 입국하여 체류하는 외국인을 중도입국청소년으로 통칭하겠다. 왜냐하면 교육부에서 구분한 중도입국청소년과 외국인 가정 자녀는 모두 한국어가 모국어가 아니라는 점, 일상적인 한국어 의사소통에도 어려움을 겪는다는 점, 한국어로 학습하는 것이 거의 불가능하다는 점에서 공통점을 보이기 때문이다. 반면에 탈북자녀들을 중도입국청소년으로 포함시키기도 하지만 탈북자녀들은 한국어 의사소통에 어려움을 겪는 것은 아니기 때문에 본 연구에서는 별도로 구분하겠다. 교육부 통계에 따르면 2022년 기준 외국인 가정의 자녀를 포함한 중도입국청소년들은 총 42,616명으로 집계된다. 하지만 학교를 다니고 있는 수보다 학교를 포기한 숫자가 훨씬 많기 때문에 중도입국청소년들에 대한 정확한 집계는 현실적으로 불가능하다.
2) 배상률 외, 『중도입국청소년의 실태 및 자립지원방안 연구』, 한국청소년정책연구원, 2016, p.3.

라도 인종적·언어적 차이로 인한 어려움과 차별로 인해서 학교 부적응 상태에 놓여 있다.[3] 문제는 학교 밖으로 내몰린 중도입국청소년들은 은둔형 외톨이가 되거나 외국인들이 집단적으로 거주하고 있는 지역에서는 또 다른 범죄의 온상이 되는 경우도 있고, 프리터족이나 니트(NEET; Not in Education, Employment, or Training)족으로 전락하고 있다는 점이다. 따라서 교육기회의 사각지대에 놓인 중도입국청소년들이 교육결손으로 인해서 사회적 취약계층으로 전락하지 않도록 그들의 잠재력을 발굴할 수 있는 체계적인 교육지원방안을 마련할 필요성이 있다.

2019년 2월 교육부는 다문화학생을 우수한 인재로 양성하고 우리 사회의 개방성을 높일 수 있도록 내실 있는 지원체계를 마련하겠다고 하였다. 그러나 한국어 구사능력이 부족한 중도입국청소년들은 정규학교에서 사용되는 교과서 속 용어나 개념을 제대로 이해하기 어렵기 때문에 학업에 상당한 어려움이 있을 수밖에 없다. 이 때문에 중도입국청소년들은 학업을 중단하거나 다문화 대안학교로 진학해서 한국어 및 기본교과 과정을 배우고 있다.[4] 그렇지만 다문화 대안학교에서조차 중도입국청소년들을 위한 효과적인 교수전략을 찾지 못해 현장 수업에 어려움을 겪고 있는 실정이다. 특히 역사 과목은 학습량의 방대함과 어려운 용어들의 나열로 인해서 중도입국

---

3) 2018년 전국다문화가족실태조사 연구에 의하면 국내 성장 자녀의 95.5%는 현재 재학 중인데 비해서 외국에서 주로 성장한 중도입국청소년의 재학자 비율은 66.8%로 나타나고 있다(여성가족부, 『2018년 전국다문화가족실태조사연구』, 2019, pp.534~535).
4) 다문화 대안학교란 이주, 국제결혼 등을 경험한 다문화가정 자녀들이 언어와 문화 부적응, 편견과 차별, 교육 불평등 및 소외를 극복하고 적절한 교육 기회를 누리면서 긍정적인 정체성을 확립하게 하기 위해 만든 학교이다. 다시 말해, 다문화 학생들이 사회 부적응에서 벗어나 개개인의 소질을 개발하기 위한 교육을 실현시키고자 만들어진 학교이다. 현재 많은 중도입국청소년들은 정규학교에 편입되지 못하고 비정규 교육기관이나 다문화 대안학교에 다니는 경우가 많다.

청소년들의 학습의욕을 떨어뜨리고 있다.[5] 더구나 국가 간의 정치적·역사적으로 민감한 문제들을 어떻게 다루어야 하는지에 대한 해법을 찾지 못한 채 현장교사들은 난감한 상황에 직면해 있다.

위와 같은 문제의식하에 본 연구에서는 중도입국청소년들의 학업결손을 보완하고 학업성취도를 높이기 위해서는 이들을 위한 맞춤형 교과학습전략이 필요하다고 판단하고 다음의 연구를 진행하였다.

첫째, 중도입국청소년을 위한 효과적인 한국사 교수전략을 탐색해 보았다. 현재까지 한국어가 서툰 중도입국청소년을 위한 교과 교수법 연구는 한국어 교수 학습 방안 몇 편을 제외하고는 거의 찾아보기 어려운 실정이다. 특히 한국사는 앞서 설명하였듯이 중도입국청소년들이 가장 어려워하는 교과목이고, 워낙 방대한 내용을 다루고 있어서 현장 교사가 수업을 진행하는 데 어려움을 호소하고 있는 실정이다. 게다가 국가 간의 정치적·역사적으로 민감한 문제들이 있는 경우에 이를 효과적으로 다룰 수 있는 교수전략을 찾지 못해 곤란을 겪는 경우가 많다.[6]

이에 본 연구에서는 다문화교육의 여러 차원중의 하나인 공평교수법 (Equity Pedagogy)에 착안하여 한국사 수업 방안을 설계해 보았다.[7] 그리고 설계된 수업 방안을 토대로 A여행사에서 진행한 '문화관광인재양성과정'

---

5) 장의선, 「다문화가정 중학생의 사회과 학습 실태에 관한 연구」, 『글로벌 교육연구』 7(3), 2015 ; 이정우, 「국가수준 학업성취도 평가결과를 통해 본 다문화가정 학생의 사회과 학업성취도 특성」, 『시민교육연구』 45(2), 2013 ; 우희숙, 「중학교 사회수업에 대한 다문화가정 학생의 학습경험이해」, 『다문화교육연구』 2(1), 2009.
6) 김종훈 외, 「문화적으로 적합한 교수법 실행경험에 대한 내러티브 연구」, 『교육문화연구』 24(2), 2018, p.700.
7) 'Equity pedagogy'를 '공평교수법', '평등교수법', '공평한 교수법', '평등교육' 등 학자들마다 다르게 번역해서 사용하고 있다. 본 연구에서는 '공평교수법'이라는 용어로 통일하였다.

에 참여하고 있는 중도입국청소년 14명을 대상으로 한국사 수업을 실제로 진행해 보고, 효과적인 교수전략을 모색하였다.[8]

둘째, 학교 밖 중도입국청소년을 위한 교육센터나 중·고등 다문화 대안학교, 그리고 정규학교 한국어학급에서 활용할 수 있는 한국사 교재 개발 방안을 마련하였다. 나아가 한국사 교재 내용에 따른 구체적인 교수전략을 제시하였다. 2016년부터 교육부와 중앙다문화교육센터에서는 다문화 학생들이 어려워하는 교과의 주요 개념 및 어휘를 알기 쉽게 설명한 교재를 개발하고 보급하기 시작하였다. 그리고 2023년 현재까지 초등 1·2학년 국어와 수학, 중등 수학, 초등 3·4·5·6학년 국어·사회·수학·과학, 중학교 학년별 국어와 사회 교재는 이미 개발이 완료되었다. 하지만 중·고등 한국사 교재는 아직 개발되지 않았다. 또한 이미 개발된 초등 5·6학년 사회 교재 속에 한국사 내용이 일부 포함되어 있지만 한국어 전문가에 의해서 개발된 교재이다 보니 내용면에서 교과 전문성이 부족한 경향이 있다. 특히 어휘 학습에 치중해서 교재를 개발한 결과, 시대 흐름에 따른 중요한 사건이나 사람들의 생활 모습 등 역사적 내용을 다채롭고 균형감 있게 서술하는 데는 부족한 교재라고 판단된다. 따라서 어휘 학습 중심의 교재 수준에서 벗어나서 중도입국청소년의 특성을 고려하면서 내용면에서도 전문적인 한국사 교재를 개발할 필요성이 제기된다.

본 연구는 중도입국청소년들처럼 다양한 언어와 문화를 지닌 소수 학습

---

8) 여성가족부 사업 중의 하나로 '내일이룸학교' 사업이 있다. 내일이룸학교는 공교육에 적응하지 못하고 중도 탈락한 청소년들을 대상으로 직업교육을 통해서 그들이 한국 사회에서 건강하게 생활할 수 있도록 돕기 위한 목적으로 진행되는 사업이다. 필자는 이중언어가 가능한 중도입국 청소년들의 장점을 활용하여 이들이 관광 관련 직업에 종사할 수 있도록 'A여행사'와 함께 '문화관광인재양성과정'을 기획하였고, 2019년 4월 1일부터 9월 25일까지 교육을 진행하였다.

자들을 대상으로 한 역사교육연구에 새로운 방법론적 시사점을 제공해 줄 것이다. 그리고 다문화 배경의 학생들을 대상으로 어떻게 수업을 해야 할지에 대한 실제적이고 경험적인 지식이 부족한 현장 교사들의 어려움을 해결하는 데 미약하나마 도움이 될 수 있을 것이다.

2. 연구방법

1-1. 연구 참여자

본 연구의 참여자는 A여행사에서 진행한 '문화관광인재양성과정' 교육에 참여한 만 15세 이상 24세 이하 중도입국청소년 14명이다.[9] 구체적으로 중국 학생이 10명이고 베트남 학생이 3명, 필리핀 학생이 1명이며 한국어 실력은 TOPIK 6급부터 한국어로 의사소통하는 것이 거의 불가능한 학생까지 다양하게 분포하고 있다. 연구 참여자의 세부 사항은 〈표 1〉과 같다.

---

9) '문화관광인재양성과정'은 여성가족부가 주관하는 내일이룸학교 사업의 일환으로 A 여행사와 필자가 중도입국청소년들을 대상으로 기획한 관광 관련 직업교육 과정이다. 이 과정은 중도입국청소년에 대한 진로교육과 직업교육이 척박한 한국의 현실에서 이들을 대상으로 체계적인 직업훈련을 통해 호텔, 면세점 등으로 진출시키는 한편, 문화관광해설사, 관광통역사 등으로 양성하겠다는 계획으로 만들어졌다. 이 사업과 관련된 내용은 「중도입국청소년 대상 기업 내직업교육 프로그램 분석」 (김진희·곽희정, 2020)에 상세하게 실려 있다.

<표 1> 연구 참여자 기초정보 (2019년 기준)

성별 연번	나이	부모출생지		입국시기	본인 출생지	현재 국적	한국어능력
		부	모				
A(남)	만 19세	한국	중국(귀화)	2012년	중국	한국	TOPIK[10) 6급
B(여)	만 19세	중국(귀화)	중국	2015년	중국	중국	TOPIK 6급
C(여)	만 21세	중국	중국	2015년	중국	중국	TOPIK 5급
D(여)	만 20세	중국	중국	2016년	중국	중국	한국어고급[11)
E(남)	만 19세	중국(귀화)	중국	2015년	중국	중국	TOPIK 4급
F(여)	만 21세	한국	중국(귀화)	2015년	중국	한국	TOPIK 4급
G(여)	만 21세	한국	중국	2013년	중국	중국	TOPIK 4급
H(여)	만 19세	한국	필리핀	2014년	필리핀	한국	TOPIK 6급
I(남)	만 19세	한국	중국(귀화)	2015년	중국	중국	TOPIK 3급
J(여)	만 20세	중국	중국	2015년	중국	중국	TOPIK 2급
K(남)	만 19세	한국	베트남	2016년	베트남	베트남	한국어초급
L(남)	만 19세	한국	베트남	2016년	베트남	베트남	한국어초급
M(남)	만 17세	한국	베트남	2018년	베트남	베트남	한국어초급
N(남)	만 21세	한국	중국	2015년	중국	중국	한국어초급

<표 2>는 연구 참여자의 가정환경과 개별적 특징을 개별면담을 통하여 상세하게 정리한 내용이다.

---

10) 한국어능력시험 TOPIK(Test of Proficiency in Korean)은 한국어를 모국어로 하지 않는 재외 동포와 외국인을 위해 한국어 학습방향을 제시하고, 한국어의 보급을 확대 하는 것을 목적으로 시행되었다. 시험의 수준은 토픽Ⅰ(1~2급)과 토픽Ⅱ(3~6급)로 나뉘며, 6급이 가장 높은 급수다.

11) TOPIK 자격이 없는 경우에는 한국어를 듣고 말하고 쓰는데 어려움이 없으면 '한국어 고급'으로 표기하였고, 한국어를 듣는 것은 어느 정도 가능하지만 말하기와 쓰는 것 이 서툴면 '한국어 중급'으로, 한국어로 듣고, 말하고, 쓰는 것이 모두 서툴면 '한국어 초급'으로 표기하였다.

〈표 2〉 연구 참여자 개별적 특징 (2019년 기준)

성별 연번	나이	가정환경	개별적 특징
A (남)	만 19세	어린 시절 친아버지가 돌아가시고, 어머니는 한국인과 재혼하였다. A는 중국에서 할머니와 할아버지에 의해 양육되다가 초등학교 6학년 때 한국에 들어왔으나 그 다음 해에 새아버지도 병으로 돌아가시게 된다. 현재 엄마가 화장품을 판매하면서 A와 동생을 키우고 있다.	A는 가족이 건강하고 행복하게 사는 것이 소망인 착하고 사려 깊은 학생이다. 국적은 한국이고, 학습능력도 우수하다. 특히 마음이 따뜻해서 주변 친구들을 잘 챙겨준다. A는 모든 친구들과 잘 지내고, 좋은 수업분위기를 만드는데 핵심적인 역할을 한다.
B (여)	만 19세	B는 어린 시절 부모님이 이혼하셨고, 큰엄마 손에 의해 키워졌다. 아버지는 한국인과 재혼하셨고, B는 만 15세에 한국에 들어왔다. 새어머니와 아버지 사이에서 동생이 태어났고, B는 아버지와는 친근한 편이지만, 새어머니와는 관계가 어색한 편이어서 하루 빨리 독립하고 싶어 한다.	B는 총명하고, 성격도 겉은 밝은 편이다. 하지만 실제로는 외로움을 많이 느끼는 성격이다. B는 누구보다도 상황 판단이 빠르고 한국어도 능숙하다.
C (여)	만 21세	C는 6살 무렵에 부모님이 이혼하시고, 아버지는 한국으로 일하러 가셨기 때문에 조부모에 의해 양육되었다. 고등학교를 졸업할 무렵에 아버지가 계시는 한국으로 들어왔으나 아버지가 당뇨를 앓게 되어 고모 가족과 함께 살고 있다. 아버지와는 서로 대화가 거의 없는 편이다.	C는 총명하고, 목표의식도 뚜렷하다. 현재 F4비자를 가지고 있고, 한국어도 능숙하다. 무엇보다 C는 학습의지가 강하고 성공에 대한 열망이 강하다. C는 학습태도가 좋고, 매우 성실하다.
D (여)	만 20세	D는 어릴 때 부모님께서 이탈리아로 일하러 가셔서 어린 시절을 조부모에 의해서 양육되었다. 이후 부모님께서 한국에서 일하게 되었고, D도 만 16세부터 한국으로 들어와 부모님·동생과 함께 살게 되었으나 아버지가 도박으로 전재산을 날리고, 동생이 사고로 한쪽 눈을 잃는 사고가 발생한 이후 가정 형편이 어려워졌다.	D는 매우 성실한 학생이다. 또한 상대방에 대한 배려심이 깊고, 학교에 와서 친구들과 함께 생활하는 것을 좋아한다. 하지만 노력에 비해서 학업성취가 부진하다. 현재 F4비자를 가지고 있다.

성별 연번	나이	가정환경	개별적 특징
E (남)	만 19세	E는 부모님께서 한국에서 일하게 되어 15세 무렵에 한국으로 들어오게 되었다. 가족이 화목하고, 특히 어머니가 E의 교육에 대해서 적극적인 관심을 가지고 있다.	E는 자신이 하고 싶은 분야에 있어서는 열심히 노력하고 적극적으로 배우고자 한다. 여행에 관심이 많고 여행상품을 개발하는 일을 하고 싶어 한다. 현재 영주권을 가지고 있고, 한국어로 듣고 이해하는 데는 능숙하지만 쓰고 말하는 능력은 부족하다.
F (여)	만 21세	F는 어린 시절 부모님께서 이혼하시고, 조부모님에 의해 양육되었다. 어머니는 한국인과 재혼하여 여동생을 낳았고, F는 16세 때 한국에 들어오게 되었다. 친어머니와의 관계는 어색한 편이고, 새아버지와는 거의 소통이 없는 편이다. F는 하루 빨리 독립해서 살고 싶어 한다.	F는 매우 성실하지만, 자존감이 떨어지고, 학업성취도 낮게 나타난다. 겉으로는 밝게 웃지만, 내면적으로 우울함이 깊고, 정서적으로도 안정적이지 못하다. 현재 한국 국적을 취득한 상태이다.
G (여)	만 21세	G는 어린 시절을 부모님의 이혼으로 인해 외할머니에게 양육되었고, 만 17세 때 어머니가 계신 한국에 들어와서 새아버지와 살게 되었다. 새아버지께서 성격이 좋으신 편이어서 가족관계에서 느끼는 불편함은 거의 없다고 한다.	G는 열정적으로 살고 싶어 한다. 하지만 아직 무엇을 하면서 살아야 할지가 명확하지 않아서 고민이 많다. G는 총명하고 학업성취도 높다. 현재 F1비자이고, 국적을 신청한 상태이다.
H (여)	만 19세	H는 아버지가 한국인이고 어머니가 필리핀 사람이다. 하지만 부모님은 H가 사춘기 무렵에 이혼하셨고, 아버지가 다시 캄보디아인과 재혼하셨다. H의 동생은 2명인데, 첫째 동생은 필리핀 어머니에게서 태어났고, 막내 동생은 캄보디아 어머니에게서 태어났다.	H는 한국어를 매우 능숙하게 구사하는 편이다. 주변 상황을 살피는 능력이 남들보다 빠르고, 목표의식도 뚜렷하다. 단지 불안정한 가정환경으로 인해 사춘기 때 방황을 많이 하였다고 한다. 현재 한국 국적이다.
I (남)	만 19세	I는 어린 시절 이모에 의해 양육되다가 만 15세에 어머니가 계신 한국으로 들어왔다. 어머니는 한국인과 재혼하셨고, 어머니와 새아버지 사이에서 여동생이 한 명 있다. 어머니와 새아버지는 관계가 좋지 못한 편이어서 I는 고민이 많다.	I는 한국어가 서툰 편이지만, 듣고 이해할 수는 있다. 독립적인 성향을 가지고 있고, 호기심도 많다. I는 마음이 따뜻하고, 중국에서 한국 관련 일을 하면서 살고 싶어 한다. 현재 비자는 F1이다.

성별 연번	나이	가정환경	개별적 특징
J (여)	만 20세	J는 부모님께서 한국으로 일하러 오시는 바람에 15세 무렵에 한국으로 들어오게 되었다. 부모님으로부터 사랑을 많이 받으면서 성장하였고, 가족이 화목하다.	J는 한국어로 말하고 이해하는 능력이 아직은 서투르다. 또한 유독 체력이 약해서 결석이 잦다. 현재는 여행비자여서 체류 신분이 매우 불안정하다.
K (남)	만 19세	K는 재혼한 어머니를 따라 16세에 한국에 들어왔다. 베트남에서 고등학교까지 졸업했고, 한국에서는 어머니와 새아버지 사이에서 태어난 여동생과 함께 살고 있다.	K는 총명하고 밝은 성격이지만 학습의지가 약하고, 목표의식이 없다. 모국에서부터 학습 습관이 형성되지 않아서 학습을 하는 것 자체를 거부하는 성향이 있다. 현재 F1비자이고, 한국어로 의사소통은 가능하다.
L (남)	만 19세	L은 어린 시절 할머니에게 양육되었고, 만 16세 때 재혼한 어머니가 계신 한국에 들어왔다. 원래 새아버지의 자녀인 누나와 형이 있고, 어머니와 새아버지에게서 태어난 동생이 있다. 집에는 L이 거주할 수 있는 방이 없어서 거실에서 지내고 있다.	L은 늘 밝은 웃음을 보이는 학생이다. 음악과 미술 등 예능에 소질이 보이고, 웃는 모습이 해맑아서 보는 사람을 기분 좋게 만든다. 학습의욕은 거의 없는 편이다. 현재 F1비자이고, 의사소통은 가능하나 쓰기와 말하기는 매우 서투르다.
M (남)	만 17세	M은 베트남에서 한국인 아버지와 베트남인 어머니 사이에서 태어났다. 베트남에서 15세까지 살다가 만 16세에 한국에 들어왔다. 한국 학교에 들어가고 싶지만 복잡한 행정절차로 인해서 입학이 지연되었다. 내년에는 다문화 대안학교에 들어갈 예정이다.	M은 한국에 들어온 지 1년밖에 되지 않아 한국어로 의사소통하는 것은 어렵다. M의 아버지는 M의 교육에 깊은 관심을 가지고 있다. M은 한국 국적을 가지고 있다.
N (남)	만 21세	N은 재혼한 어머니를 따라 한국에 들어왔고, 새아버지와는 사이가 좋은 편이다. 가정적으로 특별히 어려운 점은 없고, 가족이 화목하다.	N은 키가 크고, 늘 착한 웃음을 짓는 학생이다. 마음이 따뜻하고, 주변 친구들을 배려할 줄 안다. 한국어 능력은 많이 서투른 편이다. 현재 한국 국적이다.

2-2. 연구절차

본 연구는 중도입국청소년들의 특성을 고려한 효과적인 한국사 교수전략을 탐색해 보고, 한국사 교재 개발 방안을 제시하는데 그 목적이 있다. 이를 위해 문헌연구와 사례연구 방법을 활용하였다.

　본 연구를 성공적으로 수행하기 위해서는 중도입국청소년을 대상으로 실제로 한국사 수업을 진행해 보는 것이다. 이에 학생을 모집하는 것이 가장 중요한 과제였고, 필자는 공립 다문화 학교인 S고등학교와 이주배경을 청소년들을 위한 교육기관인 O교육센터를 방문하여 학생모집을 홍보하였다. 그리고 인천과 수원, 안산 등 수도권 지역의 청소년센터도 방문하였다. 그 결과 면접을 거쳐서 15명의 학생을 선발하였다. 15명의 학생들 중 실제 연구에 참여한 인원은 14명이다.[12] 학생들을 대상으로 본격적인 교육 프로그램을 진행하기 전에 2박 3일 캠프를 통해서 교사와 학생간의 래포(rapport)를 돈독하게 형성하였고, 한국사 수업은 2019년 4월 9일부터 2019년 9월 25일까지 진행하였다. 총 99시간의 교실 강의를 진행하였고, 경복궁·종묘 등 1일 탐방을 4회 실시, 그리고 2박 3일간의 경주 탐방, 2박 3일간의 제주 탐방을 각각 실시하였다.[13]

　본 연구를 위한 절차 및 기간 그리고 구체적인 활동에 관한 세부적인 내용은 〈표 3〉과 같다.

---

12) 만 24세 이하의 중도입국 청소년들 중 체류자격이 안정적이면서 '문화 관광인재 양성 과정' 교육을 받을 수 있는 수준의 교육생을 모집하는 것은 매우 어려운 과정이었다. 최종적으로 15명을 선발하였으나 예외적으로 1인은 베트남에서 온 결혼이주민이다. 여기서 베트남에서 온 결혼이주여성은 중도입국청소년이라고 보기는 어렵기 때문에 본 연구 참여자에서 제외시켰다.
13) 필자는 본 연구에 참여한 중도입국청소년들의 개별적인 특징과 학습 상황을 수시로 점검하였고, 이를 위해 정규수업 시간 이외에 자율학습이나 개별학습지도 시간을 별도로 할애하였다. 또한 캠프와 현장 답사 때 이들과 함께 생활하면서 이들의 특징을 파악하고자 하였다.

<표 3> 연구절차 및 활동내용(2019년)

기 간	활 동 내 용
3월 18일 ~ 3월 28일	S고등학교, O교육센터, 수원·안산·인천지역을 방문하여 학생 모집을 홍보함.
3월 29일	지원자 면접을 통해서 학생 15명을 선발함(실제 연구참여자는 14명임).
4월 5일 ~ 4월 7일	2박 3일 동안 교육생을 대상으로 캠프를 실시하여 교사와 학생간의 정서적 유대감을 형성함. 캠프 기간 중에 학생들의 인적 사항과 한국사를 배워본 적이 있는지에 대한 기본적인 설문조사를 실시함.
4월 9일 ~ 4월 30일	한국사 수업을 주 1회 5시간씩 진행함. 총 4회 20시간 교육
5월 8일	연구 참여자와 개별 면담을 통해서 연구 참여자들의 학습상황을 점검하고 가정환경 등 개별적인 특징을 파악함. 개별 면담시간은 30분 정도임.
5월 9일 ~ 6월 30일	한국사 수업을 주 2회, 1회 3시간씩 진행함. 총 13회 39시간 교육
5월 29일	국립 중앙박물관·국립 한글박물관 탐방
6월 17일 ~ 6월 19일	경주 2박 3일 탐방
6월 20일	연구 참여자들이 선호하는 한국사 교수법에 대해서 개별 면담을 통해서 탐색함. 개별 면담시간은 30분 정도임.
7월 3일 ~ 7월 31일	한국사 수업을 주 2회 2시간씩 진행함. 총 8회 16시간 교육
7월 23일	경복궁·종묘 탐방
8월 1일 ~ 8월 31일	한국사 수업을 주 2회 3시간씩 진행함. 총 8회 24시간 교육
8월 13일	연구 참여자들을 대상으로 한국사를 배우고 나서 이전과 달라진 점에 대해서 개별 면담을 통해서 살펴봄. 개별 면담시간은 30분 정도임.
8월 21일	중도입국청소년 관련 기관 담당자들과 간담회를 개최함.
8월 28일	덕수궁과 서대문 형무소 탐방
9월 17일 ~ 9월 19일	제주도 2박 3일 탐방

본 연구에 참여한 교육생들을 대상으로 진행한 99시간의 한국사 수업은 애초의 수업계획과 달리 많은 난관들에 직면했다. 특히 학생들마다 한국어 실력 차이가 크고, 한국사를 이전에 배워본 학생들도 있지만 전혀 배워보지 않은 학생들도 있었다. 이에 수업 교재를 선택하는 것부터 난감한 상황이었다. 결국은 매시간마다 학습 자료를 상황에 맞게 만들어서 사용해야 했다. 그리고 애초에 세웠던 수업 진도계획을 변경할 수밖에 없었고, 한국어로 의사소통하는 것이 거의 불가능한 학생의 경우에는 정규 수업을 마친 후에 별도의 보충수업을 진행해야만 했다. 또한 학생들의 학습상황은 수업을 진행하면서 수시로 점검하였고, 3번에 걸쳐 개별 면담을 진행하여 학생들의 개별적인 특징과 이들에게 적합한 교수전략에 대해서 탐색하였다. 이들과의 면담은 반(半)구조화된 면담으로 1회 30분씩 진행하였고, 면담장소는 A여행사 평생교육원에서 이루어졌다. 면담은 한국어로 이루어졌고, 한국어가 서툰 교육생의 경우에는 통역지원을 활용하였다. 면담내용은 연구 참여자의 동의를 얻어 모두 녹음하였고, 의미 있는 내용을 1차적으로 선별하였으며 선별된 면담 자료 중 보다 중요한 사항에 초점을 두어 기술하였음을 밝혀 둔다. 그리고 학생들의 상황을 좀 더 면밀하게 분석하기 위해서 학부모, 교사, 다문화센터 센터장과의 간담회를 진행하였고, 수시로 전화통화, 이메일을 통해서 연구에 필요한 자료를 수집하였다.

II. 공평교수법(Equity Pedagogy)

1. 공평교수법의 의미와 논의

1-1. 공평교수법의 의미

중도입국청소년들은 유년기의 대부분을 모국에서 보냈기 때문에 한국에서 새로운 사회화 과정을 거쳐야 한다. 이들은 언어장벽, 문화차이, 가정환경 등에 있어서 여타 다문화배경 청소년들과 견주어 성장과 자립여건이 척박하며, 이들 중 상당수는 한국 사회에 정착하는데 어려움을 겪고 있다.[14] 이처럼 사회적으로나 가정적으로 특수한 처지에 놓여 있는 이들에게 한국사를 가르치는 것은 어떤 의미여야 하고, 학습내용을 무엇으로 선정해야 하며, 어떤 교수전략을 활용해야 효과적으로 가르칠 수 있을까?

위의 질문에 대한 해답으로 다문화교육의 가장 핵심적이고 중요한 철학적 개념이자 이상적인 교수학습 방법인 공평교수법(Equity Pedagogy)에 주목할 필요가 있다.

공평교수법은 다문화 사회의 진전에 따른 지금의 변화가 단순히 문화적 다양성에 있는 것이 아니라 사회적·구조적 불평등에 기반해 있음에 주목하고, 경제적·사회적으로 불리한 조건에 있는 소수집단 출신이나 저소득층 학생들의 학교 적응을 돕고 보다 높은 수준의 학업성취를 이룰 수 있도록 돕는 것을 목적으로 한다.

Banks에 의하면 공평교수법은 다문화교육의 여러 가지 차원(The

---

14) 배상률, 「중도입국청소년의 실태 및 자립지원 방안 : 진로 및 취업을 중심으로」, 『다문화아동 청소년연구』 2(3), 2017, p.69.

Dimention of Multicultural Education) 중의 하나이다.[15] 뱅크스는 다문화교육의 차원을 다섯 가지로 설명하고 있는데 첫째는 내용통합(Content Intergration)이다. 이는 교사들이 자신의 교과나 학문 영역에 등장하는 주요한 개념, 원칙, 이론을 설명하기 위해 다양한 문화 및 집단의 사례와 내용을 활용하는 것을 말한다. 둘째는 지식구성과정(The Knowledge Construction Process)이다. 특정 학문 영역에 내재하는 관점, 편견 등이 해당 학문 영역에서 지식이 형성되는 과정에 어떠한 영향을 미치는지 학생들이 이해하고 판단할 수 있도록 교사가 돕는 것을 말한다. 셋째는 편견감소(Prejudice Reduction)이다. 편견감소는 학생들이 긍정적인 인종적 태도 및 행동을 습득할 수 있도록 하는데 활용할 수 있는 교수전략을 제공한다. 넷째는 학생의 역량을 강화하는 학교문화와 사회조직(Empowering School Culture and Social Structure)이다. 학생의 역량을 강화하는 학교문화와 사회조직이란 다양한 인종, 민족, 언어, 사회계층 집단에서 온 학생들이 교육적 평등과 성공 기회를 가질 수 있도록 학교를 변화의 단위로 개념화하고, 학교 환경을 구조적으로 변화시키는 것을 의미한다. 마지막으로 공평교수법(Equity Pedagogy)을 포함하였다.

Bennet은 다문화교육의 특징을 분석하여 다문화교육의 범주를 네 가지로 분류하였다.[16] 즉 베넷에 따르면 다문화교육은 공평교수법(Equity Pedagogy), 교육과정개혁(Curriculum Reform), 다문화역량(Multicultural Competency), 사회정의를 지향하는 가르침(Teaching

---

15) Banks.J.A., *An introduction to multicultural education*, Pearson Education, 2008, p.32.
16) Bennett, C.I. 저, 김옥순 외 공역, 『다문화교육 이론과 실제』, 학지사, 2009, p.23.

toward Social Justice)의 네 가지 핵심 영역으로 분류된다. 여기서 공평교수법의 의미는 단순히 교육기회의 평등만을 주장하는 소극적인 공평교수법의 개념보다는 각자가 갖고 있는 능력을 최대한 발휘할 수 있도록 지원하는 적극적인 공평교수법의 개념이다.

공평교수법의 개념을 좀 더 구체적으로 살펴보면 공평교수법은 다문화교육의 대표적인 패러다임 중의 하나인 문화차이패러다임(cultural difference paradigm)을 수용한 관점에서 논의될 수 있다. 문화차이패러다임이란 저소득계층과 유색인종 학생들이 학교에서 낮은 학업 성취도를 보이는 것은 그들이 문화적으로 결핍된 문화를 지녀서가 아니라 그들의 문화가 학교문화와 다르며, 사회가 가장 중시하는 주류 문화와 다르기 때문이라고 생각하는 관점이다.[17] 따라서 문화차이론자들은 저소득계층 학생들 및 유색인종 학생들의 학업성취도에 대한 일차적 책임은 학생들의 문화에 있는 것이 아니라 학교 밖 사회 불평등과 학교에 있다고 생각한다. 따라서 학교는 저소득층 학생들 및 유색인종 학생들의 문화적 특징에 부합하는 교수전략을 모색할 필요가 있고. 문화적 다양성을 반영한 풍부한 교수전략을 활용함으로써 이들의 학습동기를 유발하고, 높은 학업성취를 이루도록 해야 한다. 또한 문화차이론자들은 학교가 소수민족 학생들의 학교생활을 돕지 못하는 것은 학교가 소수민족 학생들을 그들의 문화와 언어로부터 격리시키려 하고, 그들의 학습 특성에 맞는 교수전략을 사용하지 않았기 때문이

---

17) 문화적 결핍 패러다임(cultural deprivation paradigm)에서는 저소득층 학생의 낮은 학업성취도는 그들이 빈곤의 문화에서 사회화를 경험했기 때문이라고 가정한다. 이들은 빈곤 가족, 해체 된 가족, 한부모 가족과 같은 특징으로 인해 저소득계층의 자녀들이 '문화적 박탈'과 '돌이킬수 없는 인지적 결손'을 경험하게 된다는 것이다. 문화적 결핍 패러다임을 지지하는 학자들은 학교의 주된 목적은 '문화적으로 결핍된' 학생들에게 그들의 인지적 지적 결손을 보완해 줄 수 있는 문화적 경험 등을 제공하는 것이라고 가정한다.

라고 주장한다. 문화차이론자들에 의하면 부적합한 교수 방안이야말로 학생의 학습능력을 제한하는 가장 중요한 요소이다. 만약 학생들이 학습을 제대로 하고 있지 않다면, 이는 바로 교사들이 학생들의 장점과 재능에 대해 투자하지 않았기 때문이다. 교사들은 가르치는 과정에서 학생들의 배경과 장점을 알기 위해 더 많은 시간과 노력을 투자할 필요가 있다는 것이다.

또한 문화차이론자들은 저소득층 및 소수민족 학생들이 교육평등과 문화 민주주의를 경험해야 한다고 주장한다. 문화 민주주의(cultural democracy)는 그들이 민족공동체와 가족관계, 그리고 그들의 고유 언어를 보장하면서 모국어 실력을 향상할 수 있도록 지원하는 것이다.

공평교수법(Equity Pedagogy)를 실천하는 대표적인 교수전략으로는 다양한 집단의 학습 특징과 문화적 특징을 반영한 교수기법, 즉 문화감응교수법이 있다. 문화감응교수법은 여러 인종·민족·언어·사회계층 집단에서 온 학생들에게 효과적이라는 점이 교사들에 의해 검증되었다.[18] 교사가 학생들의 문화적 배경을 이용하도록 수업방법을 수정하면 다양한 문화·언어 집단에서 온 학생들의 교실 참여도와 학업성취도를 향상시킬 수 있다고 한다. 예컨대, Gay는 유능한 교사라면 학생들의 특유한 문화적 배경에 대해 잘 알고 있어야 하며, 그러한 문화적 배경에 대한 지식을 효과적인 교수법 개발에 활용할 수 있는 능력을 갖출 것을 제안했다.[19]

그렇다면 학생들의 문화적 배경을 고려한 다양한 교수전략을 활용한다고 해서 공평교수법의 철학이 교실수업에서 제대로 구현되는 것일까? Banks

---

18) Banks. J.A., op. cit., p.34.
19) Gay, G., Preparing for culturally responsive teaching, *Journal of Teacher Education* 53(2), 2002, p.106.

& Banks에 의하면 공평교수법은 불평등이 만연하는 학교구조와 사회에서는 절대 실현될 수 없다고 한다. 다시 말해 공평교수법을 실천하기 위해서는 인종차별주의, 성차별주의 등 불평등을 조장하는 기존의 학교 구조가 폐지되어야만 한다.[20)]

이상으로 공평교수법에 관한 이론적 논의를 정리해 보면 다음과 같다.

첫째, 공평교수법은 다문화교육의 가장 핵심적이고 중요한 철학적 개념으로 사회적 소외계층인 저소득층, 소수민족, 소수언어 등의 불리한 조건의 학생들에게 공평하고 동등한 교육 기회를 제공하는 것을 목적으로 한다.

둘째, 공평교수법을 실천하는 대표적인 교수전략으로 문화감응교수법이 있다. 뱅크스는 문화감응교수법이 공평교수법을 실천하는데 가장 이상적인 방법이라고 하였다. 하지만 공평교수법을 성공적으로 실천하기 위해서는 단지 문화감응교수법을 활용한다고 학업성취를 향상시킬 수 있는 것은 아니다. 불평등한 학교 구조를 개혁하고 학교의 전체적인 환경을 민주적으로 바꾸는 것이 전제조건이 되어야 한다.

셋째, 공평교수법을 성공적으로 실천하기 위해서 교사는 학생들의 문화적 배경과 개별적 성향에 대한 철저한 파악과 이해가 필요하다. 아울러 교사는 사회 구조 속에서 자연스럽게 형성되어 자신의 마음속에 내재되어 있는 편견을 객관적으로 바라볼 수 있어야 한다. 사회가 만들어 놓은 주류 문화와 불평등한 의식을 자연스럽게 내재화시켜온 교사가 공평교수법을 실천한다는 것은 불가능한 것이다. 교사의 끝없는 성찰과 열린 마음이 있어야만 학생들의 상황을 객관적으로 바라볼 수 있다. 그것으로부터 공평교수법은

---

20) Bnaks C.A. & Banks, J.A., "Equity Pedagogy : An Essential Component of Multicultural Education", *Theory into Practice* 34(3), 1995, p.153.

실천될 수 있을 것이다. 나아가 공평교수법에 관한 기본적인 개념을 토대로 공평교수법을 실천하기 위한 요건을 기술하면 다음과 같다.

첫째, 공평교수법을 실천하는 교사들은 모든 학생이 높은 단계를 성취할 수 있는 학습능력을 갖고 있고 그들에게는 그럴 만한 가치가 있다는 신념을 가져야 한다. 학생들이 높은 학업성취를 이루지 못하는 것은 이들의 문화적 배경을 고려하지 않았거나 주류 문화 중심의 불평등한 학교구조 안에서 획일적으로 학생들에게 지식을 강요했기 때문이다. 그리고 교사가 학생들이 수업에 열중하지 않고 잠을 자거나 비행을 일삼는 모습을 보일 때 그러한 학생들은 학습능력이 없다고 낮은 기대를 하기 때문이다. 이에 공평교수법을 실천하는 교사들은 학생들에게 높은 기대를 하며 학생의 잠재력을 발전시키려고 노력한다. 아울러 성공을 위한 기회와 격려로 충만한 민주주의적인 교실을 창조하려고 노력한다. 그러므로 공평교수법이 효과적으로 구현된다면, 교사와 학생들의 관계 개선 및 그들의 생활을 더욱 풍요롭게 해주고 학생들이 긍정적인 자아개념과 미래에 대한 건설적인 비전을 갖게 되며, 더욱 인간적이고 배려하는 사회를 창조하는데 기여할 수 있다.

둘째, 공평교수법은 교사들에게 학습과정을 촉진할 수 있는 교수전략을 사용하도록 요구한다. 공평교수법이 실천되는 교실에서 학생들은 권위자들이 구성한 지식의 암기에 초점을 맞추는 대신에 지식을 생성하고 해석하고 새로운 이해를 창출하는 것을 배운다. 교사는 학생들에게 문제에 대한 한 가지 정답을 찾도록 하는 대신에 다양한 해결방안과 관점을 도출할 수 있도록 지속적인 격려를 해준다.[21] 결국 공평교수법은 구성주의 학습이론에 근

---

21) Ibid., p.154.

거하여 지식 구성 및 생산과정에 학생들이 적극적으로 참여하는 것을 중시한다.

셋째, 공평교수법은 교수활동 면에서 다양성을 적극적으로 활용하도록 요구한다. 교사와 학생은 모든 연령, 사회계층, 성, 인종 등과 같은 변수들에 의해 구분되는 다양한 집단에 속한다. 공평교수법을 실천할 수 있는 역량을 갖춘 교사들은 다양성을 두려워하거나 무시하는 대신에, 오히려 교수활동을 풍부하게 해주는 요소로서 다양성을 폭넓게 사용할 수 있다. 이를 위해 교사는 자신에 대한 객관적인 이해, 역사에 대한 지식, 다양한 인종과 문화에 대한 배경지식 등을 갖추도록 노력해야 한다.

2-2. 공평교수법 관련 논의

공평교수법(Equity Pedagogy)은 다문화교육의 가장 핵심적이고 중요한 철학적 개념이다. 아울러 공평교수법은 다문화교육의 이상적인 교수·학습 방법을 가장 잘 구현한 것이다. 요컨대 공평교수법의 본질은 학습자 중심의 교수전략으로 교사가 다양한 학생들의 배경을 고려한 교수전략을 사용하여 이들이 정의롭고 인간적인 민주사회에서 성찰적이고 활동적인 시민이 될 수 있도록 돕는 교육활동으로 볼 수 있겠다.

지금까지 공평교수법에 관한 논의로는 추병완의 도덕과에서 공평교수법이 함의하는 사항이 무엇인지를 탐색한 연구가 있고,[22] 이민경의 거꾸로 교실을 활용하여 공평교수법을 실천한 연구가 있다.[23] 추병완은 공평교수법

---

22) 추병완, 「도덕과에서 공평교수법의 함의에 관한 연구」, 『초등교육연구』 24(2), 2011.
23) 이민경, 「거꾸로교실을 활용한 학습자 중심의 다문화교육」, 『학습자중심교과교육연구』 16(3), 2016.

에 관한 이론적 논의를 깊이 있게 고찰하였고, 공평교수법을 도덕과 수업에서 활용하는 방안에 대해서 제안하였다. 이민경의 연구는 거꾸로 교실이 왜 공평교수법을 실천할 수 있는 효과적인 수업방식이 될 수 있는지 그리고 어떻게 범교과 교실수업에서 거꾸로 교실을 활용하여 다문화교육의 이상과 목표에 도달하면서 공평교수법을 구체적으로 실천할 수 있는지를 탐색하였다. 하지만 이민경의 논문은 공평교수법에 관한 이론적 논의에서부터 오류가 있었다. 이민경은 다문화교육의 대표적인 교수방법으로서 문화적으로 적합한 교수법(Culturally Relevant Pedagogy)[24]과 공평교수법으로 구분하였는데, 문화적으로 적합한 교수법은 공평교수법을 실천하는 대표적인 교수전략 중의 하나이다.[25] 즉 공평교수법의 하위 범주에 속한다.

뱅크스는 공평교수법을 실천할 수 있는 대표적인 교수전략으로 문화감응교수법과 협동학습을 꼽았다.[26] 추병완의 논문에서도 공평교수법을 실천할 수 있는 구체적인 교수전략으로 문화감응교수법과 협동학습을 꼽았다. 이민경은 추병완의 논문을 참고해서 이론적 논의를 전개했음에도 불구하고 오류를 범한 것이다. 참고로 추병완의 논문은 뱅크스 & 뱅크스의 공평교수법에 관한 이론적 논의를 토대로 논지를 전개하였다.[27]

---

24) 문화적으로 적합한 교수법에 관한 용어는 학자들마다 다양하게 사용하고 있다. 예 컨대 Gay는 주로 문화감응교수법(Culturally responsive teaching)을 사용하고 있고, Ladson-Billins는 문화적으로 적절한(적합한) 교수법(Culturally relevant pedagogy)이라는 용어를 사용한다. 이외에도 문화적으로 민감한(sensitive), 반성적 인(reflective), 맥락적인(contextualized) 등의 여러 표현이 사용되고 있는데, 사실 상 이 용어들은 모두 문화감응교수법의 다른 표현에 불과하다. 본 연구에서는 문화감 응교수법이라는 용어로 통일하였다.

25) 이민경, 앞의 논문, p.739.

26) Banks, J.A., op. cit., p.35.

27) Bnaks, C.A. & Banks, J.A., "Equity Pedagogy : An Essential Component of Multicultural Education", *Theory into Practice* 34(3), 1995, pp.152~157.

한편, 공평교수법을 실천하는 대표적인 교수전략으로 꼽고 있는 문화감응교수법에 관한 논의들은 풍부하게 진행되고 있다. 예컨대 조현희는 문화감응교수법을 배우고, 가르치며, 탐구한 개인의 경험을 바탕으로 문화감응교수법의 본질과 지향을 심도 있게 탐색하였다. 아울러 이를 토대로 교육과정 정책 및 실행, 교사교육을 위한 방향을 제시하였다. 김종훈은 공립다문화학교 교사가 초등학교 다문화학생들을 대상으로 문화감응교수법을 1년간 실행한 경험에 관한 연구를 진행하였다.[28] 이 연구는 교사가 문화감응교수법을 교실수업에서 실제로 적용해 봄으로써 실행 경험이 갖는 교육적 의미를 논의한 것에 그 의의가 있다. 특히 이 연구에서 흥미로웠던 내용은 교사가 교실수업에서 문화감응교수법을 적용하는데 대한 문제점을 제시한 점인데, 연구에 의하면 다양한 나라에서 온 학생들의 모국어를 활용해서 수업을 진행하기에는 현실적으로 어려움이 많은 점, 한·중·일 3국간의 정치적·역사적으로 민감한 문제들을 다룰 때는 교사가 상당히 무리가 따르는 점, 수업을 위한 자료와 정보가 부족한 점 등을 꼽았다.[29] 김종훈의 연구는 다문화학생들을 대상으로 하는 교실수업에 대한 논의가 매우 부족한 우리나라 실정에서 가치 있는 논문이라고 평가할 수 있겠다. 다음으로 추병완은 다문화적 시민성 함양을 위한 문화감응교수법을 활용한 교실수업 전략을 개발하였다.[30] 추병완은 문화감응교수법에 의한 교실수업전략으로 교사는

---

28) 김종훈, 「'문화적으로 적합한 교수법' 실행 경험에 대한 내러티브 연구: 공립 다문화학교 교사의실천 사례를 중심으로」, 『교육문화연구』 24(2), 2018. 김종훈의 논문에서는 '문화감응교수법'이라는 용어를 '문화적으로 적합한 교수법'으로 사용하고있다. 본 논문에서는 용어의 혼동을 막기 위해서 '문화감응교수법'으로 바꿔서 사용하였다.

29) 위의 논문, pp.698~700.

30) 추병완, 「다문화적 시민성 함양을 위한 문화감응교수방법 개발」, 『교육과정평가연구』 13(2), 2010.

학생의 지적·개인적·사회적·인종적·문화적 발달을 지지하고 촉진하기 위한 교실 환경을 조성할 것, 교사는 모든 학생들을 가치 있는 지식과 경험을 가진 학습자로 존중할 것, 교실수업에서 소수 학생들의 문화적 배경을 적극적으로 고려하여 수업을 설계할 것, 교사는 학생 중심의 수업을 설계할 것 등을 제안하였다. 추병완은 문화감응교수법에 관한 이론적 논의를 심도 있게 진행하고, 문화감응교수법을 교실수업에 적용하는 방법을 제시해 준 것에 의의가 있다. 하지만 구체적인 수업설계 방안까지는 제시하지 못한 점이 아쉽다.

정윤경은 문화감응교수법에 관한 이론적 논의를 깊이 있게 고찰하였다. 정윤경은 문화감응교수법의 특징으로 모든 학생에 대해서 높은 학업성취를 기대할 것, 학생들의 문화적 배경을 학습에 활용할 것, 학생들의 비판적 의식을 함양할 것 등을 제시하였다. 그리고 정윤경은 문화감응교수법을 활용하여 실제로 초등학교에서 사회과 수업을 실행하고 그 결과를 도출하였는데, 문화감응교수법을 실행한 결과 다문화 학생들이 수업 시간에 이전에 비해서 훨씬 적극적으로 참여하게 되었음을 발견하였다.[31] 이 연구는 문화감응교수법을 실제로 교과 수업에 적용해본 것은 의의가 있지만, 도출된 결과가 구체적이지 못한 아쉬움이 있다.

이상으로 공평교수법을 실천하는 대표적인 교수전략인 문화감응교수법에 관한 선행연구를 살펴보았다. 선행연구를 검토한 결과 문화감응교수법에 관한 이론적 논의는 거의 대부분의 논문이 Ladson-Billings와 Gay의

---

31) 정윤경, 「문화반응교수 관점에서 본 사회과 수업」, 『초등교육연구』 24(1), 2013. 정윤경은 '문화감응교수법'을 '문화반응교수'라는 용어로 사용하였다. 본 논문에서는 '문화감응교수법'으로 바꿔서 사용하였다.

논문을 내용적 토대로 삼고 있었다.[32] 그리고 실제 교과교육에서 구체적으로 어떻게 실현될 수 있는지에 대한 수업설계 방안에 관한 연구는 여전히 미흡하다는 것을 알 수 있었다.

이는 공평교수법에 관한 개념이 단일한 교수법이 아니라 모호한 부분이 있는 것이 중요한 원인이라고 판단된다. 그리고 공평교수법 철학을 실제 교실수업에서 실천하는 것은 학습자에 따라서 구체적인 교수전략이 달라질 수밖에 없기 때문에 보편적인 이론으로 정립하기도 어려운 측면이 있다. 요컨대 공평교수법을 실천하는 대표적인 교수전략으로 학생들의 문화적 배경을 고려한 문화감응교수법을 꼽을 수 있다. 하지만 문화감응교수법이 교실에서 구체적인 교수전략으로 구현되는 것은 학습자의 연령·언어·인종·사회적 배경·학습 성향 등에 따라 달라질 수밖에 없다. 이처럼 공평교수법이란 교수활동의 모든 측면이 학습자를 중심으로 맞추어져야 하고, 교사는 학습자에 따라서 교수전략을 새롭게 재구성해야만 한다. 결국 공평교수법에 관한 논의를 진전시키기 위해서 가장 우선되어야 하는 것은 다양한 배경을 가진 학습자의 실태를 상황별로 면밀하게 파악하는 것이다. 그리고 이를 토대로 효과적인 교수방안을 고민하고 교실수업에 실제적으로 적용해 봄으로써 이론적인 기반을 사례별로 구축할 필요가 있다.

---

32) Ladson-Billings, G., "But that's just good teaching! The case for culturally relevant pedagogy", *Theory Into Practice* 34(3), 1995, pp.159~165 ; Gay, G., "Preparing for culturally responsive teaching", *Journal of Teacher Education* 53(2), 2002.

2. 문화감응교수법(Culturally responsive teaching)

2-1. 문화감응교수법(Culturally responsive teaching)의 개념

한국의 교육은 교육과정과 교수방법 등 여러 면에서 아직 소수 학생들의 문화배경을 섬세하게 고려하지 못하고 있다. 차이를 섬세하게 고려하지 않는 교육은 결과적으로 문화 차이에 따른 성취 격차라는 차별적인 결과로 이어지게 된다. 이런 점에서 언어적·문화적 배경이 다른 학생 수가 증가하고 있는 우리나라에서도 공평교수법을 실천하는 대표적인 교수전략 중의 하나인 문화감응교수법을 실천하는 것은 의미가 있다.

문화감응교수법은 미국에서 흑인 학생들이 백인 학생들에 비해 낮은 학업성취를 보이는 문제를 해결하기 위해 제기된 개념으로, 다양한 문화를 가진 학생들을 보다 효과적으로 지도하기 위해 학생이 가진 문화적 특징과 경험, 관점을 활용해 지도함으로써 학생들의 학업성취도를 향상시키는 교수법이다. 특히, 래드슨 빌링스는 흑인 학생들을 잘 가르치기로 평판이 높은 교사들에 대한 사례연구를 통해 문화적으로 적절한 교수법이 뒷받침 된다면 흑인 학생들도 얼마든지 학업 성취에 성공할 수 있다는 점을 보여주었다.

이처럼 문화감응교수법은 학습의 모든 측면에서 학생들의 문화적 양상을 인정하는 교수방식으로 인종적, 민족적, 문화적으로 다양한 학생들이 지닌 독특한 문화적 지식이나 과거의 경험, 관점, 학습유형, 학생의 장점 등을 적극적으로 활용함으로써 학생들의 학업성취, 자아 존중감, 다문화적 감수성 등에 긍정적인 변화를 가져올 수 있게 하는 교수전략이다. 래드슨 빌링

스에 의하면 문화감응교수법은 다음과 같은 세 가지 요소로 구성된다.[33]

첫째, 학생들은 학업성공을 경험해야 한다. 민주주의 사회에서 적극적인 참여자가 되려면 학생은 글 읽는 능력, 기본적인 계산능력, 기술사용능력, 정치적이고 사회적인 능력을 가져야 한다. 학업성공은 진정한 자아존중감을 가져다 줄 것이다. 아울러 교사는 모든 학생들이 높은 성취를 할 수 있다고 기대한다. 많은 교사들은 일반적으로 학업면에서 소수 그룹 학생들에게 낮은 기대를 한다. 이것은 소수그룹 학생들이 성취할 수 있다는 것에 대해 믿음이 부족하기 때문이다. 교사의 기대가 낮고 학업 성공에 대한 신뢰가 부족한 것은 소수그룹 학생들의 낮은 성취를 주로 문화 결핍의 관점에서 보기 때문이다. 교사는 학생들이 성장해 온 민족·문화 공동체의 규범에 기반하여 그들을 이해해야 하며, 모든 학생들을 가치 있는 지식과 경험을 가진 학습자로서 존중해 주어야 한다. 높은 기대를 가진 효율적이고 지속적인 소통은 학생들이 건전한 자아개념을 갖게 하는데 도움을 준다. 그것은 또한 내재적 동기를 위한 구조를 제공하고, 학생들이 성공할 수 있는 환경을 만들어 준다. 교사가 학생의 실패에 대해 동정하거나, 단순 과제를 마친 것에 지나치게 칭찬하거나, 학생이 원하지 않는 도움을 제공할 때 교사는 학생에게 낮은 기대라는 의도하지 않은 메시지를 전달할 수도 있다. 교사는 학생들이 알기를 바라는 것, 할 수 있기를 바라는 것을 구체적으로 제시해야 한다. 그리고 학생들에 대한 참된 존중과 학생의 능력에 대한 신뢰가 존재하는 환경을 창출하여 그것을 충족시켰을 때에는 칭찬을 해주어야 한다. 이를 위해 교사는 학생이 속한 가정의 문화적 배경에 대해 진지하게 연구해야 하

---

33) Ladson-Billings. G., "But that's just good teaching! The case for culturally relevant pedagogy", *Theory Into Practice* 34(3), 1995, pp.160~162.

고, 그 학생의 문화활동과 신념을 알아내기 위해 같은 문화를 가진 사람들인 집단 성원들을 만나 정보를 획득해야 한다.

둘째, 학생들의 문화적 역량을 발전시켜야 한다. 이를 위해 교사는 학생들의 문화적 배경에 주목해야 한다. 교사는 학생의 가족 구성과 가정환경, 이주배경, 언어, 문화양식, 학생의 장점과 재능 등에 대해 구체적으로 알아야 한다. 만약 학생들의 학습능력이 저조하다면 교사가 학생들의 문화적 배경과 학생의 장점을 알기 위해 시간을 투자하지 않았기 때문이다. 따라서 교사는 부모와의 교류 및 협력이 필요하다. 또한 교사는 학생이 속한 가정의 문화적 배경에 대해서 진지하게 연구해야 하고, 그 학생의 문화활동과 신념을 알아내기 위해 노력해야 한다. 그리고 교사는 학생들의 문화적 배경을 바탕으로 교수전략을 세우고, 예시와 비유를 드는 것도 학생들의 삶 속에서 찾도록 해야 한다.

셋째, 교사는 학생들이 비판적 의식을 갖출 수 있도록 도와야 한다. 즉 학생들의 사회의식을 발달시켜 편견, 인종차별, 억압에 맞설 수 있도록 해야 한다. 주류 문화의 목소리만 있고, 소수의 목소리는 침묵하게 되면 그것은 결국 소수그룹 학생들을 주변화 시키게 되고 성취격차로 나타나게 된다. 문화적 배경에 따른 차별적인 교육적 성취를 나타나게 하는 인종주의, 성차별주의, 사회적 특권 등에 대한 비판의식과 그것을 변화시키기 위한 구체적인 실천을 시도할 수 있도록 해야 한다.

요컨대, 래드슨 빌링스에 의하면 문화감응교수법은 학생들의 문화적인 배경에 대해서 연구해야 할 뿐만 아니라 학생들에게 문화적 규범, 가치, 그 이상을 비판할 수 있는 더 넓은 사회 정치적 의식을 개발하는 방법을 가르치는 것이 중요하다고 하였다. 이러한 점에서 볼 때 문화감응교수법은 소수

집단 학생들의 학업성취도 향상을 넘어서 모든 학생들이 보다 민주적이고 평등한 사회를 실현해나가도록 돕는 사회통합 차원의 노력으로 볼 수 있다.

이상의 논의를 정리해보면 문화감응교수법은 문화적으로 다양한 학생 그룹과 주류 학생 간의 성취격차를 줄이고 모두에게 평등한 교육이 이루어질 수 있도록 학생 개개인의 특성을 섬세하게 배려하는 교육이다. 문화감응교수법이 성공하기 위해서는 교사가 낮은 성취를 보이는 학생들에 대한 높은 기대감을 가지고 끈기 있게 기다려줄 필요가 있고, 학생들의 문화적 배경에 대해서 깊이 있게 관찰할 필요성이 있다. 여기서 학생들의 문화적 배경을 고려한다는 것은 다양한 문화에 속하는 나라의 국경일, 영웅, 풍습에 대한 것을 관광하듯이 다루는 것이 아니다. 이는 교사가 학생의 재능과 가정적 환경, 문화적 특징 등을 깊이 있게 살펴서 학생의 특징에 맞는 교수전략을 활용할 수 있는 것을 의미한다.

이처럼 문화감응교수법은 단순히 수업내용과 관련하여 학생들이 가지고 있는 문화적 요소와 배경을 수업으로 가져오는 등의 방법적 차원에 국한되는 것이 아니라 학생들의 문화에 대한 깊은 이해, 학생들이 현재 경험하고 있고 앞으로 겪게 될 학습과 삶의 문제에 대한 공감, 그리고 이를 해결하기 위한 교사의 지속적인 노력 등이 중요하다. 또한 여기서 한걸음 더 나아가 학생들이 사회를 비판적으로 인식할 수 있도록 지원해 주어야 한다.

2-2. 문화감응교수법의 핵심요소

다양한 민족적·문화적 배경을 가진 학생들의 요구를 어떻게 충족시키고 무엇을 어떻게 가르칠 것인가? 문화감응교수법을 실천하는 교수전략은 구

체적으로 어떤 것인가? 게이는 문화감응교수법의 핵심요소로 5가지를 제
시하였는데, 그 내용은 〈표 4〉와 같다.[34]

〈표 4〉 문화감응교수법의 핵심요소(게이, 2002)

핵심요소	예
문화적 다양성에 기반한 지식 개발	- 다양한 민족 집단의 문화적 특성을 이해하기 - 인종 집단의 문화적 가치, 전통, 의사소통, 학습 양식, 참여,관계 패턴을 알기
민족과 문화적 다양성을 포함한 교육과정	- 기존 교육과정에 비판적 관점을 가지고 **국가수준의 공식적 교육과정에 다문화적 내용 포함하기** - 학급문고, 학급 게시판 등의 상징적 교육과정에 다문화적 요소 고려하기
문화적 배려를 보이는 학습 공동체 형성	- **학생들의 부적응 행동에 인내심을 가지고 기다려주기** - 학생들의 다양한 특성을 수용하고 인정해 주기 - **학생들에게 자신감, 용기, 실천의지를 부여하기**
다문화 학생들과의 의사소통	- 교사와 학생, 교사와 가정 간의 다양한 방식의 의사소통하기 - **높은 기대를 가지고 효율적이고 지속적으로 소통하기**
수업에서 문화 다양성에 대한 반응	- 문화적 배려, 의사소통, 교육과정의 유기적 작용이 이루어지도록 하기 - **학습목표를 학생의 정서적, 개인적 발달과 통합하기** - 수업시간에 학생의 학습과정을 관찰하기 - **적절한 피드백을 자주 제공하기** - 학생의 생각과 행동에 독립성을 촉진하기

〈표 4〉에 의하면 게이는 문화감응교수법의 핵심요소로 ① 문화적 다양성
을 기반으로 하는 지식을 개발할 것, ② 인종과 문화적 다양성에 관한 내용

---

34) Gay, G., "Preparing for culturally responsive teaching", *Journal of Teacher Education* 53(2), 2002, pp.106~116.

을 교육과정에 포함시킬 것, ③ 문화적 배려를 보여주는 학습공동체를 형성할 것, ④ 인종적으로 다양한 학생들과 소통할 것, ⑤ 수업에서 인종적 다양성에 반응할 것 등의 5가지 요소를 제시하였다. 여기서 ⑤ 수업에서 인종적 다양성에 반응한다는 것은 학생들의 개별적인 성향에 맞추어 교수전략을 세워서 학생들의 학업성취를 향상시키는 것을 의미한다. 요컨대 게이는 학생들의 학업성취는 그들의 문화적인 특징과 개별적인 경험, 인종적으로 다양한 관점 등을 근거로 교수전략을 세웠을 때 향상될 수 있다고 보았다.

문화감응교수법을 적용한 사례를 구체적으로 살펴보면, 래드슨 빌링스는 흑인 학생들이 좋아하는 랩(rap)을 활용하여 문학수업을 시도한 결과 학생들의 시(poetry)에 대한 이해력이 높아졌다고 한다. 아울러 수업 시간에 학생들의 모국어를 활용하여 말하기와 쓰기를 했더니 그들이 편안하게 받아들이고, 지적인 능력이 향상되었다고 하였다. 이외에도 학생들의 가족들을 수업시간에 참여시키는 것도 좋은 방법이라고 하였다.[35]

한편, 문화감응교수법은 학생들의 언어와 문화적인 특징을 활용해서 가르치는 것에 국한된 교수법이 아니다. 래드슨 빌링스는 문화감응교수법을 실천하는 교사는 학생들이 세상을 적극적으로 비판할 수 있도록 가르쳐야 한다고 했다. 예를 들어 교과서와 학교의 불평등한 체제를 비판하고, 지역 신문 편집자에게 학생들이 직접 편지를 작성해서 공동체의 현실을 알려주고, 교사 또한 학생들이 다양한 관점을 가질 수 있도록 사회문제에 대한 글이나 신문자료들을 수업에 활용할 필요가 있다.[36]

이 밖에도 문화감응교수법의 가장 기본이 되는 교수전략은 교사가 학생

---

35) Ladson-Billings, G., op. cit., p.161.
36) Ibid., p.162.

들이 반드시 성취할 수 있다는 믿음을 가지고, 학생들과 공평하고 신뢰성 있는 관계를 유지해야 한다. 그리고 교사는 학생들에게 자신이 가르치는 것에 대한 열정을 보여줘야 한다. 학생들의 실력이 부족하다 할지라도 교사는 학생들이 탄탄하게 기본적인 내용을 습득할 수 있도록 도와야 하고, 그들이 학업성공을 경험할 수 있도록 해야 한다.

이상에서 살펴본 바와 같이 문화감응교수법은 민족적·문화적으로 다양한 학생들의 장점을 세심하게 배려해서 장점을 통하여 가르치는 교수전략이다. 본 연구의 대상인 중도입국청소년을 대상으로 진행하는 수업에서 문화감응교수법을 활용한 교수전략은 다음과 같다.

첫째, 중도입국청소년의 모국어와 모국문화를 교실수업에 활용하는 것이다. 예를 들어 특정 학생이 추상적 용어 때문에 학습장애를 보이는 경우에 교사는 그 개념을 한국어와 그 학생의 모국어로 병기하면 쉽게 내용을 이해할 수 있다. 또한 모국문화와 연계하여 설명할 때 학생들은 어려운 학습내용을 추리하여 이해하기 때문에 학습에 적극적으로 참여할 수 있다. 중도입국청소년들의 모국어와 모국문화를 교실수업에 적용시키는 것은 수업을 풍요롭게 하고, 이들의 학업성취를 높일 수 있는데 기여할 것이다.

둘째, 중도입국청소년의 개별적인 특징을 세심하게 배려하여 교실수업에 적용할 필요가 있다. 개별화 학습은 학생이 배우는데 필요한 조건, 학습방식, 준비 정도에 맞춰 수업내용을 준비하고 조정하는 과정이다.[37] 학생이 어떤 수준에 있든지 그 수준을 충족시키고 성공할 수 있도록 학생에게 도전적이고 적절한 목표의식을 부여해 주도록 한다. 아울러 교사는 학생에 대한

---

37) Bennett, C.I. 저, 김옥순 외 공역, 『다문화교육 이론과 실제』, 학지사, 2009, p.391.

높은 기대를 유지하도록 한다. 이를 위해 교사의 학생에 대한 세심한 관찰이 필요하고, 이들과 신뢰관계를 구축하는 것이 중요하다.

셋째, 중도입국청소년이 인간과 사회에 관한 문제를 비판적으로 사고할 수 있는 교실수업을 구성하도록 한다. 교육은 학생이 사회 속에서 자신의 삶을 의미 있게 구성함과 동시에 그들이 보다 바람직한 사회를 창조하는 힘을 가지도록 돕는 활동이다. 교육자는 학생의 기질, 성격, 능력, 관심, 선행지식을 온전하게 이해하고 꽃피워주면서 세상과의 공유적 삶을 의미 있게 구성하도록 도와주어야 한다. 중도입국청소년은 언어·문화적으로 소수 학습자임과 동시에 사회경제적으로 어려운 처지에 놓여있는 경우가 다수이다. 이들이 처한 상황을 개인적인 문제로만 치부할 것이 아니라 사회구조적 문제로 확장하여 사고할 수 있도록 도와주어야 한다. 아울러 이들이 인간, 사회, 국가의 문제로까지 유기적으로 연결하는 사고를 할 수 있도록 수업내용을 구성할 필요가 있다. 이는 중도입국청소년이 개인적인 문제를 사회적인 문제로 연결 짓는 계기를 마련해 주고, 이들이 민주사회에서 적극적으로 참여하는 시민으로 성장할 수 있는 발판을 마련해줄 것이다.

이외에도 중도입국청소년들의 모국에서 형성된 학습 스타일을 활용한 방안이나 이들이 겪고 있는 일상의 경험들을 수업과 연계하는 방안들도 효과적인 교수전략이 될 수 있을 것이다. 결국 문화감응교수법을 활용한 수업 성패는 이를 실행할 수 있는 교사의 학습자에 대한 철저한 탐구의식과 열정에 의해서 좌우될 것이다.

Ⅲ. 중도입국청소년 대상 한국사교육 실태

1. 중도입국청소년 대상 한국사교육의 필요성

1-1. 현실적 측면

중도입국청소년들에게 한국사교육은 왜 필요한 것일까? 그리고 이들에게 한국사교육이 갖는 의미는 무엇일까? 역사를 포함하여 교과의 기본적인 목적은 학생들이 그 교과를 통해서 자신과 자신이 속해 있는 세계를 보다 잘 이해할 수 있도록 돕는데 있다. 이에 중도입국청소년들에게 한국사 학습이 필요한 이유를 현실적인 측면과 교육적인 측면으로 나누어서 살펴볼 필요가 있다.

우선 중도입국청소년들에게 한국사 학습이 필요한 현실적인 이유를 구체적으로 살펴보면 첫째, 학교에서 배우는 교과목 중에 한국사가 있고, 하물며 다문화 대안학교에서도 한국사는 교과목으로 배워야 한다. 또한 한국 국적을 가지기 위한 귀화시험을 보기 위해서도 한국사를 배워야 한다. 귀화시험은 외국 국적 소지자가 한국 국적을 취득하고자 할 때 치르는 시험인데 필기시험과 면접시험으로 구성된다. 이 중 필기시험에서 국어, 한국사, 지리, 법률 등과 관련된 기초적인 내용들을 묻는데, 대략 20문항 중 7~9개가 한국사와 관련된 문항이다. 결국 35~45% 정도가 한국사에 관한 문항이므로 귀화를 위해서는 한국사 학습은 필수적이다.[38]

그리고 공교육에 진입하지 못했거나 학교교육에서 중도에 탈락한 중도입

---

38) 진대연, 「한국 문화 교육의 개선을 위한 역사 문화 교육과정 시론」, 『교육문화연구』 21(4), 2015, pp.162~163.

국청소년들 중에는 검정고시를 준비하는 학생들이 많다. 이들이 중학교 졸업 검정고시나 고등학교 졸업 검정고시를 보고자 해도 한국사는 필수이다. 뿐만 아니라 이중 언어가 가능한 중도입국청소년들이 준비하는 직업 중에는 관광통역사가 있는데, 한국에서 관광통역 전문가가 되기 위해서도 한국사를 필수적으로 배워야 한다. 관광통역사 시험은 필기시험과 면접시험으로 구성되는데, 필기시험 4과목 중 한국사는 40%의 비중을 차지하고 있다. 따라서 한국사를 공부하지 않으면 관광통역사가 될 수 없다. 이렇듯 이들이 한국의 체제 안에서 살아가기 위해서는 기본적으로 한국사를 배울 수밖에 없다.

둘째, 한국사를 배우면서 한국어 능력이 향상된다. 한국어교육은 교과교육과 연계될 때 더욱 향상되는데, 이를 뒷받침하는 이론으로 내용 중심 교수법(Content-based instruction)이 있다. 내용 중심 교수법은 내용 학습과 언어학습이 서로 별개의 것이 아니라 통합적인 것으로 함께 이루어져 학습효과를 극대화시킬 수 있다고 본 것인데 언어교육을 언어적 측면에서만 교육시키는 것이 아니라 학습자들이 습득해야 할 내용적 측면을 중심으로 구성된 교수 방식이다. 내용 중심 접근의 시각에서 본다면 효과적인 언어교수는 모든 교과과정을 통해서 이루어져야 한다는 것인데, 많은 실험을 통해 내용 중심 교수법이 학생들의 언어 향상뿐만 아니라 대학 수학에도 영향을 끼쳤다는 사실을 입증하고 있다.[39] 내용 중심 교수법을 지지하는 이들은 아동의 인지발달과 언어발달은 동시에 진행된다는 점, 언어학습은 유의미한 사회적, 학문적 맥락의 상황에서 더 효과적이라는 점, 내용 지식은 학습

---

39) 권화숙, 「다문화 배경 학습자를 위한 내용 중심 학습 한국어 교수·학습 방안」, 『새국어교육』 113, 2017, p.126.

동기를 유발시키고 만족도를 높여 더 효과적인 언어학습을 가능케 한다는 점, 학교 언어와 일상 언어는 다르며 특정 교과의 언어는 학문 영역에 따라 언어구조, 기능 등이 다르다는 점 등을 들어 언어-내용 통합수업의 장점과 내용 중심 교수법의 우수성을 주장하였다.[40] 내용 중심 교수법의 활용은 목표 언어학습과 내용 습득에 균형을 이룬 학습적 성과와 함께 실질적으로 한국어 능력 향상과 교과에 대한 내용 지식을 습득할 수 있는 융합적 교육을 이끌 수 있는 방법이다.

셋째, 한국사 학습을 통해서 한국 문화와 한국인의 정서를 이해할 수 있다. 실제로 사람들과 함께 어울리면서 살아가는데 언어보다 더 중요한 것은 타인이 가지고 있는 정서와 문화를 이해하는 일이다. 다른 사람의 정서와 문화를 이해하지 못하면 끊임없이 갈등과 싸움이 일어날 수밖에 없다. 하물며 친구를 사귈 때도 친구가 어떤 환경에서 어떻게 살아왔는지가 중요하듯이 그 나라 사람의 정서를 이해하고자 한다면 그 나라의 역사를 반드시 알아야 한다. 한 나라의 역사는 타자와 구별되는 공통된 유산이나 전통이 있고, 나름의 정체성이 있다. 따라서 한국사 학습은 중도입국청소년들이 한국인의 정체성을 이해할 수 있는 실마리를 제공해 주게 되어 이들이 한국인과 어울려 살아갈 수 있는 기회를 제공해 준다.

넷째, 한국사 학습은 한국 문화를 이해하고 즐길 수 있는 기회를 제공한다. 예컨대 TV드라마나 영화를 보거나, 서울이나 경주지역 같은 역사적인 장소를 여행하거나, 박물관에 가더라도 이들은 예전과는 다르게 풍요롭게 한국 문화를 즐길 수 있다. 아울러 한국사를 배움으로 인해서 모국에 있는

---

40) 김윤주, 「내용중심교수법을 활용한 한국어 문화수업 설계방안」, 『국어국문학』 184, 2018, p.316.

친척이나 친구들에게 한국에 대해서 자신 있게 소개할 수도 있고, 한국인 친구를 깊이 있게 사귈 수도 있을 것이다. 최상훈은 역사적 사실을 알아가는 과정은 호기심과 탐구 정신을 자극하고, 추리능력은 물론 자기 표현력과 대화기술까지 향상시켜 준다고 한다. 또한 풍부한 교양의 소유자가 될 수 있다고 한다.[41] 중도입국청소년들은 한국사를 배우면서 더욱 풍요로운 한국생활을 할 수 있을 것이고, 교양인으로서 건강하게 한국사회에 정착할 수 있을 것이다.

다섯째, 중도입국청소년들은 한국사를 배우면서 심리적인 위안을 얻을 수 있다. 역사 속에 등장하는 다양한 사건과 인물들의 삶을 통하여 역사 속 인물에게 감정이입이 되면서 개인의 내면적 아픔이 치유될 수 있다. 이인호는 역사교육은 집단적인 삶을 살고 있는 인간들의 다양한 모습을 보여줌으로써 삶의 양식의 무한한 가능성에 대한 인식을 높이고 고통과 슬픔에 대한 감수성을 확장하여 바람직한 인간성의 함양에 도움이 될 수 있다고 주장한다.[42] 주지하다시피 중도입국청소년은 언어·문화적으로 소수 학습자임과 동시에 사회경제적으로 어려운 처지에 놓여있는 경우가 다수이다. 이들에게 한국사 학습은 어려운 상황에서도 묵묵히 삶을 살아온 역사 속 다양한 인물들을 통해서 개인의 아픔을 치유하고 스스로의 가능성을 높일 수 있는 기회를 줄 것이다.

이처럼 한국사 교육은 중도입국청소년들에게 현실적으로 다양한 측면에서 필요하다. 하지만 한국어가 서툴고 한국사에 대한 배경지식이 부족한 이들에게 한국사를 어떻게, 그리고 무엇을 가르쳐야만 할까? 또한 한국어가

---

41) 최상훈 외, 『역사교육의 내용과 방법』, 책과함께, 2007, p.21.
42) 이인호, 「역사는 가르쳐야 하나」, 『역사비평』 12, 1990, pp.144~151.

서툰 이들의 상황에 맞추어 가르칠 수 있는 한국사 교재나 교수전략은 제대로 갖추고 있는가? 어떤 수업방안을 개발하면 이들에게 의미 있는 역사수업이 될 수 있을까? 한국사 교육의 현실적인 필요성만큼이나 위의 문제에 대해 근본적으로 고민할 필요성이 제기된다.

2-2. 교육적 측면

중도입국청소년들이 한국사를 배워야 하는 이유를 현실적인 필요 이외에 교육적인 측면에서도 살펴볼 필요가 있다. 중도입국청소년들 대상 한국사 교육의 필요성을 교육적인 측면에서 논의해 보면 다음과 같다.

첫째, 다양한 관점으로 인간과 사건을 바라보고, 인간과 문화에 대한 다양성을 존중하는 태도를 함양하기 위함이다. 역사학은 인간의 과거 삶의 양상을 연구하는 학문이다. 과거의 인간 행위를 통해 인간을 이해하고 인간의 삶에 도움이 되는 학문이기도 하다. 중도입국청소년들은 모국 역사와 문화를 깊이 있게 공부하는 것과 더불어 이민국인 한국 역사와 문화도 심도 깊게 공부할 필요가 있다. 이를 통해 양국의 역사적 해석 차이와 문화적인 차이를 파악함으로써 자신이 속한 문화 이외에 다른 나라의 문화를 인정하는 태도를 기를 수 있도록 한다. 이는 중도입국청소년들이 인간의 삶과 관련된 문제들을 다양한 시각에서 해석하고 나아가 과거와 현재, 나와 타인의 삶에 대하여 성찰할 수 있는 능력을 기름으로써 공동체 사회에서 협력하면서 살아가는 법을 배우는데 도움이 될 수 있을 것이다.

둘째, 현재 우리 사회가 직면한 문제에 관심을 기울이고 해결하려는 실천적 태도를 함양하기 위함이다. 역사교육의 가장 기본적인 목적 중의 하나는 역사변화의 과정 속에서 자신이 몸담고 있는 사회를 이해하고 변화에 대한 인식을 통해 실천적 삶을 살아가는 인간을 육성하는 것이다.[43] 그리고 역사는 과거에 어떤 사회가 있었는지, 그 사회가 어떻게 움직여갔는지, 인간의 사회적 행동의 원인과 결과는 무엇이었는지, 오늘날 사회가 안고 있는 문제점의 원인을 구체적으로 밝혀주는 학문이다. 즉 역사교육은 단순히 역사 속 인물과 사건을 배우는 것이 아니라 과거 역사 속에서 잘못된 사회구조를 파악하고, 권력과 전쟁에 의해서 희생된 인간의 아픔을 공감하면서 현재 사회를 새롭게 변화시키려는 목적을 가지고 있다. 지금 현재도 세계 곳곳에는 불평등과 빈곤, 전쟁이 계속되고 있고, 이로 인해 자신의 모국을 떠나서 살아야 하는 난민들도 많다. 이러한 현실적인 문제를 등한시하는 역사교육은 죽은 지식에 불과하다. 따라서 지식 위주의 역사교육보다는 실천적 가치와 태도를 함양하는 것에 무게 중심을 두고 역사교육을 실천할 필요성이 있다.

셋째, 민주시민의식을 함양하기 위함이다. 최근 들어 국가나 민족을 중심으로 하는 역사교육을 비판하고 민주시민 양성, 인권과 평화, 공존과 생태 등의 민주적 가치를 고려한 역사교육이 중시되고 있다.[44] Barton & Levstik은 학생들이 역사를 배워야 하는 이유는 역사 교과야말로 학생들을 다원화된 민주 사회의 공적인 삶에 참여하는 시민으로 준비시킬 수 있는 힘을 지니고 있기 때문이라고 한다.[45] 주지하다시피 역사 속에는 부당한 권력에 대항한 민초들의 항쟁이 늘 있어왔다. 한국 역사를 예로 들면 통일신라

---

43) 김한종, 『역사수업의 원리』, 책과함께, 2007, p.72.
44) 김한종 외, 『시민교육을 위한 역사교육의 이론과 실천』, 책과함께, 2019, p.121.
45) 키쓰 바튼·린다 렙스틱 저, 김진아 역, 『역사는 왜 가르쳐야 하는가』, 역사비평사, 2017, p.13.

시대 '원종과 애노의 난', 고려시대 '만적의 난', 조선시대 '홍경래의 난' 그리고 근대시기 '동학농민운동' 등 민초들은 부당한 권력에 대항해 왔고, 인간으로서의 기본적인 권리를 지키고자 하였다. 한편 역사 속에는 수많은 전쟁들이 등장한다. 기존의 역사 서술 경향은 전쟁의 원인을 규명하고, 전쟁 과정과 결과를 설명하기에 급급했다. 전쟁 속에서 참혹하게 죽어간 당시 사람들의 삶에 대해서는 관심을 두지 않았다. 전쟁의 원인과 과정, 결과를 분석하기보다는 전쟁의 원인조차 알지 못하고 죽어간 사람들을 살피고, 평화의 소중함을 일깨워주는 방향으로 역사교육은 진행되어야 한다. 또한 지구상에서 살고 있는 모든 사람이 상호 연관된 운명을 가지고 있다는 것을 이해하도록 돕는 세계시민의식을 함양하는 방향으로 역사교육은 나아가야 한다. 결국 역사교육은 인권의식과 평화의식, 세계시민의식을 아우르는 민주시민으로서의 자질을 함양하는 방향으로 나아가야 한다.

넷째, 자아정체성 확립에 도움을 주고자 함이다. 자아정체성은 나는 누구인가에 관한 문제이다. 아울러 자아정체성은 개인의 자존감과 깊은 관련을 가지고 있다. 자아정체성이 확립되지 않은 사람은 사회에서 완전한 자아실현을 할 수 없으며 정치적·사회적으로 소외를 경험할 가능성이 높다. 바튼 & 렙스틱은 역사를 통해 정체성을 확립하는 가장 기본적인 방법 중 하나는 한 개인이 자신의 삶을 되돌아보면서 현재의 자아를 과거에 비추어 생각하는 것이라고 한다.[46] 즉 개인의 현재 모습을 과거와 연결하는 것이다. 아울러 학생들은 가족사, 국가사를 통해 정체성을 형성해 가는데 이는 자신이 어떠한 역사적 배경 속에서 지금에 이르렀는지를 알게 됨으로써 자신의

---

46) 위의 책, p.97.

현재 모습을 파악하고 이해하는데 도움을 준다. 하지만 역사교과를 통해서 학교에서 제공하는 정체성의 비전은 중도입국청소년들에게 끊임없이 소외감을 느끼게 할 수 있다. 즉 역사교과에서 강조하는 공유된 국가 정체성에서 중도입국청소년들은 배제되어 있다. 게다가 한 국가의 국민으로서 광범위하게 공유되는 정체성의 감정은 자국의 미덕은 격상시키는 반면에 다른 국가의 미덕은 평가절하하는 경향이 있다. 이러한 문제에 대한 해결방안으로 바튼 & 렙스틱은 국가를 이루고 있는 다양한 사람들에 대한 내용을 역사 교과의 중심 주제로 삼을 것을 제안하였다. 동시에 역사교육은 배타적인 감정을 자극하는 이야기에 학생들이 일체감을 느끼지 않도록 주의를 기울일 것을 제안하였다.[47)]

역사교육은 중도입국청소년들이 스스로에 대한 자긍심을 바탕으로 한국 사회에서 건강하게 뿌리내리고, 당당하게 살아갈 수 있도록 정신적 토대를 마련해 주는데 도움을 주어야 한다. 이를 위해서는 자국 중심의 국가 정체성을 강조하는 역사교육에서 탈피하여, 다양한 사람들이 더 나은 사회를 위하여 어떤 노력들을 기울여왔는지를 강조하는 것에 무게중심을 두는 역사교육으로의 전환이 필요하다.

마지막으로 중도입국청소년들이 민족·언어적으로 다양한 세계에서 살아가는데 필요한 기본적인 지식, 태도 및 교양을 함양하는데 도움을 주기 위함이다. 역사를 배우면 삶을 바라보는 관점이 깊어지고, 풍부한 교양을 갖출 수 있다. 역사교육은 개인의 발달에 기여하고 가치 있는 삶에 이바지한다는 점에서 여전히 유용하다. 중도입국청소년들은 역사를 배움으로써 점

---

47) 위의 책, p.127.

차 다원화되고 상호의존적인 세계에서 필요한 지식과 태도 및 교양을 함양할 수 있을 것이다.

2. 중도입국청소년 대상 한국사교육의 한계

공평교수법에 의하면 교수활동의 모든 측면이 학습자를 중심으로 맞추어져야 하고, 교사는 학습자에 따라서 교수전략을 새롭게 재구성해야만 한다. 따라서 중도입국청소년의 학습자로서의 특징을 세심하게 살펴보고, 이들을 대상으로 진행되고 있는 교실수업의 실태를 면밀하게 파악할 필요가 있다. 이에 중도입국청소년 대상 한국사교육의 한계를 학습자적 측면과 제도적 측면으로 나누어서 살펴보도록 하겠다.

2-1. 학습자적 측면

중도입국청소년은 모국에서 언어 습득과 사회화 과정을 거친 후 한국으로 이주한 경우가 대부분이다. 게다가 이들은 본국에서 조부모나 친인척의 손에 의해서 키워지다가 학령기에 한국인과 재혼한 부모의 의사에 의해 한국으로 들어오는 경우가 다수이다.[48] 중도입국청소년이 한국사회에서 정착하고 생활하는데 가장 크게 겪고 있는 어려움은 언어 문제다.[49] 언어 문제는 학업과 진로 등 한국 사회에 터전을 잡고 살아가는데 있어 가장 큰 장애요소 중 하나인 것이다. 이는 이들을 대상으로 한국어 실력을 향상시키는

---

48) 배상률, 『중도입국청소년 실태 및 자립지원 방안연구』, 한국청소년정책연구원, 2016, p.18.
49) 위의 책, p.21.

것이 중요한 요소임을 시사하고 있다. 또한 중도입국청소년 중에는 자신의 의지보다는 주로 부모의 재혼으로 인하여 한국으로 입국하게 되는 경우가 있다. 이 가운데 겪게 되는 가정의 해체, 별거, 재결합, 타국으로의 이주 과정은 중도입국청소년들에게 심리·정서적 불안과 위기 경험을 가져다줄 수 있다. 게다가 대부분의 중도입국청소년들은 이로 인한 문제를 해소하거나 극복하지 못하고 자아정체성 위기까지 겪고 있는 실정이다.[50] 류방란·오성배는 이러한 어려움 속에 놓여 있는 중도입국청소년들의 교육적 취약성을 다음과 같이 정리하고 있다.[51]

첫째, 교육적 공백을 경험하는 학생들이 있다. 출신국에서 또는 한국에 입국한 이후에도 가정의 문제 혹은 일반학교의 입학거부 등으로 인해 교육적 공백 기간을 경험하는 경우가 많다. 교육적 공백은 교과학습 뿐만 아니라 학교에 다니며 가치관, 태도, 사회성 등을 형성할 수 있는 기회의 공백을 의미하기도 한다.

둘째, 교육적 공백과 학교 재학 공백은 중도입국청소년의 연령과 학급 동료의 연령 사이의 불일치를 낳는다. 학교 재학 공백이 있는 중도입국청소년은 대체로 학교 적응의 어려움을 고려하여 나이에 비해 낮은 학년에 편입하는 경우가 많다. 나이가 학급 동료보다 많을 경우 이들과의 관계 형성에 어려움을 겪을 수 있으며, 동료들과는 발달단계가 다르기 때문에 자신의 발달단계에 맞는 적절한 자극을 받지 못할 수 있다.

셋째, 중도입국청소년이 방학기간이나 학기 중에도 출신국에 거주하는

---

50) 류방란·오성배, 「중도입국청소년의 교육기회와 적응실태」, 『다문화교육연구』 5(1), 2012, p.33.
51) 위의 논문, p.36.

친척이나 부모를 방문하기 위해 또는 비자문제로 인해 상당 기간 출신국에 머무는 경우가 발생한다. 이러한 기간 동안 한국어 습득이나 학교생활 적응 등에 공백을 겪게 되고, 다시 한국으로 돌아왔을 때는 그간의 공백으로 인해 어려움을 겪게 된다.

넷째, 외국출신 어머니의 한국교육 문화에 대한 정보 부족, 가사 부담으로 인한 자녀 방임, 의사소통의 어려움으로 인해 교육적 지원을 기대하기 어려운 경우가 많다. 특히 계부의 무관심이나 의도적인 교육적 지원의 회피는 중도입국청소년의 교육 기회와 교육 경험에 부정적인 영향을 미치게 된다.

이처럼 중도입국청소년들은 오랫동안의 교육적 공백과 가족의 지지를 받지 못하는 상태에서 학습 습관이 제대로 형성되어 있지 않은 경우가 다수이다. 본 연구에 참여한 학생 중에 베트남에서 온 만 19세인 L의 경우를 살펴보자.

> 저는 베트남에서 고등학교를 다니다 그만두었어요. 저는 어린 시절을 친할머니와 친할아버지의 손에 의해 키워졌어요. 부모님은 제가 어릴 때 이혼하셨고, 저는 2016년도에 엄마가 계시는 한국으로 왔어요. 한국에는 새아버지의 아들이 2명이 있고, 그리고 새롭게 태어난 동생이 1명 있어요. 저는 한국 국적을 신청했어요. 현재는 F1비자여서 한국에서 아무것도 할 수가 없어요. 국적을 취득하면 돈을 벌고 싶어요.
>
> — L학생과의 인터뷰 내용 중 —

L은 어린 시절을 베트남에서 조부모와 지내다가 만 16세의 학령기에 한

국으로 들어와서 새롭게 형성된 가족들과 살고 있다. L은 인천지역에 있는
중도입국청소년에게 한국어를 가르쳐주는 기관에서 기본적인 한국어를 습
득하였고, 현재 한국 국적을 신청한 상태이다. 국적이 나오면 취직을 해서
독립하고 싶은 꿈을 가지고 있다. L은 가정에서 가족의 지지를 거의 받지
못하고 있고, 모국에서부터 학습 습관이 제대로 형성되어 있지 않아 학습에
상당한 어려움을 겪고 있다.

　본 연구에 참여하고 있는 또 한 명의 교육생인 D학생의 경우는 L과는 다
르게 국제결혼에 의한 재혼가정이 아닌 부모님 두 분이 모두 중국 조선족
출신이다. D학생의 경우는 한국어로 소통하는 데는 문제가 없으나 학습의
지가 결여되어 있고, 학습내용을 받아들이는데 다른 학생에 비해서 시간이
오래 걸리는 경향이 있다.

> 　저는 중국에서 고등학교를 다니다 그만두었어요. 더 이상 공부
> 가 머리에 들어 오지 않았어요. 저는 어린 시절을 할머니와 고모
> 의 손에 의해 키워졌어요. 부모님은 제가 어릴 때 이탈리아로 일
> 하러 가셨고, 2016년부터 한국에서 부모님과 함께 살게 되었어
> 요. ...... 집에 가면 엄마는 고함만 지르고, 아빠는 도박에 빠져있
> 고.....(게다가) 남동생이 사고로 한쪽 눈을 보지 못해요. 부모님의
> 격려를 받고 싶어요. 특히 엄마에게요.
>
> 　　　　　　　　　　　　　　　　－ D학생과의 인터뷰 내용 중 －

　D학생의 경우도 L학생처럼 어린 시절 할머니와 고모의 손에 의해 키워
졌고, 만 17세 무렵에 부모님·동생과 함께 한국에서 살게 되었다. 하지만
동생의 사고로 인해서 가정은 늘 불안하고, 특히 아버지가 도박으로 전 재

산을 탕진하는 바람에 하루하루 어렵게 생활하고 있다. D학생은 비자가 F4
이기 때문에 한국에서 일자리를 구할 수는 있다. 하지만 고등학교를 졸업하
지 못한 D가 한국에서 아르바이트 이외의 제대로 된 일자리를 구하기는 현
실적으로 쉽지 않다. 가정환경이 어려워 하루 빨리 안정된 일자리를 구해야
하는 D는 한국 사회에서 무엇을 하면서 살아야 할지 고민이 많다.

앞서 살펴보았듯이 중도입국청소년들 중에는 실제로 모국에서부터 학업
으로부터 방치되고, 학령기에 한국에 들어왔지만 가족과의 관계에서 소외
감을 느끼고 적응하지 못하는 경우가 많다. 새로운 가족과의 관계에서 느끼
는 어색함도 있지만 친부모와의 관계 속에서 느끼는 어색함도 크다. 어린
시절에 친부모의 얼굴조차 제대로 보지 못하고 성장하는 경우도 많기 때문
에 학령기의 나이에 친부모를 만나도 어색하고 불편하게 느끼는 것이다. 교
육생 중 만 21세의 F는 이미 가족으로부터 받은 상처가 깊어 사람에 대해
서 기대하는 마음조차 없다고 토로하였다.

> 저는 어린 시절에 조부모와 이모에 의해서 키워졌어요. 하지만
> 할머니, 할아버지, 이모와 친하지 않아요. 어린 시절, 저에게 따뜻
> 하게 대해준 사람은 학교 선생님이셨어요. 초등학교 선생님께서 저
> 를 돌봐주시지 않았으면 저는 중학교도 가지 않았을 거예요. 16세
> 에 친어머니가 계시는 한국에 왔는데, 10년 동안 한 번도 보지 못
> 한 엄마를 봤을 때 편하게 느껴지지 않았어요. 그나마 동생이 제일
> 편안했어요. 처음 제가 한국에 왔을 때 동생이 말도 제대로 통하지
> 않았지만 저에게 과자를 건네주었어요. 고마웠어요. 저는 하루 빨
> 리 가족으로부터 벗어나고 싶어요.
>
> — F학생과의 인터뷰 내용 중 —

F는 교육기간 내내 누구보다도 성실하였으나 D학생의 경우처럼 학습 내용을 받아들이는데 어려움을 겪는 경향을 보였고, 학업성적도 부진을 면치 못하였다. D와 F는 이미 심리적으로 상처가 깊어 사람과 세상에 대해서 마음이 닫혀 있는 것이다. 따라서 새로운 지식을 받아들이는 데 한계를 보이고 있었다. 연구에 의하면 학습장애 위험군 청소년들은 우울과 불안에 관련된 문제를 가지고 있는 경우가 지적되고 있다.[52]

이처럼 어린 시절부터 부모로부터 방치되고 가족으로부터 따뜻한 지지를 받지 못한 채 깊은 소외감을 느끼고 있는 중도입국청소년들에게 교사는 인내력을 가지고 이들의 마음을 세심하게 배려할 필요가 있다. 이들이 절실히 원하는 것은 이들에 대한 가족과 교사의 지지이다. 아울러 부모의 자녀 교육에 대한 적극적인 관심과 학교 참여가 필요하다. 이에 교사와 학교는 부모들이 자녀교육에 적극적인 관심을 보일 수 있도록 다각도로 방안들을 모색할 필요성이 있다.

한편, 중도입국청소년들은 한국어가 서툴고 한국 역사에 대한 배경지식이 부족하다. 따라서 복잡한 사건들과 어려운 학습 어휘, 생소한 사람들의 이름과 문화재 등이 나열된 교과서는 중도입국청소년이 편하게 다가설 수 없는 대상임에 틀림없다. Martell & Dunne은 미국으로 이주해 온 학생들에게 미국 역사를 어떻게 가르치는 것이 효과적인지에 관한 연구를 진행했다. 이 연구에 의하면 높은 학업성취를 보이고 영어 실력이 유창한 학생의 경우에도 미국 역사를 이해하는 데는 상당한 어려움을 겪고 있음을 알 수 있다. 학습내용의 방대함, 친숙하지 않은 학습 어휘, 배경지식의 부족, 모

---

52) 홍성두, 「학습장애 위험군 청소년들의 성격 특성 탐색연구」, 『학습장애연구』 8(1), 2011, p.27.

국에서 배운 역사와 전혀 다른 역사적 내용 등으로 인해 역사학습에 어려움을 느끼는 것이다.[53] 이에 마르텔 & 던은 영어가 모국어가 아닌 학생들에게 성공적으로 미국의 역사를 가르치는 방법을 4가지로 제시하고 있다. 첫째는 언어를 배우는 어려움에 대해서 공감대를 형성하는 것이고, 둘째는 제2언어를 어떻게 학습할 수 있을지에 대해서 고민하는 것이다. 셋째는 학생들의 언어적 필요에 의해서 교육과정을 구성하는 것이고, 마지막으로 교과를 문해력 향상과 연계시키는 것이다.[54] 이를 통해 언어적 소수 학생들을 대상으로 역사 수업을 진행할 때는 이들의 언어 수준을 명확하게 파악하고, 이들의 제2언어 실력을 향상시키는 방향으로 교수전략을 개발할 필요성이 있음을 알 수 있다.

아울러 언어적 소수 학생들에게 역사를 가르칠 때는 모국과 연관되는 내용이나 이들이 처한 현실적인 상황과 연계되는 내용을 제시할 필요가 있다. 이들은 교과서의 읽기 자료와 교사의 설명을 통해서는 학습내용을 이해하기가 어렵다. 따라서 학습자의 경험과 연계된 친숙한 내용을 교사가 제공해 주면 이들은 학습내용을 추리하면서 이해할 수 있다.[55]

이처럼 중도입국청소년처럼 한국어가 서툴고 한국사에 관한 배경지식이 부족한 학생들에게 한국사를 가르치는 일은 모험에 가까운 일이다. 하지만 풍부한 시각자료를 활용한 학습 어휘 중심의 교수전략과 이들에게 친숙한 문화적 내용과 연계한 교수방안을 개발하다면 이들이 한국사를 공부하면서 느끼는 어려움을 해결하는데 실질적으로 도움이 될 것이다.

---

53) Martell, C.C. & Dunne, K.A., "Teaching America s Past to Our Newest Americans, *Social Education*" 77(4), 2013, p.192.
54) Ibid., p.194.
55) Ibid., p.195.

2-2. 제도적 측면

중도입국청소년은 한국어로 이루어지는 어려운 학교 수업을 따라가지 못하고 있고, 이로 인해 학습의욕을 상실하고 낮은 학업성취를 보인다. 게다가 이들의 학습적 특징을 배려한 수업교재도 제대로 개발되어 있지 않기 때문에 중도입국청소년들에게 실질적인 도움을 주지 못하고 있다. 따라서 중도입국청소년들을 위한 표준화된 교육과정과 수업교재가 필요하다.[56] 주지하다시피 교재란 교수·학습활동이 이루어지는 과정 속에서 학습내용을 이해하고 사고를 할 수 있도록 도와주는 일체의 자료를 말한다. 따라서 학생들의 학습동기를 유도하여 효과적인 학습활동이 이루어지도록 하기 위해서는 적절한 교재가 사용되고 그에 따른 다각적인 학습법이 제공되어야 한다.[57] 이에 한국어가 서툰 중도입국청소년들의 특성을 반영한 한국사 교재는 필수적이다. 이들을 위한 한국사 교재의 부재로 인한 현장교육의 어려움을 필자의 경험을 바탕으로 살펴보도록 하겠다.

필자는 공립다문화 대안학교인 D학교에서 한국사를 가르친 경험이 있다. 참고로 D학교는 다문화학생들을 대상으로 2013년도에 개교한 학교로 주로 중도입국청소년들이 다니고 있었다. D학교는 고등학교 과정으로 학년별 2개 반으로 운영되었고, 2학년 과정에 한국사 수업이 1주일에 3시간씩 진행되었다. D학교에서는 고등학교 한국사 교과서를 기본교재로 사용해야 했지만 학생들의 수준에는 맞지 않기 때문에 이들을 위한 별도의 교재를 개발하여 사용하였다. 다음은 D학교의 한국사 부교재의 일부이다.

---

56) 류영철, 「중도입국학생을 위한 다문화 교육의 효율적 방안」, 『다문화와 평화』 10(1), 2016, p.85.
57) 정선영 외, 『역사교육의 이해』, 2001, p.141.

<그림 1> D학교 한국사 부교재(1)

대단원	I. 우리 역사의 형성과 고대 국가의 발전		
소단원	01 선사 문화와 한민족의 기원		
학습 주제	청동기의 보급과 한민족의 형성		
2014년 ( )월 ( )일		( )학년 ( )반 ( )번 이름( )	
	한국어(영어)	한자(모국어) 쓰기	한국어
필수 어휘	이동 생활(nomads)	移動生活( )	( )
	동굴(cave)	洞窟( )	( )
	채집(plant collecting)	採集( )	( )
	사냥(hunting)		( )
	토기(earthen ware)	( )	( )
	농경(agriculture, farming)	土器( )	( )
	목축(cattle breeding)	農耕( )	( )
	혁명(revolution)	牧畜( )	( )
	신석기 혁명 (neolithic revolution)	革命( ) 新石器革命	( )
	정착 생활(settler)	( )	( )
	움집(pit dwelling)	定着生活( )	( )
	애니미즘(animism)		( )
	정령(spirit, soul)	精靈	( )
	샤머니즘(shamanism)		( )
	토테미즘(totemism)		( )
	계급(rank,hierarchy,class)	階級( )	( )
	군장(chief)	君長( )	( )
	고인돌(dolmen)		( )
	치레걸이(accessory)		( )
학습 내용	① 청동기 시대의 특징 ② 청동기 보급과 계급 발생		

D학교의 한국사 부교재를 살펴보면, 중요한 학습 어휘를 영어와 한자로 표기하고, 모국어와 한국어로 어휘의 뜻을 쓸 수 있는 방식으로 구성되어 있다. 위의 교재는 필자가 D학교에서 한국사를 가르치기 1년 전인 2014년

도에 만들어진 교재이다. 당시 중국 학생들이 많은 상황을 고려하여 만든 것으로 보인다. 선사시대부터 남북국시대까지 학습 어휘 중심으로 만들어진 이 교재는 당시에 학생들의 한국사 학습에 조금은 도움이 되었을 것으로 판단된다. 하지만 중도입국청소년들이 이해하기에는 어려운 학습어휘까지 모두 표기한 점, 그림 자료가 풍부하지 않은 점, 학습내용에 대한 서술이 되어 있지 않은 점, 마지막으로 어휘를 정리한 부분 이외의 내용은 중도입국청소년들의 학습수준을 전혀 고려하지 않은 점 등이 문제점으로 지적될 수 있겠다. 다음은 D학교 한국사 부교재의 내용 학습 부분이다.

〈그림 2〉 D학교 한국사 부교재(2)

5. 통일 신라와 발해의 사상과 문화

* 통일 신라 문화(백제, 고구려, 당의 문화까지 융합)
* 발해 문화(고구려 문화를 계승하면서 당과 말갈 문화를 융합)

(1) 유학의 보급과 학문의 발달

		역사서
통일 신라	유학 교육 기관- _____ (_____ 왕) 독서_____과(원성왕) : _____ 강수(외교문서), 설총(____정리) 김운경,최치원(당의 ____과에 급제, 개혁안 10여조 건의)	화랑세기 고승전 계림잡전 ( )
발해	유학 교육 기관-_____,( )에 유학생 파견, ____과 급제	

(2) 불교의 발달

통일 신 라 전 기	교종 발전 5교	교종 : 경전 이해와 교단 조직을 중시 ( ) : 불교에 대한 폭넓은 이해 (____) 사상→종파 간의 사상적 대립 극복 (____) 신앙(=정토 신앙)(불교 대중화) ( ) : (____) 사상(화엄일승법계도)→ 모든 존재의 상호 의존성 ( ) : 8세기 인도와 중앙아시아 여행 (_____)
후 기	선종 발전 9산	선종 : 실천 수행 중시→지방 _____ 세력과 결합→지방에 9개 사원 등장 (9산 선문)(지방 문화의 역량 증대, 고려 건국의 사상적 바탕)
발해		발해 수도 상경에 9개의 절터가 존재하고, 고구려 영향을 받은 불상, 석등, 연꽃 무늬 기와가 많이 남아 있음

중도입국청소년들에게 〈그림 2〉의 내용은 상당히 어렵다. 일반학교에 다니는 고등학생이 학습하는 자료를 한국어가 서툰 중도입국청소년들에게 동일하게 활용한 것이다. 학습내용을 이들의 필요와 수준에 맞게 재구성해야 하는데 여기까지는 세심하게 배려하지 못했음을 알 수 있다.

한편 중도입국청소년들을 대상으로 하는 학교 현장에서 교과교육의 어려움을 호소하는 목소리가 높아지자 중앙다문화교육센터에서는 이들을 위한 교과학습 어휘 중심 교재를 2016년부터 개발하기 시작하였다.[58] 한국사의 경우 별도의 교재는 개발되지 않았고, 초등학교 사회 교재 안에 한국사 내용 일부가 포함되어 있다. 중앙다문화교육센터에서 발간한 교재는 그림 자료도 풍부하고, 한국어가 서툰 중도입국청소년의 특성을 고려하여 이들의 학습 어휘를 향상시키는데 도움이 될 수 있도록 제작하였다. 하지만 한국사 영역에 대한 전문성이 떨어지는 교재이다. 예컨대, 각 시대별 흐름에 맞추어 내용이 전개되어 있지도 않고, 더구나 역사적 내용의 오류까지 보인다. 〈그림 3〉은 중앙다문화교육센터에서 발간한 한국사 교재의 일부이다.

〈그림 3〉을 보면 삼국시대를 철기시대 때 한반도에 세워진 국가라고 설명하고 있다. 삼국시대를 설명하면서 철기시대에 관한 언급을 굳이 할 필요도 없거니와 한반도로 영토를 국한시킨 내용도 틀린 내용이다. 고구려가 한반도에만 국한되어서 위치하고 있지는 않기 때문이다. 게다가 어휘 연습으로 제시한 문항들도 한국사에서 의미 있게 다루는 내용이 아니다. 요컨대 삼국시대 때 무기나 농기구를 돌로 만들었는지 철로 만들었는지에 관해서 질문을 던지는 경우는 거의 없다. 중앙다문화교육센터에서 발간한 교재는

---

58) 중앙 다문화교육센터는 국가평생교육원 산하기구로 다문화교육 정책을 연구하고 정책사업을 추진하는 기관이다.

〈그림 3〉 중앙다문화교육센터 한국사 교재

◀ 어휘 이해 ▶

다음을 보고, 어느 시대의 어느 나라 지도인지 말해 보세요.

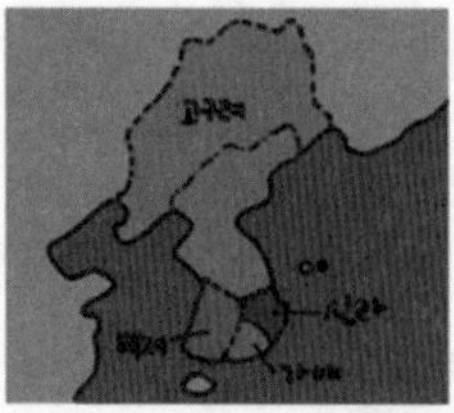

- 철기 시대 한반도에 있었던 국가는 고구려, 백제, 신라, 가야입니다.
- 고구려, 백제, 신라는 주변의 다른 집단과 힘을 합치면서 큰 나라로 성장하였습니다.
- 고구려, 백제, 신라가 세워지고 발전하는 과정에서 영토의 크기가 계속해서 변화했습니다.

4세기 초에서 7세기 중엽까지 [ ][ ][ ], [ ][ ], [ ][ ]의 세 나라가 함께 대립하고 교류하던 시대를 삼국 시대라고 해요.

◀ 어휘 연습 ▶

1. 철기 시대에 한반도에 세워져 왕권이 강했던 삼국의 이름은 무엇인가요?

→ [ ], [ ], [ ]

2. 다음을 읽고 알맞은 것에 ○표 하세요.

1) 삼국은 (돌 / 철)로 무기나 농기구를 만들어 사용했습니다.

2) (삼국은 / 가야는) 힘을 하나로 모으지 못하여 큰 나라로 성장하지 못했습니다.

3) 삼국은 왕을 중심으로 나라를 원활하게 운영하기 위하여 (율령을 / 지도를) 만들었습니다.

4) 삼국 시대에 한반도 북쪽에는 (고구려 / 백제 / 신라)가 있었고, 남쪽에는 백제와 신라가 있었습니다.

내용면에서 오류가 있고, 역사 내용의 전문성이 떨어짐에도 불구하고 중도입국청소년들의 낮은 한국어 어휘 실력을 고려해서 만든 한국사 교재라는 점에서 의미 있는 교재이다. 다만 한국사 교재를 한국어 전문가가 개발하는 우를 범한 것이 안타깝다.

이상에서 살펴보았듯이 향후 역사 전문가와 한국어 전문가, 그리고 이중언어 전문가들의 협력 하에 중도입국청소년들을 위한 수준별 한국사 교재를 개발할 필요성이 있다.

한편, 중도입국청소년들을 대상으로 한국사를 가르치면서 가장 고민되는 것은 무엇을, 어떻게 가르치느냐의 문제이다. 역사교육에서 내용 선정은 역사 교수·학습의 핵심적인 문제이다. 중도입국청소년을 대상으로 진행하는 한국사 수업에서 무엇을 가르칠 것인가에 관한 문제를 해결하기 위해서는 교사가 교과서의 내용을 반드시 가르쳐야 한다는 강박에서 벗어날 필요가 있다. 역사와 역사 수업내용은 동일하게 다룰 수도 있지만 동일하지 않게 다룰 수도 있어야 한다고 본다. 역사 수업은 역사에 접근하는 보다 다양하고 유연한 시도를 통해서 학생들에게 더욱 풍부한 역사적 인식의 장을 제공해 줄 수 있을 것이다.[59]

중도입국청소년을 대상으로 하는 한국사 수업은 시대의 흐름에 따라 가르치되 가급적이면 국가 간의 대립이나 왕들의 업적, 제도사 중심의 내용은 지양하는 것이 좋다. 국가사·정치사 중심의 한국사 수업은 국가의 정체성에 초점을 맞춘 나머지 중도입국청소년들을 끊임없이 수업에서 소외시킬 우려가 있다.[60] 이에 국가 간의 교류사적인 측면이나 시대별 생활사, 그리고 학생들이 흥미를 느낄 수 있는 역사 속 이야기와 놀이, 이야기가 담긴 문화사, 중도입국청소년들의 모국과 연계된 역사 등을 교실수업에 반영하도록 한다. 하지만 학생들은 국가 간의 대립을 다루는 전쟁사에 흥미를 느끼는 경향이 있다. 예컨대 임진왜란 때 이순신의 활약을 영화 '명량'을 보여주면서 설명을 해주면 수업에 적극적으로 참여하는 모습을 보이기도 한다. 그러나 교실에 일본학생이 있다면 곤란한 상황을 겪을 수밖에 없을 것이다. 따라서 임진왜란에 관한 내용을 다루고자 한다면 전쟁의 원인과 전개과정

---

59) 김선미, 「역사수업을 통한 다문화교육 실행 방안 탐색」, 『역사교육논총』 49, 2012, p.139.
60) 장의선, 「다문화교육을 위한 교사교육 교육과정 모형탐구」, 『초등교육연구』 21(2), 2015.

을 설명하는 것에 초점을 두기 보다는 전쟁 속으로 내몰린 사람을 중심으로 시선을 전환할 필요가 있다. 또한 임진왜란 시기 항왜 장군인 사야가(김충선)를 소개하면서 명분 없는 침략을 거부하고 조선을 구한 일본인 장군에 관한 설명을 해주는 것이 바람직하다. 그리고 임진왜란이 끝난 이후에도 조선은 일본에 통신사를 파견하여 조선의 문화를 일본에 전달해 주었고, 양국 간의 평화관계를 구축하기 위해 노력했음을 설명해 주도록 한다.[61] 이렇게 전쟁사를 수업 내용으로 다룰 때에도 전쟁을 바라보는 관점이 국가 중심에서 사람중심으로 바뀌어야 하고, 평화의 소중함을 일깨워주는데 초점을 두는 것이 바람직하다.

한편 역사적 내용을 지역여행과 연결시키는 것도 효과적인 수업내용이 될 수 있다. 예컨대 신라의 역사와 문화를 배우면서 경주 여행 계획을 세울 수 있도록 수업을 진행하는 것이다. 또는 조선의 역사와 문화를 배우면서 서울 여행 계획을 세워보도록 유도하는 것이다. 이는 낯설게만 느껴지던 한국의 지역들을 학습할 수 있는 기회도 제공해 주고, 여행이라는 흥미로운 주제를 바탕으로 수업을 진행하기 때문에 학생들도 적극적으로 수업에 참여할 수 있는 기회를 제공해 줄 것이다.

중도입국청소년을 대상으로 역사 수업을 진행할 때 주의를 기울여야 하는 것은 이들의 모국에 관한 부정적인 내용은 언급하지 않도록 하는 것이다. 주지하다시피 한국의 교육현장에서 다문화가정 학생들은 자아정체성 혼란, 학업부진, 집단따돌림 등 다양한 문제를 겪고 있다. 뿐만 아니라 다문화 학생들로만 구성된 교실 현장에서도 다양한 국가의 학생들 간의 미묘

---

61) 곽희정, 「중도입국청소년을 위한 한국사 교재의 구성 및 체제」, 『역사와 교육』 28, 2019, pp.87~88.

한 갈등이 존재하고 있다.[62] 이러한 상황에서 중도입국청소년들의 모국에 대한 부정적인 내용을 역사 수업에서 다룬다면 이들은 심리적으로 위축될 수밖에 없다. 필자가 이들을 대상으로 처음 한국사를 가르칠 때 위안부 할머니에 관한 내용을 짧은 애니메이션으로 보여준 적이 있다. 교실에는 일본 학생이 한 명 있었는데, 그 학생이 갑자기 수업 중에 울기 시작하는 것이었다. 필자는 당시에 너무 당혹스러웠다. 일본 학생은 필자에게 친구들이 손가락질 할까봐 두렵다고 말했다. 당시에 항상 뭉쳐서 다니는 중국학생들 틈바구니 속에서 일본 학생은 늘 소외되고 있었는데, 역사 시간에 일본의 치부를 드러낸 것이 이 학생을 더욱 곤욕스러운 처지로 만들어 놓은 것이다. 필자는 당시에 한창 예민한 사춘기의 일본 학생의 마음을 미처 들여다보지 못한 것 같아 많이 당혹스러워했던 기억이 있다. 교사가 잘 가르치는 것보다 학생들의 입장에서 생각하고 이들의 마음을 들여다보는 것이 더욱 중요한 일이라는 것을 이 계기를 통해서 다시 한 번 생각해 보게 되었다.

이상으로 중도입국청소년들의 한국사 학습 실태를 학습자적 측면과 교육제도적 측면으로 나누어서 서술해 보았다. 이에 대한 결론은 다음과 같다.

첫째, 중도입국청소년들은 모국에서부터 오랫동안 학업에 방치된 경우가 많아서 학습 습관이 제대로 형성되어 있지 않은 경우가 다수이다. 게다가 한국에 와서도 서류문제와 연령문제, 한국어 문제 등으로 공교육에 진입하기가 쉽지 않아서 학업 공백을 경험하는 경우가 다수이다. 따라서 교사는 이들이 바른 학습 습관을 가질 수 있도록 도와주어야 하고, 이들이 학습에 흥미를 느낄 수 있는 요소들을 다양하게 개발할 필요성이 있다.

---

62) 류방란·오성배, 「중도입국청소년의 교육기회와 적응실태」, 『다문화교육연구』 5(1), 2012, pp.40~44.

둘째, 한국사 교재를 시급히 개발할 필요가 있다. 한국사 교재는 한국어 수준에 따라서 기초, 심화 교재로 나누어서 개발할 필요가 있고, 역사 전문가, 한국어 전문가, 이중 언어 전문가의 협력하에 개발이 이루어져야 한다.

셋째, 한국사 수업 내용은 새롭게 재구성해서 가르칠 필요가 있다. 특히 중도입국청소년의 모국과 관련된 부정적인 내용은 세심하게 다루어야 한다. 중도입국청소년들은 사회적·가정적·제도적으로 다양한 측면에서 심리적 불안함을 겪고 있다. 이들은 그 무엇보다도 위로와 지지가 필요한 상태이고, 어딘가에 안전하게 소속되고 싶어 하는 열망이 강하다. 사회에서도 가정에서도 환영받지 못하는 중도입국청소년들에게 역사적 내용에서마저 부정적인 이야기를 다루면 이들은 민감하게 반응할 수밖에 없다.

넷째, 중도입국청소년을 위한 다양한 학습 자료가 제작될 필요가 있다. 수업시간에 활용할 만한 다양한 학습 자료뿐만 아니라 이들이 복습과 예습을 할 수 있는 학습 동영상 강의도 필요하다. 한국어가 서툰 중도입국청소년들은 수업시간에 학습한 내용만으로는 높은 학업성취를 이루기는 어렵다. 이에 수업시간에 학습한 내용을 바탕으로 스스로 복습과 예습을 할 수 있는 이들의 수준에 맞는 동영상 강의가 제작될 필요가 있다. 동영상 자료는 중도입국청소년뿐만 아니라 한국사에 관심을 가지고 있는 이주민들이나 외국인 유학생들에게도 매우 필요하다. 이에 모국어 자막이 들어간 학습 동영상을 개발하여 중도입국청소년들이 무상으로 이용할 수 있도록 하면 시·공간의 제약 없이 한국사 학습이 가능할 것이다.

다섯째, 중도입국청소년들이나 다문화배경의 학생들을 가르치는 교사교육이 필수적이다. 교사들은 중도입국청소년들이 놓여 있는 현실적 상황과 심리적 측면, 그리고 한국어가 서툰 학생들을 대상으로 교과교육을 진행할 때 어떻게 무엇을 가르치는 것이 효과적인지에 대한 교육을 받을 필요가 있다. 교사교육은 학교 밖 다문화센터와 다문화 대안학교에서 학생들을 가르치고 있는 교사들에게 필수적이다. 중도입국청소년의 경우에는 제도권 안에 진입한 학생보다 제도권 밖에 머물러 있는 학생들이 더 많고, 제도권 안에 진입했다고 하더라도 다문화 대안학교를 다니고 있는 경우가 다수이다. 하지만 다문화센터의 교사나 다문화 대안학교, 특히 개인이나 종교단체에서 운영하는 위탁형 대안학교의 교사는 시간강사로 활동하는 경우가 많기 때문에 정식의 교사연수를 받을 수 있는 기회가 거의 없다. 따라서 학생들에 대한 정보도 제대로 알지 못하고, 무엇을 어떻게 교육해야 하는지도 모르는 상태에서 학생들과 만나고 있는 경우가 대부분이다. 이에 이들을 대상으로 한 교사교육은 반드시 진행되어야 하고, 교수전략에 대한 가이드라인도 제시해 줄 필요가 있다.

마지막으로 가정에서의 아이들에 대한 적극적인 교육적 지원이 필요하다. 아이들이 학교에서 무엇을 필요로 하는지, 아이들이 어떻게 학교생활을 하고 있는지 등에 대해서 적극적인 관심이 필요하다. 교육은 학교와 교사의 노력만으로는 결코 좋은 결과를 맺을 수가 없다. 가정에서의 교육적 지원이 뒷받침 되어야만 가능하다. 이에 학부모의 적극적인 교육적 참여가 필요한 시점이다. 아울러 학교밖에 머물고 있으면서 가정적·사회적으로 소외된 채 막막하기만 한 중도입국청소년들을 보듬어 줄 수 있는 기관들이 많아져야 한다. 이들이 세상 밖으로 나와 세상과 소통할 수 있도록 사회적·제도적 지원이 다각도로 절실한 시점이다.

Ⅳ. 중도입국청소년을 위한 한국사 교수전략 탐색

1. 한국사 수업에서 공평교수법의 실천방안 모색

본 연구에 참여한 14명의 중도입국청소년들은 학습태도, 한국어 수준, 문화적 배경 등에서 상당히 다르게 분포하고 있다.

그렇다면 한국사 수업에서 이들의 학업성취를 향상시키기 위해서는 어떤 교수전략을 활용해야 할까? 뱅크스는 다양한 인종과 민족, 사회경제적 배경을 가진 학생들의 학업적 성취를 위해서 공평교수법을 실천할 수 있는 대표적인 교수전략으로 문화감응교수법(Culturally responsive teaching)과 협동학습의 중요성을 강조할 뿐 구체적인 교수전략을 제시하지 않았다.[63] 하지만 공평교수법이 지향하고 있는 가치를 면밀하게 검토하고, 학습자의 특징을 세심하게 파악한다면 교실수업을 통해서 공평교수법을 실천할 수 있는 교수전략을 구안할 수 있을 것이다.

본 연구에서는 중도입국청소년을 대상으로 진행하는 한국사 수업에서 공평교수법을 실천할 수 있는 구체적인 교수전략을 3가지 측면에서 탐색해 볼 것이다. 즉 교수 기술적 측면, 교수 내용적 측면, 교수 구성적 측면이다. 우선 교수 기술적 측면은 한국어가 서툰 중도입국청소년들에게 한국사를 어떻게 가르치는 것이 효과적인가에 관한 탐색이다. 다음으로 교수 내용적 측면은 중도입국청소년들이 한국사 학습에 흥미를 느끼고 이들이 다양한 시각을 바탕으로 현실사회에 관심을 가질 수 있도록 하기 위해서 무엇을 수업 내용으로 선정할 것인가에 관한 탐색이다. 마지막으로 교수 구

---

63) Banks, J.A., *An introduction to multicultural education*, 2008, p.35.

성적 측면은 교실수업을 어떻게 구성할 것인가에 관한 탐색으로 학생들이 지식 구성 및 생산과정에 적극적으로 참여하도록 격려하고, 이들이 학업적 성취를 경험할 수 있도록 하는 것에 초점을 맞춘다. 이 세 가지 측면에서 구안된 교수전략은 서로 중복되기도 하지만, 각각의 측면들은 엄격하게 다른 개념이다.

1-1. 교수 기술적 측면

앞서 설명한 것처럼 공평교수(Equity Pedagogy)법은 다문화교육의 가장 핵심적이고 중요한 철학적 개념으로 교사가 다양한 인종, 민족, 사회계층 집단에서 온 학생들의 학업성취를 향상시키기 위해 이들의 독특한 학습 양식에 맞추어 다양한 교수법을 사용하는 것을 의미한다.[64] 그렇다면 중도입국청소년들의 학업성취를 향상시키고 이들을 교실수업에 적극적으로 참여하도록 하는 효과적인 교수 기술은 어떤 것이 있을까? 필자는 모국어 활용, 또래관계 활용, 중도입국청소년의 학습 스타일과 학습 수준에 맞는 차별화 교수 등을 제안한다.

가. 모국어 활용

한국어가 서툴고 한국사에 대한 배경지식이 부족한 중도입국청소년에게 한국사를 가르치는 일은 모험에 가까운 일이다. 이들에게 도움이 되는 한국사 교수전략은 철저히 이들의 요구를 받아들이는 학습자 중심의 수업이어야 한다. 본 연구에 참여한 학생 중에 한국사 공부에 흥미를 느끼고 적

---

64) Banks, J.A., Ibid., p.32.

극적으로 수업에 참여하여 높은 학업성취를 이룬 학생이 있는데, A, C, E, G가 대표적인 경우이다. A의 경우는 초등학교 6학년 때 한국에 들어왔기 때문에 중학교 과정에서 한국사를 배운 적이 있는 학생이다. 하지만 당시에는 한국어가 서툴러서 한국사에 흥미를 느끼지 못했다고 한다.

> 학교에서 배운 한국역사는 성적을 올리기 위해서 배운 역사여서 재미가 없었어요. 지금은 수업 중에 듣는 역사 이야기가 재미가 있어서 배우고 싶은 마음이 들었어요. 그리고 **한국사 용어를 중국어로 표기**해주니까 의미가 빨리 파악돼요. … 예전에는 한국역사에서 제가 기억나는 것은 세종대왕이 한글을 만든 것 밖에 없었어요. 지금은 한국사를 배우면서 역사적인 사건이나 인물을 볼 때여러 측면에서 보게 되었어요. 예를 들어 의자왕을 나쁜 왕이라고 알았지만 실제로는 이 분도 좋은 왕일 수도 있는데, 실패자이기 때문에 역사에서 부정적으로 배운다는 것을 알게 되었어요. 역사는 승리자 중심의 기록이니까요. …
>
> — A와의 인터뷰 내용 중 —

A의 경우에는 역사적 지식을 습득하는 단계를 넘어 비판하는 단계까지 학업성취를 이루었다. A는 역사적인 사건과 인물을 다양한 측면에서 바라볼 수 있는 단계까지 높은 학업성취를 이루었는데 그 원인은 무엇이었을까? A는 어려운 한국사 용어를 중국어로 표기해 주는 것이 한국사를 이해하는데 도움이 되었다고 하였다. A는 모국어를 활용한 한국사 수업을 효과적인 교수전략으로 평가하고 있는데, 실제로 모국어를 활용하는 한국사 수업은 어려운 용어가 많은 한국사 내용을 학생들에게 이해시키는데 매우 효과적이다. 한국사 학습내용 중에 어려운 내용은 학생들의 모국어로 풀어서

알려주고, 학생들이 이해할 수 있는 수준은 한국어로 학습할 수 있도록 하면 학생들의 학업성취를 향상시키는데 실질적으로 도움이 된다. 비록 학생들이 한국 사회에서 성공적으로 정착하기 위해서는 표준 한국어를 배워야 하지만, 학교는 학생들의 모국어를 존중해 주어야 한다. 그리하여 이들이 자신의 문화에 대한 자부심을 바탕으로 한국 사회에서 가치 있는 구성원으로 성장할 수 있도록 지원해 주어야 한다.

Sleeter & Grant는 학생들의 모국어를 무시하고 손상시키는 것은 학생들의 언어성장과 자아개념뿐 아니라 학생과 학부모, 조부모 사이의 정상적인 의사소통에 문제를 초래할 수 있다고 하였다.[65] 언어를 연구하는 대부분의 학자들은 학생들의 모국어가 읽기와 쓰기를 가르칠 때 가치 있는 학습도구이며, 학생들의 학업성취를 돕기 위해 교사들이 사용해야 하는 도구라고 주장한다.[66]

이처럼 학교에서는 학생이 모국어를 사용하는 것을 징계할 것이 아니라 그들의 학습에 도움이 되도록 장려하는 것이 옳다. 그리고 한국출생의 다문화 가정 학생에게도 엄마 나라의 언어를 배워서 이중 언어를 말할 수 있게 하는 것이 학생의 역량 강화에도 도움이 된다.

모국어 능력을 잘 발달시킨 학생들은 그렇지 못한 학생들보다 손쉽게 제2언어를 학습할 수 있다. 이는 하나의 언어가 잘 구축되어 있다면 다른 언어도 쉽게 배울 수 있음을 뜻한다. 따라서 학생의 모국어 사용을 권장하고, 한국 출생 다문화가정 학생들이 엄마 나라의 언어를 배우는 것을 자랑스럽

---

65) Sleeter, C.E & Grant, C.A. 저, 김영천 외 공역, 『다문화교육의 탐구』, 아카데미프레스, 2009, p.82.
66) Sleeter, C.E & Grant, C.A. 저, 김영순 외 공역, 『교사를 위한 다문화교육』, 북코리아, 2013, p.285.

게 생각할 수 있도록 해야 한다. 이들이 하나의 언어를 더 알아간다면 그들의 세계는 더욱 커지고 윤택해질 것이며, 엄마의 나라와 자신의 나라 사이의 가교적 역할을 담당할 수 있을 것이다. 하지만 다문화를 하나의 낙인으로 인식하거나 이주민을 적응과 동화의 관점으로 보고 있는 한국의 현실 속에서는 쉽지 않은 것이 현실이다. 한국 사회의 다문화에 대한 인식 개선이 절실한 시점이다.

이처럼 중도입국청소년들의 모국어를 활용한 한국사 교수전략은 이들의 고유한 문화를 인정해 줌으로써 자존감 향상에 도움이 될 뿐만 아니라 중도입국청소년들이 한국사 내용을 편안하게 받아들여 높은 학업성취를 이루는 데 실질적으로 도움이 된다. 진심어린 돌봄은 학생들이 그들의 언어와 문화를 발전시킬 수 있도록 격려하고, 동시에 학업능력을 향상시킬 수 있는 기회와 자원을 제공하며, 학업적으로 최선의 기회를 가질 수 있도록 격려하는 것이다.

나. 또래관계 활용

교수 학습 상황에서 또래관계를 활용하는 또래학습은 또래교수와 협동학습이 대표적이다.[67] 또래교수(peer tutoring)는 또래 간 교수자와 학습자의 엄격한 역할 구분이 특징이며, 보통 개별화된 학습방법으로 활용된다. 또래교수를 수업시간에 활용하면 또래교사(tutor)와 또래학습자(tutee) 상호 간에 핵심적인 개념을 서로 가르치고 배우면서 학업적 성취와 사회적 능력을 모두 촉진시킬 수 있다. Garcia는 언어적 소수 학생들의 학업성취는 이

---

67) Topping, K.J., "Trends in Peer Learning", *Educational Psychology* 25(6), 2005, pp.631~632.

들이 또래와 함께 협력적 학습 속에서 서로 이야기를 나눔으로써 격려 받을 때 향상되는 경향이 있다고 하였다.[68] 또한 Greenwood는 교실 내에서 진행하는 또래교수는 다양한 통합학습에 유용하며, 또래교수를 경험한 학생들이 또래교수 전략을 받지 못한 학생들보다 표준화된 시험에서 더 잘 수행했고, 고등학교의 중도탈락자가 적게 나왔다고 했다.[69] Allison & Rehm은 다양한 문화와 언어권의 학생들이 있는 교실에서 또래교수는 의사소통능력을 향상시키고 또래끼리 학습자극을 주게 되어 더 높은 학업성취를 이룰 수 있다고 한다. 아울러 언어가 서툰 학생들은 교사에게 학습 도움을 요청하는데 어려움을 느끼지만 또래에게는 편하게 요청할 수 있다고 한다.[70]

본 연구에 참여한 학생들은 한국어 수준의 차이가 크고, 학습태도 면에서도 차이가 크게 나타난다. 이러한 교실상황에서 효과적으로 수업을 진행하기 위해서 또래관계를 활용하는 것이 도움이 된다. 특히 또래관계를 활용한 또래교수는 동일한 언어를 가진 학생들끼리 짝을 이루어서 한 명이 또래교사가 되고, 다른 한 명이 또래학습자의 역할을 하도록 한다. 이는 또래관계 속에서 편안함을 느끼는 이들의 심리적 특징을 가장 잘 활용할 수 있는 효과적인 교수전략이 될 수 있고, 또래끼리 가르치고 배우면서 높은 학업성취를 이룰 수 있다. 하지만 또래교사와 또래학습자의 역할을 고정적으로 수행하게 된다면 또래교사와 또래학습자 사이에 일방적이고 수직적인 관계가

---

68) Garcia, E.E., "Attributes of effective schools for language minority students", Education and Urban Society 20(4), 1988, p.390.

69) Greenwood, C.R., "Reflection on a research career: Perspective on 35 years of research atthe Juniper Gardens's Project", Exceptional Childern 66, 1999, p.19.

70) Allison, B.N. & Rehm, M.L., "Effective Teaching Strategies for Middle School Learners in Multicultural, Multilingual Classrooms", Middle School Journal 39, 2007, p.4.

형성될 수 있고, 또래학습자가 열등감을 느낄 수 있기 때문에 이에 대한 교사의 세심한 배려가 요구된다. 아울러 교사는 학생들끼리 또래학습을 진행할 때 교실을 돌아다니면서 모니터를 해주거나 학생들이 이해하기에 어려운 학습 용어를 간단하게 설명해 주는 역할 정도만 하도록 한다.

반면에 협동학습(cooperative learning)은 이질적인 학습자로 구성된 소규모 집단에서 공유된 목적과 결과를 추구하며 또래가 협동하여 학습하는 형태이다. 협동학습은 학생들의 학업성취를 증진시킬 뿐만 아니라 인종, 성별, 그리고 능력과 장애의 한계를 넘어서 학생 간의 관계를 증진 시키는데 지속적으로 기여하고 있다.[71] 마르텔 & 던에 의하면 협동학습은 학생들 간의 대화를 통해서 하나의 개념을 깊이 있게 이해하고, 다른 학생들과 개념을 공유하는데 효과적인 교수전략이다.[72]

한국사 수업에서 교육연극을 진행하거나 현장체험학습 계획을 세울 때 협동학습을 활용해서 수업을 진행하는 것이 효과적이다. 하지만 협동학습을 진행할 때는 교사의 철저한 수업 준비가 필요하다. 학생들의 흥미와 수준에 맞춰서 각 차시의 목표를 설정하고, 각 차시에 필요한 수업자료를 충분히 준비하여 수업시간에 제공해야 한다. 예컨대 학생들에게 경주답사 계획을 세워볼 것을 수업 목표로 제시했다면, 모국어로 표기된 경주관광 지도와 문화유산해설 자료를 제공해 주어야 한다. 그리고 모둠은 반드시 교사가 정해주도록 하는데, 교사는 학생들의 개별적인 상황을 고려하여 최대한 이질적으로 모둠을 구성해야 한다. 이때 학생들에게 모둠을 구성하게 하면 학

---

71) Slavin, R.E., "Cooperative learning & Cooperative school", *Educational Leadership* 45, 1987.
72) Martell, C.C. & Dunne, K.A., op. cit., p.195.

생들 안에서 또다시 소외되는 학생이 생길 수 밖에 없다. 중도입국청소년들과의 수업을 진행할 때는 늘 누군가가 소외되는 일이 없도록 세심하게 배려해야 한다. 어느 누구도 소외되지 않고, 모두가 환영받는다는 느낌을 가지고 편안하게 수업에 참여할 수 있도록 하는 것이 이들과의 수업을 성공적으로 진행하기 위한 선행조건임을 유념해야 한다.

이외에도 협동학습을 활용한 한국사 수업은 다양하게 구안될 수 있다. 학생들이 반드시 익혀야 할 학습 어휘를 교사가 모둠별로 제공해 주고, 모둠별 퀴즈게임방식을 활용하여 수업을 진행하는 것도 효과적이고, 부모와 자녀가 함께 배우는 한국사 수업 시간을 만들어서 부모와 자녀가 협동학습을 통해서 함께 학습할 수 있는 기회를 갖게 하는 것도 효과적인 수업방안이 될 수 있을 것이다. 이는 자녀 교육에 무관심한 경우가 많은 중도입국청소년들의 부모들로 하여금 학교에 관심을 가질 수 있도록 유도하는 방안이 될 수 있다.

이처럼 언어·문화·사회적으로 특수한 처지에 놓여있는 중도입국청소년들에게 또래관계를 활용한 협동학습이나 또래교수는 이들의 학업성취를 향상시킬 수 있는 효과적인 교수전략이 될 수 있다.

다. 차별화 교수

본 연구에 참여한 학생들은 한국어 실력의 격차도 크고, 개별적인 성향과 문화적 배경도 다양하다. 따라서 이들에게 동일한 교수전략을 적용하여 수업을 진행하는 것은 애초에 불가능한 일이다. 이에 이들의 한국사 교사인 필자는 학생들의 성향과 수준에 따른 차별화 교수를 진행하였고, 개별적인 수준에 맞는 목표의식을 부여해 주었다. 여기서 차별화 교수는 학생들의 배

경지식과 학습능력, 흥미, 언어능력, 기술수준의 차이를 인식하고 교육에
적응하는 과정을 일컫는다.[73]

학생들에게 적용한 차별화 교수를 구체적으로 살펴보면 한국어가 서툴
거나 학습의지가 결여되어 있는 J, K, L, M, N에게는 한국사를 한국어 공
부와 연계해서 학습하는데 초점을 맞추어 가르쳤고, TOPIK 시험에서 좋은
점수를 받을 수 있도록 목표의식을 부여해 주었다. 그리고 이들을 위해서
어휘 학습에 많은 시간을 할애하고, 역할극 수업, 마임이나 연기를 활용한
수업, 애니메이션을 활용한 수업, 현장체험학습, 그리고 그림 자료가 풍부
한 이야기를 활용한 수업 등을 진행하였다. 여기서 한국어가 서툰 학생들을
대상으로 영화나 TV사극을 활용한 역사 수업이나 역사채널e나 지식채널e
와 같은 5분 동영상을 활용한 수업은 효과적이지 못하다. 왜냐하면 영화나
TV사극에서 나오는 대화 내용이 한국어가 서툰 학생들이 이해하기는 상당
히 어렵고, 내레이션이 많은 5분 동영상도 학생들이 학습내용을 이해하는
데는 크게 도움이 되지 않는다. 한국어가 서툰 학생들을 대상으로 5분 동영
상을 활용할 때는 동영상을 보기 전에 내용에 대한 설명을 충분히 해주어야
주어야 한다. 그리고 이들에게는 개별적으로 피드백(feedback)을 자주 해
주도록 한다. 피드백은 학습자에게 자신의 언어적 반응이나 수행 결과의 정
확성이나 적합성에 대한 정보를 제공하는 것이다. 피드백의 효과성은 많은
연구에서 확인되는데, '학습은 연습과 피드백에 의존한다'는 학습원리도 있
다.[74] 피드백을 해줄 때에는 학생들의 학습 상황에 대한 구체적이고 분명한

---

73) Sleeter, C.E. & Grant, C.A. 저, 김영순 외 공역, 앞의 책, p.253.
74) Eggen, P.D. & Kauchak, D.P. 저, 임청환 외 공역, 『교사를 위한 수업전략』, 시그
   마프레스, 2014, p.84.

평가와 더불어 학생에 대해 칭찬하는 내용이 반드시 포함되어야 한다. 자존감이 약하고, 심리적으로 불안한 이들에게 교사의 칭찬과 지지는 큰 위안이 된다. 불안감이 높거나 사회경제적 지위가 낮은 가정의 학생은 자신감이 있거나 유복한 가정의 학생보다 칭찬에 더 긍정적으로 반응하는 경향이 있다고 한다. 그리고 청소년의 경우에는 조용히 개인적으로 칭찬받는 것을 더 좋아하는 경향이 있고, 진정한 성취를 칭찬해야 하고 자연스러운 목소리로 간단하면서도 직접적으로 해야 한다.

다음으로 학습태도가 좋지만 낮은 학업성취를 보이는 D와 F의 경우는 교사로서 가장 안타까운 마음이 드는 경우이다. 교사는 이들을 가르칠 때 심리적인 면에 초점을 두어야 한다. 이들을 자주 격려해 주어야 하고, 한국사를 학습하는 방법을 세심하게 알려주어야 한다. 심리적으로 불안을 느끼는 학생은 지극히 구조화되고 조직화된 교수학습체제에 효과적으로 학습한다.[75] 따라서 이들에게 자주 칭찬을 해줄 필요가 있고, 무엇보다도 교사가 학생을 지지하고 있다는 마음을 보여주는 것이 중요하다. 아울러 무엇보다도 안정적으로 학습할 수 있도록 도와주어야 한다. D와 F가 가장 좋아하는 교수법은 노래로 배우는 역사수업이었다.

> 노래로 역사를 배우면 학습한 내용을 잊어버리지 않아요. 시험을 볼 때도 도움이 많이 되는 것 같아요. 그리고 무엇보다도 노래를 부르면 즐겁잖아요.
>
> – F와의 인터뷰 내용 중 –

---

75) 길형석, 「학습자중심교육에서의 교수학습원리」, 『학습자중심의 교과교육학회』, 2001, p.11.

D와 F는 중국에서 온 학생들인데, 중국 학생들이 다수를 차지하는 교실 상황에서 한국사 수업을 진행한다면 노래를 활용해서 학습내용을 암기하는 방식의 수업을 진행하는 것도 효과적이다. 이는 중국어가 성조가 있어서 마치 노래를 부르는 것과 같고, 중국 학생들에게 익숙한 학습방식이 암기식 학습법이기 때문이다. 이들은 학습내용을 이해하는 것보다는 무조건 외우려 드는 습관이 있고, 외워야 하는 내용을 정확하게 정리해 주는 것을 좋아하는 경향이 있다. Karen Dooley는 오스트레일리아 학교에 다니는 중국 학생들을 위한 교수전략을 연구했는데, 중국 학생들에게 가장 고정되어 있는 학습 스타일이 반복해서 암기하는 방식(Rote learning)이라고 한다.[76] 이처럼 중국 학생들을 대상으로 노래를 부르면서 학습내용을 암기하는 방식은 효과적인 교수전략이 될 수 있다.

한편 A, C, E, G의 경우처럼 목표의식이 뚜렷하고 학습태도가 제대로 형성되어 있는 학생들에게는 한국사능력검정시험과 관광통역사 시험 합격이라는 목표의식을 부여해 주었다. 이들은 EBS 한국사 동영상을 보면서 미리 공부할 내용을 학습해 왔고, 수업 시간에 높은 집중력을 보였다. 그리고 이들은 모두 주어진 목표를 달성하였다. A, C, E, G는 한국사 시험에서 좋은 결과를 낼 수 있었던 것은 수업 시간에 배울 내용을 학습 동영상을 통해서 예습했기 때문이라고 하였다. EBS 한국사 강의 동영상은 학습내용을 여러 번 반복해서 들을 수 있기 때문에 높은 학업성취를 이루는데 상당히 효과적이다. 하지만 기존의 강의 동영상 자료는 TOPIK 1급, 2급 수준의 학생들이 접근하기는 어렵다. 최소한 TOPIK 3급 이상의 자격을 갖추고 있

---

76) Karen Dooley, "Reconcepyualising Equity : Pedagogy for Chinese Student in Australian School", *The Austrian Educational Researcher* 30(3), 2003, p.321.

고, 학습동기가 높은 학생의 경우에 효과가 있다. 향후 TOPIK 1급, 2급 수준의 학생들이 학습할 수 있는 강의 동영상 자료가 제작된다면 교실수업의 어려움을 해결하는데 실질적인 도움이 될 것이다.

이상으로 한국사 수업에서 공평교수법을 실천할 수 있는 교수전략을 교수 기술적인 측면에 초점을 맞추어 다양하게 모색해 보았다. 탐색의 결과로 모국어의 활용, 또래관계의 활용, 그리고 이들의 개별적 특성을 고려한 다양한 차별화된 교수전략을 제안하였다. 이외에도 문답식 수업, 피드백의 활용, 내러티브 수업 등 다양한 교수전략을 학생들의 학습 스타일에 맞추어 적용해 볼 수 있다. 교사가 이들이 처한 현실을 상상해 본다면 이들에게 어떻게 한국사 수업을 진행하는 것이 의미가 있는지에 대해서 다양한 해답을 얻을 수 있을 것이다.

1-2. 교수 내용적 측면

역사교육에서 가르칠 내용을 선정하는 기준은 역사과에서 다룰 내용, 교사의 시각에서 가르칠 내용, 학생의 시각에서 학습할 내용을 말한다. 무엇을 교육내용으로 보느냐에 따라서 내용 선정의 원리나 방향도 달라진다. 어떤 것이 교육내용이 될 수 있는지 없는지는 학습자의 인지수준을 고려해서 교사가 가르칠 가치가 있는지 없는지를 결정하면 된다. 일단 가르칠 가치가 있다고 판단되면 다음엔 그것이 어떤 가치를 내포하는지가 중요하다. 다시 말해 역사교육에서 내용 선정이란 가치 있는 내용을 선택하고 그것이 학습자에게 어떤 의미가 있는지 판단하는 일이다.[77]

---

77) 최상훈 외, 『역사교육의 내용과 방법』, 책과 함께, 2007, p.52.

중도입국청소년들을 대상으로 한국사를 가르치면서 가장 고민되는 것은 무엇을 가르치느냐의 문제이다. 한국사 학습은 이들의 현실적 삶을 풍요롭게 하는데 기여하고, 이들이 건강한 민주시민으로 성장할 수 있는데 도움을 줄 수 있어야 한다. 이를 위해 가장 선행되어야 하는 것은 중도입국청소년이 한국사 학습에 흥미를 느낄 수 있는 내용으로 구성할 필요가 있다는 것이다. Virta는 핀란드로 이주해 온 학생들 중 역사학습에 흥미를 가지고 있는 36명의 학생들을 대상으로 이들의 역사 수업 경험에 관한 연구를 진행했는데, 학생들은 핀란드 역사를 배우면서 모국 역사와 관련된 내용에 흥미를 보였다고 한다. 예컨대 쿠르드 학생은 핀란드 역사 중에서 전쟁이나 독립운동과 관련된 내용에 흥미로운 반응을 보였는데, 쿠르드는 현재까지도 독립을 위한 전쟁을 하고 있는 나라이기 때문이다. 비슷한 경우로 소말리아 학생은 핀란드 역사 중 1918년의 핀란드 내전에 관심을 보였는데, 소말리아는 1991년부터 시작해서 지금까지도 내전을 겪고 있기 때문이다. 이를 통해 이주 학생들이 역사적 사건을 이해하는 방식은 모국의 현실 문제와 연관되어 있음을 알 수 있다.[78] 또한 비르타의 연구에 의하면 이주 학생들은 다양한 나라의 역사와 문화에 대해서 수업 시간에 배우기를 원했다.[79] 위의 연구에 참여한 러시아 학생은 다양한 나라의 학생들이 교실 수업에 참여하고 있는데도 교사는 역사 수업을 전혀 변화시키지 않고 똑같은 주제만 다루고 있다고 비판하였다.

마르텔 & 던은 이주 학생들은 모국 역사나 가족사를 포함한 모국에 관한

---

78) Arja Virta, "Whose history should be dealt with in a pluricultural context", *Intercultural Education* 27(4), 2016, pp.380~381.
79) Ibid., p.381.

중요한 문화적 자본들을 교실수업으로 가져오는데 이는 미국사를 학습하는데 중요한 대안이 될 수 있다고 한다. 즉 학생들은 미국사에 관해서 모국에서 배워온 다양한 관점을 제시함으로써 교실수업을 더욱 풍요롭게 만드는 기회를 제공해 준다는 것이다.[80] 이는 역사수업이 추구하는 이상적인 교실수업에 부합한다. 주지하다시피 역사학은 본질적으로 해석에 기반하고 있다. 따라서 학생들이 특정한 역사적 사건과 관련된 다양한 사람들의 관점을 이해하는 것은 역사교육의 중요한 목적이기도 하다.

이처럼 중도입국청소년을 위한 한국사 교수 내용은 이들의 모국 역사나 현실 상황, 이들이 모국에서 배워온 역사적 지식 등과 연결 지어 구성할 필요가 있다. 그렇다면 한국사 교수 내용을 중도입국청소년의 모국의 역사와 어떻게 통합하는 것이 바람직할까? 이에 대한 해답으로 뱅크스의 다문화교육내용 통합을 위한 4단계 접근법을 살펴볼 필요가 있다. 뱅크스는 주류 중심 교육과정에 대한 부정적 결과에 대해 기술하면서 다문화교육적 관점에서 민족과 문화적 내용을 통합시키는 방법을 4단계 접근법으로 설명하였다.[81] 뱅크스의 다문화교육내용 통합을 위한 4단계 접근법으로는 첫째, 기여적 접근법(The Contribution Approach)으로 주류 교육과정 속에 처음으로 다문화적 내용을 통합시킬 때 자주 사용되는 접근법이다. 즉 개별적·문화적 요소에 초점을 맞추어 인종적 영웅, 기념일과 각각의 문화적 유물을 교육과정에 삽입시키는 내용 접근법이다. 예컨대 한국사의 경우, 세종대왕, 이순신 같은 한국을 대표하는 위인을 다룰 때 중국의 마오쩌둥이나 베트남의 호치민 등 다른 나라의 역사 속 위인들도 포함시키는 방법이다.

80) Martell, C.C. & Dunne, K.A., op. cit., p.194.
94) Banks, J.A., op. cit., pp.47~51.

둘째, 부가적 접근법(The Additive Approach)으로 교육과정에 민족적 내용, 주제, 개념, 관점을 첨가시키는 방법으로 다양한 민족에 관한 책, 단원 또는 하나의 과목을 추가함으로써 이루어진다. 예컨대 한국 독립운동의 역사를 가르치면서 베트남 독립운동의 역사를 첨가하는 것이다. 이는 기여적 접근법이 확장된 개념으로 다른 나라에 관한 내용을 하나의 주제나 단원으로 폭넓게 다루는 방법이다.

셋째, 변혁적 접근법(The Transformation Approach)으로 교육과정의 구조를 바꾸어서 학생이 다양한 민족적·문화적 집단의 관점에서 개념, 문제, 사건, 주제를 볼 수 있게 하는 방법이다. 이 접근법의 주요 목표는 학생들이 다양한 민족과 문화의 관점에서 개념과 사건, 인물을 이해하고 지식이 사회적 구성물임을 이해하도록 돕는 것이다. 예를 들어 임진왜란에 대하여 공부할 때 한국의 입장에서 일본을 비판만 하기 보다는 일본의 관점, 중국의 관점에서 임진왜란을 어떻게 볼 수 있는지에 대해 생각해 보도록 교육과정이 변화되는 것을 의미한다. 변혁적 접근법에서 학습자는 사건과 상황에 대한 교사의 관점을 분석하며 사건과 상황에 대한 자신만의 해석을 만들어보고 정당화해보는 기회를 가진다. 변혁적 접근법의 중요한 목적은 비판적으로 사고하고 결론을 도출하여 이를 증명하고 정당화하는 기능을 발달시키는데 있다.

넷째, 사회적 행동 접근법(The Social Action Approach)으로 변혁적 접근법의 요소들을 모두 포함하면서 학생들에게 사회적 비판과 사회적 변화를 위해 의사결정을 할 수 있는 능력을 가르치는 것이다. 다문화교육에서 지식적인 측면뿐만 아니라 실천적인 측면의 중요성을 부각하는 단계다. 그러므로 교사는 학생이 중요한 사회문제를 해결하기 위한 행동을 취하도록 의사결정을 도와주어야 하며, 학생은 사회를 변화시키는 데 자발적으로 참여할 수 있도록 지식, 가치, 기술을 습득해야 한다. 예를 들어 한국의 민주화운동의 역사를 배운 학생들이 교육문제나 사회문제에 관심을 가지게 되어 모국의 교육제도나 정치체제 또는 한국의 사회적인 문제에 관심을 가질 수도 있다. 뱅크스가 제시한 다문화교육내용 통합을 위한 4단계 접근법을 정리하면 〈그림 4〉와 같다.

〈그림 4〉 Banks의 다문화교육내용 통합을 위한 4단계 접근법

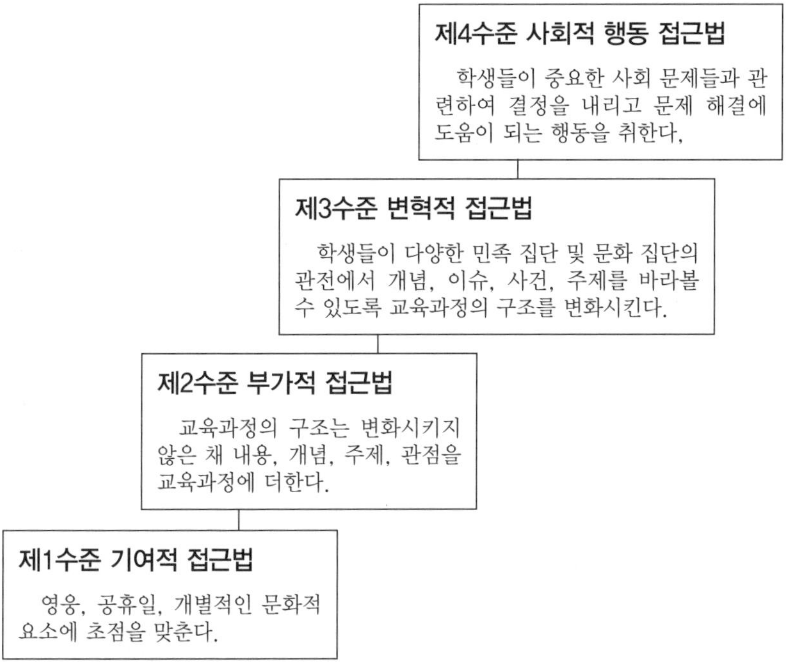

제4수준 사회적 행동 접근법
학생들이 중요한 사회 문제들과 관련하여 결정을 내리고 문제 해결에 도움이 되는 행동을 취한다.

제3수준 변혁적 접근법
학생들이 다양한 민족 집단 및 문화 집단의 관전에서 개념, 이슈, 사건, 주제를 바라볼 수 있도록 교육과정의 구조를 변화시킨다.

제2수준 부가적 접근법
교육과정의 구조는 변화시키지 않은 채 내용, 개념, 주제, 관점을 교육과정에 더한다.

제1수준 기여적 접근법
영웅, 공휴일, 개별적인 문화적 요소에 초점을 맞춘다.

뱅크스가 제시한 다문화교육내용 통합을 위한 4단계 접근법은 공평교수법을 내용적 측면에서 실천할 수 있는 방안을 제시해주고 있다.

공평교수법은 교수 활동의 본질을 다문화와의 만남으로 규정한다. 즉 공평교수법은 교사들이 다문화교실의 상호작용에 의미를 부여하는 데 도움을 줄 수 있는 자원으로서 다양성을 적극적으로 활용하도록 요구한다. 공평교수법을 실천할 수 있는 역량을 갖춘 교사들은 다양성을 두려워하거나 무시하는 대신에, 오히려 교수활동을 풍부하게 해주는 요소로서 다양성을 폭넓게 사용할 수 있다. 이를 위해 교사는 자신에 대한 객관적인 이해, 역사에 대한 지식, 다양한 인종과 문화에 대한 배경지식 등을 갖추도록 노력해야 한다.

중도입국청소년을 대상으로 하는 한국사 수업에서 공평교수법을 실천하기 위해서는 이들의 모국역사와 문화를 한국사와 연계하여 충분히 녹여낼 수 있어야 한다. 이를 위해서는 교사가 단순히 수업내용과 관련하여 학생들이 가지고 있는 문화적 요소와 배경을 수업으로 가져오는 등의 방법적 차원에 국한되는 것이 아니라 학생들의 문화에 대한 깊은 이해, 학생들이 현재 경험하고 있고 앞으로 겪게 될 학습과 삶의 문제에 대한 공감, 그리고 이를 해결하기 위한 교사의 지속적인 노력 등이 필요하다. 또한 여기서 한걸음 더 나아가 학생들이 사회를 비판적으로 인식할 수 있도록 지원해 주어야 한다.

1-3. 교수 구성적 측면

공평교수법은 교사들에게 학습과정을 촉진할 수 있는 교수전략을 사용하도록 요구한다. 공평교수법이 실천되는 교실에서 학생들은 권위자들이 구성한 지식 암기에 초점을 맞추는 대신에 지식을 생성하고 해석하고 새로운 이해를 창출하는 것을 배운다. 교사는 학생들에게 문제에 대한 한 가지 정답을 찾도록 하는 대신에 다양한 해결 방안과 관점을 도출할 수 있도록 격려한다.[82] 결국 공평교수법은 구성주의 학습이론에 근거하여 지식 구성 및 생산과정에 학생들이 적극적으로 참여하는 것을 중시한다. 즉 학습은 학습자가 능동적으로 지식을 구성하는 과정으로 지식은 학습자의 내적 경험에 의해 구성된다는 학습자 중심의 이론이다.

구성주의적 학습이론을 구체적으로 살펴보면, 우선 개인의 주관적인 흥미, 배경과 관심에 초점을 두며, 교사는 수업의 전체적인 목표만을 제시하고, 구체적이고 세부적인 학습내용과 수준, 방향은 학생들 스스로가 수업을 진행해 나가면서 결정하도록 도와주는 역할, 즉 학습의 촉진자로서의 역할을 하게 된다. 이때 중요한 것은 학생들이 관심을 쏟을 만한 학습내용을 제공하는 것인데 그것은 교과서에 있는 내용이 아니라 학생들의 삶, 배경 및 관심과 직접적으로 연관이 되어 있는 것으로 선택하는 것이다. 그리고 전통적으로 강조하던 개별적 학습 환경이 아니라 소그룹 중심의 협력적 학습 환경에서 학습이 전개되도록 하는 것이다. 이러한 구성주의적 학습이론은 학습자 자신의 문화적 정체성에 대한 인식, 그리고 다른 문화에 대한 이해 등과 같은 인식의 변화를 도모하는데 매우 적합하다. 왜냐하면 외부에서 강제적으로 주입한 지식이나 생각이 아닌 스스로의 인식과 생각 등의 변화가 중요하기 때문이다.[83]

강인애는 구성주의 학습원칙으로 5가지를 제시하고 있는데, ① 체험학

---

82) Bnaks, C.A. & Banks, J. A., op. cit., p.154.
83) 강인애 외, 「Constructivist Research in Educational Technology : A Retrospective View and Future Prospects」, 「Asia Pacific Education Review」 8(3), 2007, p.411.

중도입국 청소년을 위한 한국사 교수전략 연구 85

습 ② 협동학습 ③ 현실경험과 연계된 학습내용 ④ 학습 촉진자로서의 교사 ⑤ 자기 성찰적 학습이다.[84]

　강인애가 구성주의 학습원칙으로 제시한 5가지 방안은 중도입국청소년을 위한 수업을 설계하는데 중요한 지침이 된다. 중도입국청소년을 대상으로 하는 수업은 교사가 조력자 역할을 해주는 것이 바람직하다. 예컨대 현장체험학습을 진행한다면 학생들이 직접 체험학습 일정을 짜고, 문화유산이나 탐방할 장소에 대한 정보를 정리하며, 이들이 직접 문화유산을 해설할 수 있도록 수업을 진행하는 것이다. 이때 교사는 중도입국청소년들의 모국어로 쓰인 학습 자료를 제공하거나 탐방지에 관한 기본적인 지식을 갖출 수 있도록 도와준다. 그리고 교사는 중도입국청소년들이 자신들의 관심과 직접적으로 관련된 학습내용을 또래교수나 협동학습을 활용하여 서로 배우고 가르치도록 학습 분위기를 조성하면서 학습의 조력자 역할에 머물도록 한다. 왜냐하면 한국어가 서툰 중도입국청소년들을 대상으로 한국어로 일방적으로 설명하는 교사의 수업방식은 효과적이지 못하기 때문이다.

　이처럼 공평교수법은 학생들이 학습 주체가 되어 다양한 활동을 전개하는 구성주의 학습이론에 토대를 두고 있다. 이에 교사는 학생들로 하여금 수업에서 주체적으로 행동할 수 있도록 수업의 주도권을 넘겨줄 필요가 있다. 이를 위한 선행조건으로 교사들은 모든 학생이 높은 단계를 성취할 수 있는 학습능력을 갖고 있고 그들에게는 그럴 만한 가치가 있다는 신념을 가져야 한다. 아울러 성공을 위한 기회와 격려로 충만한 민주주의적인 교실을 창조하려고 노력해야 한다. 교사가 학생들에 대해서 높은 기대감을 유지하

---

84) 강인애, 「구성주의적 교수 학습의 원리와 적용」, 『교육원리와 실천』 8(1), 1998, p.24.

고, 학생들 스스로 수업을 주도하면서 학업적 성취감을 느낄 수 있도록 하는 것은 공평교수법을 실천하는 핵심적인 요건이다.

2. 한국사 수업설계 방안

수업이란 단순히 교사의 '가르치는 행위' 또는 학생의 '배우는 행위'가 아니라 교사와 학생, 그리고 그들을 둘러싸고 있는 교육환경 간의 구체적인 목표를 향한 상호작용 과정이라고 할 수 있다. 좋은 수업은 학생들이 능동적으로 수업을 설계하고 수업과정에 참여할 수 있도록 구안된 것이다. 이러한 수업설계와 실행을 위해서는 교사와 학생 간의 상호작용이 무엇보다 중요하다.[85]

본 연구에서는 공평교수법을 이론적 기반으로 중도입국청소년을 위한 수업설계 방안을 세 가지로 제시하고자 한다. 이를 위해 앞서 제시한 세 가지 측면에서 살펴볼 필요가 있는데 첫째는 모국어나 모국문화의 활용, 또래관계를 활용한 또래교수나 협동학습, 풍부한 시각자료의 활용, 학습자의 성향과 수준에 따른 차별화 교수 등의 공평교수법을 실천할 수 있는 교수 기술적인 측면이다. 둘째는 학생들 모국 역사와 관련되거나 이들이 모국에서 습득한 역사지식을 한국사와 연계하여 학생들에게 다양한 역사적 관점을 가질 수 있는 기회를 제공하고, 학습한 내용을 현재의 문제로까지 비판적으로 인식할 수 있도록 돕는 교수 내용적인 측면이다. 셋째는 학생들이 지식 구성 및 생산과정에 적극적으로 참여하도록 격려하고, 이들이 학업적 성취를

---

85) 최상훈 외, 『역사교육의 내용과 방법』, 책과함께, 2007, p.211.

경험할 수 있도록 돕는 교수 구성적인 측면이다.

위의 세 가지 측면을 고려해서 제시한 수업설계 방안은 이중 언어를 활용한 현장체험학습, 모국문화를 활용한 내러티브 수업, 또래교수를 활용한 문답식 수업이다.

2-1. 이중언어를 활용한 현장체험학습

이중언어를 활용한 현장체험학습은 중도입국청소년들이 직접 현장체험학습의 일정을 세우고, 이들 모두가 문화해설사가 되어서 모국어와 한국어로 문화유산을 설명하는 방식의 수업이다. 현장체험학습은 교실에서 이루어지는 강의식 수업의 교수학습 방법을 보완하면서, 역사적으로 의미 있는 문화유적과 유물을 직접 관찰하고 조사하도록 함으로써 학생들의 능동적인 참여를 이끌어 낼 수 있다. 아울러 학습내용에 대한 학생들의 흥미와 관심을 적극적으로 유발한다는 측면에서도 매력적인 수업방법이다.

이중언어를 활용한 현장체험학습은 답사 전과 답사활동, 그리고 답사 후의 과정까지를 포함한다. 교수 기술적인 측면에서는 모국어로 번역되어 있는 관광지도와 문화유산해설 자료를 활용하고, 협동학습을 통해서 체험학습 일정을 세우도록 한다. 교수 내용적인 측면에서는 한국의 대표적인 역사도시나 박물관 등을 탐방함으로써 한국의 역사와 문화에 대한 이해를 오감으로 느낄 수 있도록 하고, 모국의 역사문화와 비교할 수 있도록 한다. 교수 구성적인 측면에서는 중도입국청소년들이 직접 체험학습 일정을 세움으로써 이들이 스스로 수업에 참여할 수 있는 기회를 제공한다. 아울러 이들이 한국을 대표하는 문화유산을 한국어와 모국어로 설명하는 과정을 통해서 학업적 성취감을 느낄 수 있도록 구성하였다.

필자는 본 연구에 참여한 학생들과 2박 3일간의 경주여행과 제주도 여행을 각각 다녀왔다. 그리고 경복궁, 종묘, 서대문 형무소 등 1일 현장답사도 여러 차례 다녀왔다. 중도입국청소년과 함께 다녀온 경주여행을 예로 들면 여행의 일정은 모둠별로 협동학습을 통해서 이들이 직접 짜보도록 하고, 완성된 일정표를 각 모둠에서 한국어가 능숙한 구성원이 발표하도록 하였다.[86] 그리고 가장 잘 구성된 모둠의 일정표를 선정해서 그들이 만든 일정대로 현장체험학습을 진행하였다.

예컨대 2박 3일간의 경주여행을 구체적으로 설명해 보면, 먼저 5인씩 모둠을 만든다. 모둠 구성은 교사가 담당하도록 하고, 한 모둠은 같은 언어권끼리 가능하면 구성하도록 한다. 그리고 한국어가 능숙한 학생과 그렇지 않은 학생을 고르게 분포하도록 한다.[87] 만약에 같은 언어권끼리 구성하기 어려운 환경이면 학생의 한국어 수준이나 성향이 전혀 다른 학생들끼리 모둠을 구성하도록 한다. 이는 학생들의 구성원이 이질적일수록 상호작용이 더욱 활발하게 일어나며, 인지적 자극과 정의적 자극이 더 많이 일어난다는 이론을 반영한 것이다.[88] 모둠이 만들어지면, 각 모둠별로 대표와 내용을 정리할 친구를 정하고, 모둠의 이름을 정하도록 한다. 이들의 공동 목표는

---

86) 2019년 6월 17일, 18일, 19일에 필자는 본 연구에 참여하고 있는 중도입국청소년들과 경주 현장체험학습을 다녀왔다.
87) 모둠을 구성할 때 학생들이 자신이 원하는 모둠을 구성하는 것은 학생들 사이의 활발한 상호작용을 유도하는데 바람직하지 못하다. 예를 들어 모둠 구성을 학생들에게 맡기면 생각이나 의견이 비슷한 친구들이 한 모둠을 이루는데, 이렇게 되면 모둠 내 갈등은 없겠지만 서로 다른 의견이나 자극의 경험이 없기 때문에 지적, 정의적 성숙과 발달의 효과가 나타나지 않는다. 뿐만 아니라 소외되는 학생들이 나타나고 마음의 상처를 입는 학생들도 나타난다.
88) 이바름·정문성, 「협동학습이 다문화태도에 미치는 영향」, 『다문화교육』 2(3), 2011, p.115.

신라 천년의 수도 경주를 2박 3일간 여행하면서 신라의 역사와 문화를 느끼고, 경주를 모국인에게 소개할 수 있도록 하는 것이다. 이를 위해 학생들은 경주 여행일정에서 신라의 역사와 문화를 느낄 수 있는 여행지를 선택해야 하고, 동시에 경주를 소개할 만한 음식이나 자연 등을 감상할 수 있는 장소들을 선정해야 한다. 장소 선정에는 음식점과 숙박 장소까지 포함한다. 필자는 학생들에게 신라의 역사에 대해서 설명해 주었고, 신라를 대표하는 문화유산들을 소개하였다. 그리고 이들에게 신라의 역사와 함께 경주의 유적지를 한눈에 볼 수 있는 지도가 실린 교재를 나누어 주었다. 교재는 그림 자료가 풍부하게 수록되어 있고, 유적지나 박물관 등의 운영시간과 입장료까지 상세하게 적혀있다.[89] 각 모둠별로 구성원들에게는 각자의 임무가 부과된다. 5인으로 구성된 모둠에서 구성원별로 개별적인 책무가 부여되는데 각각 나누어서 2박 3일정과 숙소·식당을 알아본다. 그리고 모둠 대표가 전체 일정을 정리하고, 정리한 내용을 바탕으로 모둠 구성원들과 서로 논의를 거친 후 최종 일정과 숙소 등을 발표하게 된다. 필자는 각 모둠별로 발표한 일정 중 가장 잘 짜인 일정을 선정해서 현장답사를 진행하였다. 참고로 선정된 모둠의 일정에서 수정하고 싶은 내용이 있는지 전체 학생들에게 물어서 그들의 의견을 반영하였다. 〈표 5〉는 학생들이 만든 경주 현장체험학습 일정이다.

---

89) 필자는 학생들 모두에게 『안녕, 나는 경주야』(상상력 놀이터, 2017)라는 교재를 나누어 주었다. 그리고 한국관광공사에서 제작한 중국어와 베트남어로 쓰여진 경주관광지도를 배부해 주었다. 학생들이 직접 현장체험학습 일정을 만들기 전에 학생들은 필자와 함께 『안녕, 나는 경주야』라는 교재를 읽으면서 신라와 경주에 관한 전반적인 학습을 진행하였다.

<표 5> 경주 현장체험학습 일정

시간	1일차	2일차	3일차
8:00-9:00	서울에서 출발	조식 및 출발	조식 및 출발
9:00-10:00		탐방 4(석굴암) 해설(F)	양동마을 해설(I)
10:00-11:00			
11:00-12:00		탐방 5(불국사) 해설(E)	
12:00-13:00			한정식(점심)
13:00-14:00	경주김밥(점심)	밀면(점심)	옥산서원 해설(G)
14:00-15:00	탐방 1(대릉원) 해설(A)	탐방 6 (대왕암과 양남주상절리) 해설(C)	
15:00-16:00			
16:00-17:00	탐방 2(황리단길) 해설(B)		서울로 출발
17:00-18:00		탐방 7(경주박물관)	
18:00-19:00	두부정식(저녁)	불고기정식(저녁)	
19:00-20:00	탐방 3 (첨성대, 동궁과 월지) 해설(H, I)	탐방 7(엑스포공원)	
20:00-21:00			
21:00-22:00			

　경주 2박 3일 현장체험학습에서 학생들은 각자가 문화해설사가 되어서 한국어와 모국어로 해설하는 시간을 가졌고, 해설하는 모습을 동영상으로 촬영하였다. 이는 현장체험학습이 교사에 의해서 끌려 다니는 것이 아니라 스스로 만들어 가는 것임을 인식시키기 위해서다. 이를 위해 모둠별 구성원 모두에게 문화해설사라는 전문적인 지위를 부여하였다.

　학생들이 협동학습에 의해서 경주 현장답사 일정을 만들고, 그들이 만든 일정대로 여행을 진행하면서 이중언어로 문화유산을 소개하게 한 일련의 과정은 학생들에게 매우 인상적인 한국사 수업으로 기억되었고, 학습효과도 상당히 높았다. 이중언어를 활용한 경주 현장체험학습 수업 설계방안은 〈표 6〉과 같다.

〈표 6〉 수업설계 방안(1)

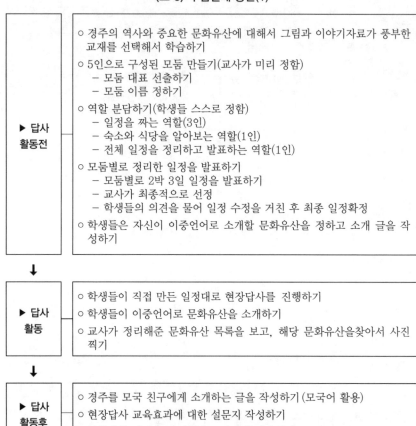

▶ 답사 활동전	○ 경주의 역사와 중요한 문화유산에 대해서 그림과 이야기자료가 풍부한 교재를 선택해서 학습하기
	○ 5인으로 구성된 모둠 만들기(교사가 미리 정함)
	  - 모둠 대표 선출하기
	  - 모둠 이름 정하기
	○ 역할 분담하기(학생들 스스로 정함)
	  - 일정을 짜는 역할(3인)
	  - 숙소와 식당을 알아보는 역할(1인)
	  - 전체 일정을 정리하고 발표하는 역할(1인)
	○ 모둠별로 정리한 일정을 발표하기
	  - 모둠별로 2박 3일 일정을 발표하기
	  - 교사가 최종적으로 선정
	  - 학생들의 의견을 물어 일정 수정을 거친 후 최종 일정확정
	○ 학생들은 자신이 이중언어로 소개할 문화유산을 정하고 소개 글을 작성하기

▶ 답사 활동	○ 학생들이 직접 만든 일정대로 현장답사를 진행하기 ○ 학생들이 이중언어로 문화유산을 소개하기 ○ 교사가 정리해준 문화유산 목록을 보고, 해당 문화유산을찾아서 사진 찍기
▶ 답사 활동후	○ 경주를 모국 친구에게 소개하는 글을 작성하기 (모국어 활용) ○ 현장답사 교육효과에 대한 설문지 작성하기 ○ 문화유산 사진을 정리해서 교사에게 제출하기

    이중언어를 활용한 현장답사는 답사 전부터 학생들과 준비할 내용이 많다. 답사지에 대해서 상세하게 학습을 해야 하고, 학습한 내용을 바탕으로 학생들이 직접 답사 일정을 짜야 하며, 그들이 직접 문화유산을 소개하는 글을 작성해야 한다. 실제 답사 진행시에는 이들이 만든 일정 그대로 답사를 진행하고, 학생들은 이중언어로 문화유산을 소개해야 한다. 이들이 문화유산을 해설하는 내용은 동영상으로 촬영해 두도록 한다. 뿐만 아니라 답사지마다 학생들이 대충 보고 지나가는 일이 없도록 교사가 미리 문화유산 목록표를 만들어서 학생들에게 배부해 주고, 목록표에 있는 문화유산을 찾아서 학생들이 직접 사진을 찍도록 지시해야 한다. 답사 후에는 답사지를 모국의 친구에게 소개하는 글을 작성하도록 하고, 현장답사의 교육적 효과에 대한 설문지를 작성하도록 한다. 마지막으로 문화유산 사진을 정리해서 교사에게 제출하도록 한다.

    필자가 '문화관광인재양성과정' 교육을 마친 후 학생들에게 가장 효과적이었던 교수법에 대해서 설문조사를 했는데, 설문조사 14명 중 8명이 현장답사를 가장 효과적인 교수방식 1위로 꼽았다. 그리고 3명이 2위로 꼽았다. 그들이 스스로 만든 일정대로 진행한 현장답사는 학습효과가 매우 높았음을 알 수 있다.

    필자는 경주 현장답사를 마치고 경주를 모국의 친구들에게 소개하는 글을 모국어로 작성해 보라고 했다. 다음은 E가 작성한 글이다.

〈그림 5〉 E의 경주를 소개하는 글

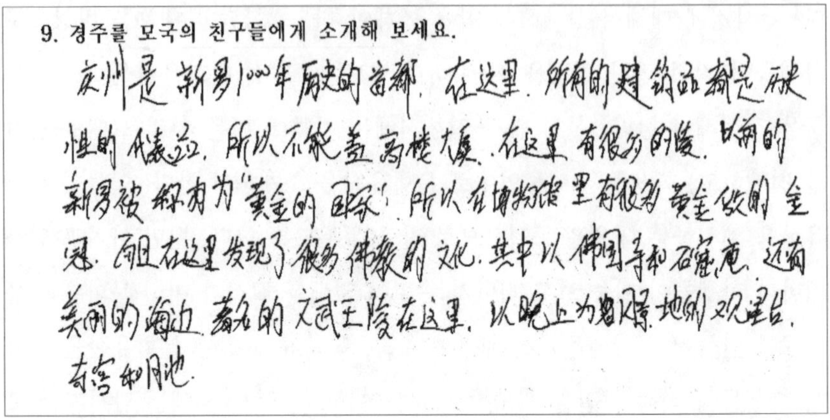

9. 경주를 모국의 친구들에게 소개해 보세요.

慶州是新罗1000年歷史的首都. 在这里. 所有的建筑品都是硚惶的代表品. 所以不能盖高楼大厦. 在这里有很多的像. 以前的新罗被稱有为"黄金的国家". 所以在博物馆里有很多黄金做的金冠. 而且在这里发现了很多佛教的文化. 其中以佛国寺和石窟庵. 还有美丽的海边. 著名的文武王陵在这里. 以晚上为烤肉的地方观星台. 有瞻星台和月池.

E는 경주를 신라 천년의 수도이고, 경주 박물관에 가면 황금으로 만들어진 금관과 같은 유물들을 많이 볼 수 있는 황금의 나라이며, 또한 불국사나 석굴암 등을 통해서 신라의 불교문화들을 볼 수가 있다고 했다. 그리고 아름다운 해변에서 문무왕릉을 볼 수 있고, 밤에는 첨성대, 동궁과 월지의 아름다운 풍경을 느낄 수 있다고 표현했다. E가 경주를 제대로 이해했다는 것을 E의 글을 통해서 충분히 파악할 수 있었다.

한국어가 서툴지만 한국사 학습에 흥미를 보였던 I에게 한국사를 배우면서 가장 기억에 남는 것이 무엇인지를 질문하였다. I는 경주 여행이라고 대답했다.

저는 경주 현장체험학습 때 저희들이 책과 인터넷을 찾으면서 직접 일정을 만들어서 여행을 한 것이 가장 기억에 남아요. 그리고 경주에서 저녁 무렵에 첨성대 부근을 산책했던 것이 좋았어요. 해

가 지는 모습을 보면서 첨성대 근처를 함께 걸었던 건 잊을 수가 없
어요. …

- I와의 인터뷰 내용 중 -

각 모둠의 구성원들이 전문가 집단이 되어 답사 일정을 계획하고, 그들
이 만든 일정대로 현장체험학습을 실행하고, 스스로가 직접 문화해설사가
되어서 한국어와 모국어로 역사유적지와 문화재를 설명하는 일련의 과정은
중도입국청소년을 위한 효과적인 한국사 교수전략으로 꼽을 수 있다.

2-2. 모국문화와 연계한 내러티브 수업

역사적 사건을 '이야기'로 설명하는 방식을 '내러티브(narrative)'라고 한
다. 역사가 매력적인 것은 과거의 수많은 사건과 사람들의 이야기를 담고
있기 때문이다. 그리고 이야기는 사람들에게 흥미를 선물하고, 경험하지 못
한 세상을 상상하게 만드는 힘이 있다. 내러티브 형태의 자료는 역사수업에
서 유용하게 활용될 수 있는데 양호환은 내러티브가 역사수업에 이용될 수
있는 배경과 효과를 다음의 네 가지로 요약하고 있다. 첫째, 내러티브는 역
사가들이 주로 사용하는 서술형식으로 아동에게도 친숙한 장르이다. 둘째,
내러티브는 역사이해의 고유개념이라고 할 수 있는 다른 시대·장소·사건
들에 대한 이해를 가능하게 한다. 셋째, 내러티브는 경험을 이해하게 하는
해석의 한 형식이며 인간의 구체적인 행위와 의도, 결과를 다룬다. 넷째,
아동들은 내러티브에 담긴 시간에서의 전후관계를 통해 역사적 인과관계를
인식할 수 있다.[90] 이처럼 내러티브는 인물과 사건을 이야기형식으로 다루

---

90) 양호환, 「내러티브의 특성과 역사학습에의 활용」, 『사회과학교육』 2, 1998, p.15.

기 때문에 아동들에게 친숙하게 다가설 수 있는 역사 수업방식이다.

모국문화와 연계한 내러티브 수업은 중도입국청소년들에게도 유용한 수업방안이 될 수 있는데, 특히 한국어 기초 수준의 학생에게 적합한 수업설계 방안이다. 모국문화와 연계한 내러티브 수업은 교수 기술적인 측면에서는 모국어와 모국문화를 활용하고, 협동학습을 통한 역할극을 진행한다. 그리고 시각자료로 그림 자료와 애니메이션 자료를 제시한다. 제시된 시각자료는 한국어 기초 수준의 학생들에게 특히 도움이 된다. 교수 내용적인 측면에서는 한국사와 모국역사를 비교하는 과정을 통해서 학생들은 역사의 다양성과 보편성에 대해서 생각해 볼 수 있는 기회가 될 것이다. 아울러 신화는 왜 만들어 졌을까? 국가는 반드시 필요한 것일까? 등 학생들이 생각할 수 있는 질문을 제시해 주어 이들이 역사를 현실문제로 연결 지을 수 있도록 한다. 교수 구성적인 측면에서는 베트남어나 중국어 등 모국어로 병기된 이야기 자료를 중도입국청소년들에게 직접 읽어볼 수 있도록 함으로써 이들이 적극적으로 수업에 참여할 수 있는 기회를 제공하도록 한다. 그리고 이야기 자료를 역할극으로 표현해 봄으로써 이들의 한국어 능력을 향상시킬 수 있도록 한다. 한국어로 의사소통하는 것이 쉽지 않은 학생들이 수업시간에 모국어로 병기된 이야기 자료를 읽고, 역할극으로 표현해 봄으로써 이들이 조금은 친숙하게 한국사를 배울 수 있고, 학습에 자신감을 가질 수 있을 것이다.

모국문화와 연계된 내러티브 수업설계 방안은 '고조선 건국신화'를 주제로 다룬 것과 신라의 '설씨녀와 가실이야기'를 바탕으로 살펴볼 것이다. 건국신화를 수업의 내용으로 다루는 것은 중도입국청소년 모국의 신화와 비교해서 설명하기에 용이한 면이 있고, '신화'가 만들어진 이유에 대해서 학생들에게 생각하는 질문을 제시할 수도 있기 때문이다. 반면에 '설씨녀와 가실이야기'는 중국인에게 가장 잘 알려진 이야기인 '맹강녀 이야기'와 연계해서 설명하기에 용이하고, 국가의 강제노역으로 인한 백성들의 힘겨운 삶에 대해서 생각하는 질문을 던져줄 수 있다. 특히 국가란 무엇인가에 대해서 근본적으로 생각해 볼 수 있는 기회를 제공해 주기 위함이다.

고조선 건국신화를 다룬 수업을 구체적으로 살펴보면 우선 단군이 고조선을 세운 애니메이션 자료를 3번 정도 반복해서 학생들에게 보여준다. 이후 〈그림 6〉과 같이 그림과 이야기가 함께 실려 있는 자료를 학생들에게 제공하고, 교사와 같이 읽어보도록 한다.

〈그림 6〉 고조선 건국신화

교사가 이야기 자료를 읽어줄 때는 마임이나 연기 등 비언어적인 요소를 활용해서 이야기 내용을 전달해 줄 필요가 있다. 비언어적 표현은 음성적 표현을 제외한 신체동작과 신체접촉, 비음성적 언어 등을 이용하여 효과적인 의사소통을 하게 하는 수단이라고 볼 수 있다. 주로 손짓, 몸짓, 표정, 접촉 등에 관한 표현을 총칭하며 다양하게 분류된다.[91] 한국어가 서툰 중도입국청소년을 대상으로 교사가 비언어적인 표현을 활용하여 수업을 할 때는 손동작이나 몸짓이 크고, 얼굴 표정도 실제로 배우처럼 다양하게 표현할 필요가 있다.

한편 고조선 건국신화를 모둠별로 나누어서 학생들이 직접 역할극으로 표현해 보게 한다. 학생들은 신화의 내용을 바탕으로 그들 나름대로 상상력을 동원하여 역할극을 선보일 것이다. 역할극은 학습자가 교육을 통해 습득된 지식을 실제성과 활용성을 높여 유의미한 학습이 가능하도록 돕는 학습방법이다. 역할극은 학습자 중심의 수업으로 적극적인 참여를 유도하고, 다른 문화 간 차이를 중심으로 학습자와 교사 모두에게 문화에 대한 정보와 흥미를 제공할 수 있다. 아울러 말하기 능력을 향상시킬 수 있다.[92]

고조선 건국신화를 학습하면서 중도입국청소년들의 모국신화도 같이 소개도록 한다. 예를 들어 베트남 건국신화나 중국 건국신화를 알려주어 각 나라 신화의 공통점과 차이점을 찾아보도록 하는 것이다. 이 과정을 통해서 학생들은 나라마다 다른 문화를 이해하게 되고, 친구나라의 역사에 대해서도 접해볼 수 있는 기회를 가지게 된다. 〈그림 7〉은 베트남 건국신화를 소

---

91) 강소정, 「외국인 한국어 학습자를 위한 비언어적 표현 교육방안연구」, 『한민족문화연구』 57, 2017, p.340.
92) 위의 논문, p.366.

개하는 이야기 자료의 예이다.

〈그림 7〉 베트남 건국신화[93]

엣날에 용 한 마리가 아름다운 땅을 발견
했어요.
"내가 인간으로 변해서 이 땅에서 살아야
겠군"
그 용은 인간으로 변했고, 물 속에 있는
용왕의 딸과 결혼하여 '락롱권'이라는 아
들을 낳았어요.
락롱권은 어른이 되어서 아름다운 공주인
'어우꺼'와 결혼했어요.

(Lạc Long Quân say đắm sắc đẹp của
tiên nữ Âu Cơ, Âu Cơ cũng cảm mến
phong độ uy nghi tuấn tú và dũng
mãnh của Lạc Long Quân nên hai
người kết duyên vợ chồng)

그런데 어우꺼에게 이상한 일이 벌어졌어
요.
"여보, 제가 알을 100개 낳았어요. 그리고
100명의 남자 아이가 태어났어요."

(Ít lâu sau tiên nữ Âu Cơ có mang
và sinh ra một cái bọc trăm trứng.
Bảy ngày sau bọc trứng nở ra một
trăm người con trai. Trăm người con
lớn nhanh như thổi, tất cả đều rất
khỏe mạnh và tài giỏi, thông minh)

---

93) 베트남 건국신화 그림 자료는 아시안 허브 출판사로부터 제공 받았음을 밝혀둔다. 신
화의 내용은 필자가 학생들의 수준으로 재구성하였고, 베트남어 표기는 학교에서 베트
남어 이중언어교사로 활동하고 있는 결혼이주여성의 도움을 받아서 번역하였다.

그런데 어느날 락롱꿘은 50명의 아들을 데리고 바다로 갔고, 어우꺼는 남은 50명을 데리고 산으로 갔어요.

(ta lag loài rồng còn nàng là giống tiên không ở với nhau được lâu dài. Nay ta mang năm mươi con xuống biển)

어머니인 어우꺼를 따라갔던 50명 중 가장 힘이 센 '훙(HUNG)'이 '반랑국'을 세웠는데, 이 나라가 바로 지금의 베트남이에요.

베트남 건국신화는 출판사마다 조금씩 다르게 소개되어 있고, 학생들에게 내용 전체를 알려주기에는 복잡한 경향이 있다. 따라서 필자는 신화 내용을 학생들의 수준에 맞추어 다시 재구성하여 자료로 제공하였다. 이야기 자료를 재구성할 때는 전체적인 줄거리가 크게 훼손되지 않는 수준에서 이야기 내용을 단순하게 구성하도록 한다. 그리고 중도입국청소년의 한국어 수준에 맞춰 적합한 어휘와 문형을 선택해야 한다. 문장은 읽기 좋게 구어체로 만들고, 되도록 리듬감이 느껴지도록 구성하도록 한다.[94] 아울러 중요한 부분은 모국어를 그대로 표기하도록 한다. 베트남 이외의 다른 나라 학생들에게도 친구나라 언어를 보여줄 수도 있고, 베트남 학생에게 큰 소리로

---

94) 김윤주, 「내용중심교수법을 활용한 한국어문화 수업설계방안」, 『국어국문학』 184, 2018, p.324.

모국어를 읽어볼 수 있는 기회를 주면 한국어가 서툴러 학습에 소극적인 경향을 보였던 학생도 적극적으로 수업에 참여하는 모습을 보이게 된다. 만약에 교실에 몽골학생이 있다면 몽골신화를 준비하여 몽골학생에게 신화를 읽을 수 있는 기회를 주도록 한다.[95)]

모국문화와 연계한 내러티브 수업설계 방안을 나라별 건국신화를 활용하여 학습한 내용을 토대로 간단하게 정리해 보면 〈표 7〉과 같다.

〈표 7〉 수업설계방안(2)

▶ 도입(40분)	○ 동영상을 활용하여 고조선 건국신화와 베트남 건국신화를 소개하기 (학생들의 출신국가에 따라 내용을 재구성할 것) ○ 건국신화 속 학습어휘 정리하기
▶ 전개(90분)	○ 양국의 건국신화를 읽고 신화에 등장하는 인물을 분석하기 ○ 건국신화 내용을 역할극으로 표현해 보기(협동학습) ○ 양국의 건국신화의 공통점과 차이점을 찾아내기 ○ 몽골이나 중국 등 다른 나라의 건국신화도 소개하기(학생들에게 이야기를 들려주고 어느 나라의 신화인지 추측해보게 하기)
▶ 결론(20분)	○ 나라마다 신화를 만든 이유가 무엇인지에 대해서 생각해보게 하기 (모국어를 활용하여 글을 작성해 보도록 하기) ○ 한국의 또 다른 신화, 고구려나 백제, 신라, 가야의 신화 중에 하나를 선택해서 내용을 정리해 오기(과제제시)

95) 최근에 다양한 출판사에서 중국, 베트남, 몽골, 캄보디아 등 아시아권 나라들의 전래동화를 소개하는 책을 출판하고 있다.

건국신화를 활용한 한국사 수업은 1차시 수업으로는 불가능하고 3차시에 걸쳐서 수업을 진행하도록 한다. 먼저 수업도입 단계에서 동영상을 활용하여 고조선과 베트남의 건국신화를 소개하도록 하고 건국신화 내용에서 학생들이 반드시 알아야 하는 학습 어휘를 정리해 주도록 한다.[96] 본격적인 수업 전개에서는 양국의 건국신화에 등장하는 인물을 분석하고, 모둠을 구성하여 건국신화 내용을 역할극으로 표현해 보도록 한다. 이후 양국의 건국신화의 공통점과 차이점을 찾아내서 학생들이 이야기할 수 있도록 하고, 몽골이나 중국 등 다른 나라의 건국신화를 들려주고 학생들에게 어느 나라의 신화인지 추측해 볼 수 있도록 한다. 마지막으로 수업의 결론에서 나라마다 신화를 만든 이유가 무엇인지에 대해서 생각해보고, 모국어를 활용하여 글을 작성해 보는 시간을 갖도록 한다. 그리고 과제로 고구려나 백제, 신라, 가야의 신화 중에 하나를 선택해서 정리해 오도록 한다.

모국문화와 연계된 내러티브 수업으로 중국의 '맹강녀 이야기'의 예를 하나 더 들어보도록 하겠다. 중국의 '맹강녀 이야기'는 신라의 '설씨녀와 가실이야기'를 학생들에게 들려줄 때 연계해서 수업시간에 활용하면 도움이 된다.

---

96) 본 연구에서는 베트남 신화로 예를 들었지만 이는 나라마다 다르게 재구성해서 활용하도록 한다.

중국 진나라의 진시황이 만리장성을 짓게 되었어요. 그래서 젊은 남자들을 강제로 끌고 가서 만리장성을 짓게 했어요.

(中国初代皇帝秦始皇建国后不久为了防止 外敌侵入开始修建长城. 但是因为劳力不足一些年轻的男人们全部被强制性的拉去建长城了)

어느 마을에 '범희량'이라고 불리는 청년이 있었는데, 그에게는 '맹강녀'라는 사랑하는 여인이 있었어요.

(传说在村子里有一个叫范喜良的年轻人他有一个很爱的女子名叫孟姜女)

둘은 결혼식을 올리게 되었는데, 그날 범희량이 만리장성 공사에 끌려가게 되었어요.

(就这样两个人相爱了并且约定要悄悄的办个婚礼,
突然不知从哪里冒出来的官兵把范喜良给抓走了.)

---

97) 맹강녀 이야기의 그림 자료는 아시안 허브 출판사로부터 제공받았음을 밝혀둔다. 그리고 중국어 표기는 필자가 직접 번역하였다.

그날 이후 맹강녀는 남편이 보고 싶어서 매일 눈물로 밤을 지샜어요.
그러나 몇 년이 지나도 남편은 돌아오지 않고 소식조차 없었어요.

(自此孟姜女日夜思君每天以泪可盼了一年又一年还是没有丈夫的任何消息)

맹강녀는 천리가 넘는 먼 길이지만 남편을 만나기 위해 떠났어요.

그런데 아무리 찾아도 남편 범희량의 모습은 보이지 않았어요.
"내 남편은 어디에 있을까?"

(可是数以百万计的民夫中她怎么也没法找到自己的丈夫范喜良“我丈夫到底在哪儿呢？”)

맹강녀 이야기는 중국인에게 널리 알려진 이야기이다. 이 이야기는 신라의 '설씨녀와 가실'이야기와 내용이 흡사하다. '맹강녀와 범희량의 사랑'은 '설씨녀와 가실의 사랑'과 같은 상황이고, 두 이야기는 모두 국가의 강제 노역으로 인해서 어쩔 수 없이 사랑하는 사람이 헤어지게 된 이야기다. 하지만 신라의 설씨녀와 가실은 오랜 시간이 지난 후에 만나게 되었지만, 맹강녀와 범희량은 끝내 만나지 못했다는 것에서 내용에 차이가 있다. 이 두 이야기를 통해서 당시 사람들의 힘든 노역에 대해서 학생들에게 설명해 줄 수 있고, 아울러 중국에서 온 학생들은 중국의 유명한 이야기를 들려주니 학습 내용에 큰 흥미를 보일 것이다. '맹강녀 이야기' 읽기 자료를 한글로만 간단하게 제시해 주어도 문제는 없으나 중국어 표기를 한 것은 한국어로 말하는 것이 어려워 수업에 소극적으로 참여하는 학생들을 위한 것이다. 이 기회를 통해서 그들에게 중국어로 책을 읽을 수 있는 기회를 줌으로써 그들의 적극적인 수업 참여를 이끌어 낼 수도 있고, 중도입국청소년들의 자존감을 향상시켜 줄 수 있는 기회가 될 수도 있다. 따라서 모국문화와 연계된 이야기 수업은 가능하면 모국어 표기를 병기해 주도록 한다.

본 연구에 참여한 학생 중에 G의 경우를 살펴보면 G는 한국사를 이전에 배워본 적이 없었고, 한국어도 서툴지만 학습태도가 좋고, 배움에 대한 열망도 강한 학생이다.

> 저는 처음 한국사를 배웠는데, 노래를 부르면서 공부하는 것도 재미있고, **선생님이 이야기를 들려주면서** 한국사를 배우는 것도 좋았어요. 특히 **한국사를 중국과 연관**시켜서 배울 때가 정말 도움이 돼요.
>
> − G와의 인터뷰 내용 중 −

G의 경우에도 한국사를 이야기 중심으로 배우는 것이 흥미롭게 느껴지고, 특히 한국사를 중국의 역사나 문화와 연관시켜 배우는 것이 한국사 학

습에 도움이 되었다고 한다.

모국문화와 연계한 내러티브 수업은 낮은 한국어 실력으로 인해서 한국사 학습에 어려움을 느끼는 중도입국청소년에게 실질적인 도움을 줄 수 있는 수업설계 방안이다. 특히 인물을 중심으로 한 구체적인 생활 이야기를 '내러티브'로 접근한다면 학생들이 과거인의 경험을 한층 생생하게 이해할 수 있을 뿐 아니라 역사 자체를 한층 쉽게 접근할 수 있을 것이다. 다만 주의할 점은 학생들이 역사를 단순히 재밋거리로 받아들이지 않도록 읽기를 위한 안내와 생각할 질문 등을 함께 제시한다면 더욱 유용하게 활용할 수 있다.

2-3. 또래교수를 활용한 문답식 수업

또래교수를 활용한 문답식 수업은 학습 어휘를 이해하는데 어려움을 겪고 있는 중도입국청소년의 학습적 특징을 고려하여 설계한 수업방안이다. 즉 동일한 언어를 사용하는 또래끼리 또래교수를 활용하여 학습 어휘를 숙지하고, 교사는 이들이 숙지한 학습 어휘를 바탕으로 문답식으로 수업을 진행하도록 한다. 중도입국청소년들이 학업을 중단하는 가장 큰 이유는 '한국어 실력이 부족해서'이다.[98] 실제로 중도입국청소년들은 교과학습에 필요한 어휘력이 부족해서 학습에 큰 어려움을 겪고 있다. 특히 한국사는 내용은 방대하고 추상적인 개념이 많기 때문에 다른 과목에 비해서 더 큰 어려움을 겪고 있다. 이에 학습 어휘 중심의 교수전략을 모색하는 것은 의미가 있다.

---

98) 배상률, 『중도입국청소년 실태 및 자립지원 방안연구』, 한국청소년정책 연구원, 2016, p.37.

본 연구에서는 중도입국청소년들의 한국사 학습 어휘력을 향상시킬 수 있는 교수전략으로 또래학습과 문답식 수업에 착안하였다. 앞서 설명했듯이 다양한 문화와 언어권의 학생들이 있는 교실에서 또래교수는 의사소통 능력을 향상시키고 또래끼리 학습자극을 주게 되어 더 높은 학업성취를 이룰 수 있게 한다. 아울러 언어가 서툰 학생들은 교사에게 학습도움을 요청하는데 어려움을 느끼지만 또래에게는 편하게 요청할 수 있다. 뿐만 아니라 또래교수는 대인관계기술을 발전시키고, 자존감을 향상시킨다. [99]

반면에 문답식 수업은 교사의 질문과 학생의 대답, 학생의 질문과 교사 또는 학생들의 대답을 중심으로 수업을 구성하는 방법이다. 문답식 수업은 대체로 교사 주도의 수업방법이다.[100] 황철형 외는 세 명의 초등교사가 다문화가정 학생을 대상으로 가르친 경험을 바탕으로 효과적인 교수전략을 제시하였는데, 이 연구에 의하면 문답식 수업은 다문화학생에게 지속적인 언어자극을 제공하는 기회가 되고, 이러한 자극은 학생의 발화에도 도움을 주었고, 학습에 집중할 수 있게 하였다고 한다. 그리고 문답식 수업은 학생의 이해 정도를 확인하는데도 도움을 주었고 학생에게 어떠한 언어적인 보충설명이 필요한지에 대해 교사 스스로가 수업 상황에서 판단을 하고 그에 따른 적절한 처치를 하는데 도움을 주었다고 한다. 아울러 문답식 수업은 가장 기본적인 교수·학습 방법이라 할 수 있지만 학생의 학습이해 정도를 끊임없이 점검하고, 학습하고 있는 내용이 다문화가정 학생의 경험적 배경과 얼마나 일치하는지에 따른 학생의 정보를 얻는데 직접적인 도움을 주었

---

99) Allison, B.N. & Rehm, M.L., "Effective Teaching Strategies for Middle School Learners in Multicultural, Multilingual Classrooms", *Middle School Journal* 39, 2007, pp.4~5.
100) 최상훈 외, 『역사교육의 내용과 방법』, 책과함께, 2007, p.222.

다고 한다.[101]

또래교수를 활용한 문답식 수업은 교수 기술적인 측면에서는 또래교수와 문답식 수업을 활용하고, 게임방식으로 진행한다. 교수 내용적인 측면에서는 중도입국청소년의 어휘력을 향상시킬 수 있도록 한국사 학습에 필요한 학습어휘를 숙지하는 것에 초점을 둔다. 교수 구성적인 측면에서는 학생들 스스로 가르치고 배우면서 학생 중심의 수업을 만들어 가도록 하고, 또래교사가 또래학생에게 가르치는 경험을 통해서 성취감을 느낄 수 있도록 한다. 아울러 또래학생은 또래교사에게 학습 어휘를 배우는 과정을 통해서 학습 면에서 자신감을 가질 수 있도록 한다.

또래교수를 활용한 문답식 수업설계 방안을 구체적으로 설명하면 우선 교사는 학생들의 한국어 수준을 명확하게 진단해서 이들의 수준에 맞는 학습 어휘를 제시해 주도록 하는데, 이때 학습 어휘는 시각자료를 활용하여 설명해 주도록 한다. 마르텔 & 던은 영어를 제2언어로 배우고 있는 이주학생들을 대상으로 수업을 할 때 핵심 어휘와 개념을 먼저 제시해 줄 것을 제안했다.[102] 이는 한국사 수업에서도 유념할 필요가 있다. 교사의 학습 어휘 설명이 끝나면 또래교수를 진행하도록 한다. 또래교수는 동일한 언어권으로 팀을 구성하도록 하고, 한국어 실력과 한국사 학습능력 수준을 고려해서 교사가 구성해 주도록 한다. 여기서 동일한 언어권으로 또래교수팀을 구성하는 이유는 한국어 실력이 부족해서 교사의 설명을 이해하지 못하는 학생들을 위한 것이다. 한국어 실력과 한국사 학습능력이 상대적으로 높은 학생이 모국어를 활용해서 또래에게 학습 어휘를 설명해주는 방법은 낮은 한

101) 황철형 외, 「다문화학생 가르치기」, 『초등교육연구』 27(2), 2014, pp.156~157.
102) Martell, C.C. & Dunne, K.A., op. cit., p.194.

국어 실력으로 인해서 학습에 어려움을 겪고 있는 학생들에게 상당히 도움이 된다. 이는 또래교사에는 학문적 성취감을 경험할 수 있게 하고, 또래학생에는 학습 면에서 자신감을 가질 수 있도록 한다. 또래교수 후에는 문답식 수업을 활용하여 또래교수 팀별로 게임을 진행하도록 한다.

본 연구에서는 문답식 수업을 교사의 질문과 학생의 대답으로 진행하지 않고, 또래교사가 질문하고 또래학생이 답변하도록 구성하였다. 구체적으로 설명하면 교사는 또래팀별로 학습 어휘 암기시합을 시키는데, 이때 교사의 역할은 미리 학생들에게 제공한 학습 어휘를 컴퓨터 화면으로 제시해 주는 것이다. 학생들은 이미 숙지한 학습 어휘를 교사가 하나씩 화면으로 제시해 주면 또래 팀별로 또래교사는 학습 어휘를 설명하고, 또래학생은 답하는 방식으로 암기시합을 한다. 이때 학생들이 모국어로 설명하는 것은 허용해 주도록 한다. 단지 답변은 한국어로 해야만 한다. 그리고 정해진 시간 안에 가장 많은 학습 어휘를 맞춘 팀이 높은 점수를 받는 것이다. 물론 승패의 보상심리를 이용하는 방법이므로 경쟁심을 유발할 수 있는 간단한 선물을 준비해야 한다.

또래교수를 활용한 문답식 수업은 학생들의 적극적인 수업참여를 이끌어 내었을 뿐만 아니라 학습어휘를 숙지하는데도 매우 효과적인 교수전략이었다. 또래교수를 활용한 문답식 수업설계 방안을 정리하면 〈표 8〉과 같다.

<h3 align="center">〈표 8〉 수업설계방안(3)</h3>

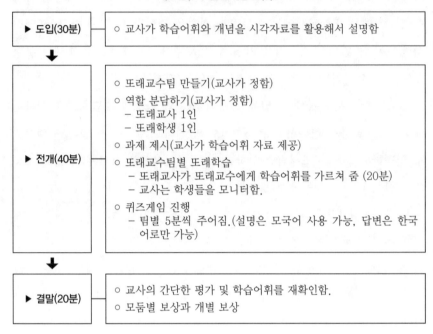

▶ 도입(30분)	○ 교사가 학습어휘와 개념을 시각자료를 활용해서 설명함
▶ 전개(40분)	○ 또래교수팀 만들기(교사가 정함) ○ 역할 분담하기(교사가 정함) 　- 또래교사 1인 　- 또래학생 1인 ○ 과제 제시(교사가 학습어휘 자료 제공) ○ 또래교수팀별 또래학습 　- 또래교사가 또래교수에게 학습어휘를 가르쳐 줌 (20분) 　- 교사는 학생들을 모니터함. ○ 퀴즈게임 진행 　- 팀별 5분씩 주어짐.(설명은 모국어 사용 가능, 답변은 한국 　　어로만 가능)
▶ 결말(20분)	○ 교사의 간단한 평가 및 학습어휘를 재확인함. ○ 모둠별 보상과 개별 보상

　또래교수를 활용한 문답식 수업은 2차시에 걸쳐서 수업을 진행하도록 하고 수업도입 단계에서 교사가 학습 어휘와 개념을 시각자료를 활용하여 설명하도록 한다. 수업전개 단계에서 교사는 또래교수팀을 선정하고, 학습 어휘 자료를 제공해 주도록 한다.[103] 또래교수팀은 교사가 제시해 준 학습 어휘를 서로 가르쳐주고 배우면서 학습 어휘를 암기하는 시간을 가지도록 한다. 이때 교사는 또래교수를 진행하고 있는 또래교수팀을 모니터하도록 한다. 즉 교사는 팀별 또래교수가 원활하게 이루어질 수 있도록 돕거나, 격려를 하거나, 잘 이해가 되지 않는 모둠이 있다면 다시 설명을 해주는 역할을

---

103) 제시된 학습어휘의 양은 정해진 것이 아니다. 학생들의 수준에 따라서 융통성 있게 정하면 된다.

한다. 또한 학생들이 어렵게 느끼는 학습 어휘는 교사가 직접 설명을 해주도록 한다. 팀별 또래교수가 끝나면 본격적으로 암기한 학습 어휘를 바탕으로 팀별게임이 진행되고, 주어진 시간 안에 가장 많은 학습어휘를 맞춘 팀이 승리하게 된다. 이때 교사는 학습 어휘를 제시하는 역할을 한다. 교사는 승리한 팀에게 보상을 하고, 개별적으로도 성실하게 활동에 참여한 친구에게 보상하도록 한다. 다음은 모국어를 활용한 또래교수를 마친 후 E학생과의 인터뷰 내용이다.

> 공부한 내용을 묻고 답하면서 수업을 하면 수업시간에 배운 내용 중에 어떤 내용을 꼭 알아야 하는지를 알 수가 있어요. (게다가) 퀴즈게임 방식으로 수업을 하니까 긴장되고 재미가 있어요.
>
> – E와의 인터뷰 내용 중 –

중도입국청소년들이 다니고 있는 다문화 대안학교의 교실에는 한국어 수준이 다양한 학생들로 구성되어 있다. 이런 경우에 또래교수를 활용한 수업방안은 중도입국청소년의 학업성취를 향상시키는데 도움이 된다. 아울러 또래교수 팀별로 문답식 수업을 활용하여 게임방식으로 수업을 진행하면 학생들이 수업에 적극적으로 참여할 뿐만 아니라 반드시 기억해야 할 학습내용을 정리하는 데 실질적인 효과가 있다.

이상으로 중도입국청소년을 위한 효과적인 한국사 수업설계 방안에 대해서 모색해 보았다. 이에 대한 결론은 다음과 같다.

첫째, 이중 언어를 활용한 현장체험학습은 중도입국청소년들의 한국사 학습에 가장 효과적인 교수전략의 하나이다. 특히 현장체험학습 일정을 학생들 스스로 만들어 보도록 하고, 이들이 만든 일정대로 현장체험학습을 진행하는 것은 학생들에게 적극적으로 수업에 참여할 수 있는 기회를 제공해 준다. 아울러 한국의 문화유산을 모국어와 한국어로 설명할 수 있는 기회를 부여하는 것은 이들의 자존감을 향상시키는데 도움이 될 수 있다.

둘째, 모국문화와 연계한 내러티브 수업은 한국사에 대한 배경지식이 부족한 중도입국청소년들이 학습 내용을 이해하는데 도움이 된다. 특히 낮은 한국어 실력의 학생들에게 도움이 되는 수업방안이다. 어려운 용어가 많은 한국사 내용을 모국어로 풀어서 알려주면 학생들은 빠르게 학습내용을 이해할 수 있다. 또한 배경지식 부족으로 한국사 학습에 어려움을 겪고 있는 중도입국청소년들에게 모국문화와 연계한 한국사 수업은 이들이 학습내용을 추리하면서 이해할 수 있는 기회를 제공해 준다.

셋째, 또래관계를 활용한 문답식 수업은 중도입국청소년들이 또래와 함께 편안하게 이야기를 나누면서 학업성취를 향상시킬 수 있는 효과적인 교수전략이다. 특히 같은 언어의 또래끼리 또래교수를 통하여 모국어를 활용하여 학습내용을 가르치고 배우는 것은 서로에게 의지하고 격려하면서 학업성취를 향상시킬 수 있는 방안이다. 아울러 문답식 수업은 이들의 언어능력을 자극하고, 반드시 기억해야 할 내용을 숙지하는데 실질적인 도움을 준다.

이외에도 중도입국청소년의 현실 경험과 연계한 다양한 수업설계 방안을 개발해 볼 수 있을 것이다. 교사는 중도입국청소년들이 처한 상황에 대한 세심한 배려를 바탕으로 이들을 위한 다양한 수업설계 방안을 모색해 볼 필요성이 있겠다.

V. 중도입국청소년을 위한 한국사 교재 개발 방안

1. 교재 내용 구성

1-1. 교재 내용 선정 원리

교재란 교수학습활동이 이루어지는 과정 속에서 학습내용을 이해하고 사고할 수 있도록 도와주는 일체의 자료를 말한다. 학생들의 학습동기를 유도하여 효과적인 학습활동이 이루어지도록 하기 위해서는 적절한 교재가 사용되고 그에 따른 다각적인 학습법이 제공되어야 한다. 수업교재는 학생들에게 제시할 학습내용을 포함하고 있다. 즉 무엇을 가르칠 것인가에 대한 교사의 수업계획이 구체적으로 드러나는 것이 교재이다.[104]

중도입국청소년을 위한 한국사 교재에는 어떤 역사적 내용이 포함되어야 할까? 교재 내용을 선정하는 것은 역사 지식의 특성만이 아니라 학습자의 인지수준을 고려해야 한다. 즉 학습자의 발달 단계에 적합한 자료를 제시해야 하는데, 이때 학습자의 동기를 유발할 수 있는 내용, 학습의 전이와 흥미를 돕는 내용, 학습자에게 학습 경험의 의미를 줄 수 있는 내용, 학습자의 사고 확장을 돕는 내용 등을 선정하여 내용체계를 구성한다.[105]

우리나라 역사교육개설서에서 제시하고 있는 역사교육 내용 선정 기준을 검토해 보면 공통적으로 〈표 9〉와 같이 제시하고 있다.[106]

---

104) 정선영 외, 『역사교육의 이해』, 삼지원, 2001, p.141.
105) 최상훈 외, 『역사교육의 내용과 방법』, 책과함께, 2007, p.82.
106) 정선영 외, 『역사교육의 이해』, 삼지원, 2001 ; 최상훈 외, 위의 책 ; 양호환 외, 『역사교육의 이론과 방법』, 책과함께, 1997.

〈표 9〉 역사과 내용 선정 기준

중요성	- 역사 교과에 기본이 되는 지식인가? - 역사의 전체적인 흐름을 잘 설명하는가? - 인간 활동의 중요한 국면들을 다루고 있는가?
타당성	- 누구나 인정할 수 있는 보편타당성을 지닌 내용인가? - 역사교육 목표를 달성하는데 적합한 내용인가?
지속성	- 오래 지속될 수 있는 지식인가?
적용성	- 여러 역사적 사실을 설명하는데 이용될 수 있는가? - 현재의 여러 문제를 해결하는데 도움이 될 수 있는가? - 시대적, 사회적 요구에 맞는 내용인가?
적절성	- 학습자의 필요나 흥미, 발달단계에 적합한가? - 시대적 사회적 요구에 맞는가?
균형성	- 적절한 범위와 깊이를 아울러 가지고 있는가? - 지식뿐만 아니라 역사적 사고와 태도 함양에 도움이 되는 내용인가?

위의 기준은 교육과정을 계획하는 사람의 교육관에 따라 그 비중이 달라질 수 있다. 학문중심 교육과정의 설계자라면 중요성과 타당성을 선호할 것이고, 경험중심 교육과정 설계자라면 적절성과 적용성을 선호할 것이다. 하지만 위의 기준들은 서로 배타적이지 않고, 보완관계에 있다.

이처럼 역사교육에서 중요한 내용이란 역사교과에 기본이 되고, 타당성이 있으며, 오래 지속될 수 있고, 학습자의 필요나 발달단계에 적합하고, 사회적 요구에 부합하는 내용이라고 할 수 있다.[107] 그렇다면 중도입국청소년을 위한 한국사 교재는 어떤 내용을 다루었을 때 이들에게 실질적인 도움

---

107) 최상훈 외, 위의 책, p.93.

이 될 수 있을까? 중도입국청소년을 위한 한국사 교재는 이들의 필요나 흥미, 발달 단계에 적합한 적절성을 중시한 교재여야 하고, 이들이 현실적으로 처한 여러 문제를 해결하는데 도움이 될 수 있는 적용성에 중심을 둔 교재여야 한다. 즉 학문 중심보다는 경험 중심적이고 실제적인 내용에 초점을 맞춘 교재여야 한다. 이를 위해서는 국가가 제시한 교과서 내용을 따르기보다는 역사 속 다양한 인물과 사건들을 바탕으로 이들의 삶에 긍정적인 영향을 미칠 수 있고, 흥미롭게 느낄 수 있는 내용을 선정해서 재구성할 필요가 있다. 요컨대 내용 선정에서 가장 중시해야 하는 것은 학습자의 필요와 흥미, 그리고 이들에 대한 섬세한 배려를 바탕으로 학습 내용을 선정할 필요가 있다.

1-2. 교재 내용 구성 방향

중도입국청소년을 위한 한국사 교재는 일반학교의 한국사 교재와 다르게 이들의 특수성을 고려한 교재여야 한다. 이에 중도입국청소년을 위한 한국사 교재의 구체적인 내용 구성 방향은 다음과 같다.

첫째, 한국어 능력을 향상시키는 방향으로 구성한다. 중도입국청소년들의 학업능력을 향상시키기 위해서 가장 우선시 되어야 하는 것은 이들이 교과수업 시간의 학습 내용을 따라갈 수 있도록 한국어 능력을 신장시키는 것이다. 한국어 능력 부족은 학습을 방해하는 장애로 작용하게 되고 결과적으로 이들의 학업성취도를 낮추는 원인이 되고 있다. 마르텔 & 턴은 언어적 소수 학생들을 대상으로 역사 수업을 진행할 때는 이들의 언어 수준을 명확하게 파악하고, 학생들의 제2언어 실력을 향상시키는 방향으로 교수전략을

개발할 필요성이 있음을 제안하였다.[108]

한국사 학습내용을 한국어 학습과 연계시키기 위해서는 수업시간에 학습 어휘를 중도입국청소년들의 수준에 맞게 초급, 중급, 고급 단계로 나누어서 제시해 주도록 한다. 아울러 학습 어휘는 이들의 이해를 돕기 위해서 모국어나 시각자료와 함께 제시하도록 한다.

둘째, 모국어 능력을 향상시키는데 도움을 주는 방향으로 구성한다. 슬리터 & 그랜트는 학생들의 모국어를 무시하고 손상시키는 것은 학생들의 언어성장과 자아개념뿐 아니라 학생과 학부모, 조부모 사이의 정상적인 의사소통에 문제를 초래할 수 있다고 하였다.[109] 언어를 연구하는 대부분의 학자들과 제2언어를 배우는 학생들을 담당하는 교사들은 학생들의 모국어가 읽기와 쓰기를 가르칠 때 가치 있는 학습도구이며, 학생들의 학업성취를 돕기 위해 교사들이 사용해야 하는 도구라고 주장한다.[110] 예컨대 글쓰기를 한다면 한국어 글쓰기와 더불어 모국어도 함께 병기하도록 하는 것이다. 말하기도 이중 언어로 말할 수 있는 기회를 주는 것이다. 이는 한국어로 말하는 것에 자신감이 없어서 소극적인 학습태도를 보이는 중도입국청소년들의 자존감을 향상시킬 수 있는 좋은 교수전략이 될 수 있을 것이다. 뿐만 아니라 중도입국청소년들의 이중언어 역량을 향상시키는데 도움을 줄 수 있을 것이다. 이들이 자신의 모국어를 잊어버리게 되면 이들은 한국어도 모국어도 제대로 구사하지 못하게 되는 상황이 벌어질 수 있다. 이에 한국어 능력

108) Martell, C.C. & Dunne, K.A., "Teaching America s Past to Our Newest Americans", *Social Education* 77(4), 2013, p.194.
109) Sleeter,C.E. & Grant, C.A. 저, 김영천 외 공역, 『다문화교육의 탐구』, 아카데미 프레스, 2009, p.82.
110) Sleeter,C.E. &Grant, C.A. 저, 김영순 외 공역, 『교사를 위한 다문화교육』, 북코리아, 2013, p.285.

과 모국어 능력을 함께 향상시킬 수 있는 방안을 고민하면서 한국사 교재를 구성할 필요가 있다.

셋째, 배경지식을 활성화하는데 도움을 주는 방향으로 구성한다. 중도입국청소년들에게 한국사가 어렵게 느껴지는 원인은 한국사 교과서에 나오는 학습 어휘의 어려움도 있지만 배경지식이 부족한 것도 중요한 원인 중의 하나이다. 그렇다면 배경지식을 활성화시킬 수 있는 구체적인 방안은 무엇이 있을 수 있을까? 그림, 삽화 등의 시각자료를 풍부하게 활용하는 방법과 중도입국청소년들의 모국역사와 연계시키는 방안을 꼽을 수 있겠다. 예컨대 중국 학생에게 한국의 역사적 내용을 설명할 때 중국 역사와 연관 짓도록 한다. 한국사의 동학농민운동을 중국사의 태평천국운동과 비교할 수 있도록 하거나 한국사의 '설씨녀와 가실이야기'를 중국인에게 잘 알려진 이야기 중의 하나인 '맹강녀 이야기'와 비교할 수 있도록 하는 것이다. 주지하다시피 역사학습은 한국어가 능숙하다고 해서 내용을 제대로 파악할 수 있는 것은 아니다. 역사에서 사용하는 용어는 학생들에게는 또 하나의 외국어처럼 느껴질 수 있고, 게다가 기본적인 배경지식이 부족하면 인물이나 사건에 관해서 이해하기가 어렵다. 이에 중도입국청소년들에게 친숙한 모국의 역사와 비교해서 한국사 교재를 구성하는 것은 의미가 있다.

넷째, 수업 중에 학생들이 직접 활동할 수 있는 내용을 풍부하게 수록하도록 한다. 예를 들어 학습 어휘를 제시해 주고 또래학습을 하게 하거나 협동학습을 활용한 역할극이나 퀴즈게임을 하는 것 등이다. 이외에도 만들기, 노래 부르기, 모국어로 글쓰기, 여행 계획 세우기 등 학생들의 수준에 맞는 다양한 학습활동 등을 개발하여 수록할 필요성이 있다. 특히, 또래학습을 적극적으로 활용할 필요가 있는데, 가르시아는 언어적 소수 학생들의 학업성취는 이들이 또래와 함께 협력적 학습 속에서 서로 이야기를 나눔으로써 격려 받을 때 향상되는 경향이 있다고 하였다.[111] 이외에도 모국어를 활용한 글쓰기 수업은 학생들의 역사적 사고력을 향상시킬 수 있다. 그리고 역할극은 학습자 중심의 수업으로 적극적인 참여를 유도하고, 다른 문화 간 차이를 중심으로 학습자와 교사 모두에게 문화에 대한 정보와 흥미를 제공할 수 있다. 아울러 말하기 능력을 향상시킬 수 있다.

이처럼 한국어를 듣고 이해하는데 어려움을 겪는 중도입국청소년을 대상으로 원활하게 교실수업을 진행하기 위해서는 교사의 설명식 수업을 최대한 줄이고 학생들의 활동 중심의 수업으로 전환할 필요가 있다. 이에 중도입국청소년의 특징을 고려한 다양한 학생 활동들을 개발하여 교재에 반영하도록 한다.

다섯째, 현장체험학습 관련 내용을 수록하도록 한다. 그리고 실제로 현장체험학습을 다녀오도록 교육과정을 구성하도록 한다. 현장체험학습은 교과서나 그 밖의 책, 또는 교사의 설명을 통한 간접경험보다 역사를 더 생생하게 이해할 수 있게 한다.[112] 중도입국청소년들은 한국의 문화를 다양하게 경험해 볼 필요성이 있다. 한국을 대표하는 박물관, 궁궐, 도시 등을 실제로 방문해서 책에서 배운 내용을 눈으로 직접 확인해 보게 하는 것은 이들이 학습 내용을 이해하는데 실질적으로 도움이 된다. 하지만 이들이 현장체험학습을 교사의 주도하에 끌려다니지 않게 하기 위해서는 이들이 직접 체험학습일정을 만들어보도록 하거나 문화유산을 친구들에게 소개하는 과제

---

111) Garcia, E.E., "Attributes of effective schools for language minority students", *Education and Urban Society* 20(4), 1988, p.390.
112) 최상훈 외, 앞의 책, p.184.

를 제시하도록 한다. 그리고 이것을 평가와 연결하도록 한다.

여섯째, 역사 내용면에서 중도입국청소년들의 모국 역사에 대한 부정적인 내용이나 제도에 관한 내용 등은 가급적이면 배제하도록 한다. 교류사, 생활사, 이야기를 활용한 인물사나 문화사, 우리나라의 전통문화나 놀이 등 학생들이 흥미를 느낄 수 있는 역사적 내용은 무궁무진하다. 굳이 한국인도 어렵게 느끼는 정치제도나 토지제도 등을 가르칠 필요가 없고, 학생들이 심리적으로 위축감을 느낄 수 있는 모국에 관한 부정적인 내용을 수업의 소재로 활용할 필요가 없다. 신화나 설화, 인물이나 문화 등 학생들이 흥미롭게 느낄 수 있는 이야기 중심으로 내용을 선정하도록 하고, 이를 중도입국청소년의 모국 역사나 현실 상황, 이들이 모국에서 배워온 역사적 지식 등과 연결 지어 구성할 필요가 있다. 이야기 자료는 중도입국청소년의 한국어 수준에 맞춰 적합한 어휘와 문형을 선택해서 재구성도록 한다. 재구성할 때는 전체적인 줄거리가 크게 훼손되지 않는 수준에서 이야기 내용을 단순하게 구성하도록 하고, 문장은 읽기 좋게 구어체로 만들고, 되도록 리듬감이 느껴지도록 구성한다.[113] 그리고 중요한 부분은 모국어를 그대로 표기하도록 한다. 한편 전쟁 관련 역사는 국가 중심보다는 사람 중심으로 전환해서 수록할 필요가 있다. 예컨대 한국전쟁을 다룬다면 한국전쟁에 참전했던 국군과 인민군, 전쟁포로, 전쟁고아, 피난민 등 전쟁 속으로 내몰린 사람들의 이야기를 다루는 것이다.[114] 특별히 한국전쟁을 다룬 아동문학작품을 활용하여 이를 중도입국청소년의 눈높이에 맞춰 내용을 재구성해서 수록하는

---

113) 김윤주, 「내용중심교수법을 활용한 한국어문화 수업설계방안」, 『국어국문학』 184, 2018, p.324.

113) 김윤주, 「내용중심교수법을 활용한 한국어문화 수업설계방안」, 『국어국문학』 184, 2018, p.324.
114) 김한종 외, 『시민교육을 위한 역사교육의 이론과 실천』, 책과함께, 2019, p.224.

것이 좋은 방안이 될 수 있을 것이다. 이는 중도입국청소년의 읽기 능력을 향상시킬 뿐만 아니라 이들에게 모든 사람들이 존엄한 존재라는 사실을 다시금 깨닫는 계기를 제공해줄 것이다.

일곱째, 모국을 떠나 심리적으로 불안한 상태에 놓여 있는 중도입국청소년들이 한국사회에 적응하고, 한국사회에서 원하는 꿈을 이룰 수 있도록 심리적인 측면을 고려한 내용을 풍부하게 수록하도록 한다. 예를 들어 역사 속에서 이주와 국가 간의 교류는 인류의 시작부터 진행되어온 자연스러운 과정임을 중도입국청소년들에게 알려줄 필요성이 있다. 수천 년에 걸쳐 한반도로 이주해 온 많은 이방인들이 한국사 속에 존재하였고, 가까운 중국과 일본은 말할 것도 없고 네덜란드, 인도, 베트남, 몽골 등 실로 많은 민족 출신이 한반도에 들어와 한국인이 되었다. 아울러 이러한 현상은 해양세력과 대륙세력이 교차할 수밖에 없는 한반도라는 지정학적 위치를 고려하더라도 매우 자연스러운 것이다. 따라서 이주는 역사에서 자연스러운 현상임을 알려주도록 한다. 또한 이주를 통해 국가발전에 공헌한 다양한 인물들을 소개하도록 한다. 예를 들어 고구려 건국 신화를 설명할 때 주몽이 자신의 나라를 떠나 새로운 곳으로 이주해서 어려움을 극복하고 나라를 세운 것을 부각시킨다거나 고구려 유민인 고선지를 언급해 주면서 타국에서 성공한 사례를 설명해 주는 것은 좋은 예가 될 것이다. 아울러 고려 시대 때 쌍기나 장순룡 등 많은 귀화인들이 고려사회의 발전에 공헌한 것을 언급하면서 중도입국청소년들이 한국사회에서 어떤 인물로 성장하고 싶은지 고민할 수 있는 계기를 제공해 주도록 한다.

여덟째, 중도입국청소년들이 건강한 자아정체성을 확립하는데 도움이 될 수 있는 내용을 수록하도록 한다. 자아정체성을 바르게 확립하는 것은 중도입국청소년에게 가장 중요한 문제 중의 하나이다. 스스로가 어떤 사람이고, 자신의 뿌리가 어디에서부터 시작되어 지금에 이르렀는지를 아는 것은 자신을 찾아가는데 있어서 매우 중요한 일이다. 이에 '자신'과 '가족', 그리고 '국가'로 범위를 넓혀가면서 과거의 사건들을 더듬어 보는 것은 개인의 정체성을 형성하는데 의미 있는 일이 될 것이다. 아울러 자아정체성이 건강하게 형성된다면 편견을 감소시킬 수 있다. 내가 누구인지를 알고 내가 나아가야 할 방향을 진지하게 고민하는 사람은 편견을 가지고 타인을 평가하지 않을 가능성이 높다. 내 자신을 인정하듯이 상대를 그대로 인정하는 마음이 이미 내재되어 있기 때문이다. 자아정체성이 건강하게 형성되어 있는 사람은 세상의 기준이 아니라 각각의 개별적인 고유함을 인정하기 때문에 자연스럽게 반편견의 관점을 가지게 된다.

아홉째, 비판적 사고를 함양할 수 있는 내용들을 수록하도록 한다. 마르텔은 다문화 학생들이 있는 교실에서 문화감응교수법을 실천하는 역사 교사는 학생들이 과거를 비판적으로 평가할 수 있도록 도와주어야 한다고 주장한다. 그리고 학생들이 역사적 불평등을 이해할 수 있도록 하고, 과거의 사실을 현재와 연결 지을 수 있도록 해야 함을 강조한다.[115] 또한 마르텔은 학생들이 다양한 역사적 관점을 가질 수 있도록 노력해야 하고, 역사적 기억에서 배제되고 소외된 사람들에 대해서도 고민할 수 있어야 한다고 했다. 그리고 학생들은 자신들의 역사뿐만 아니라 타인의 역사도 배워야 함을 제안했다.[116] 같은 맥락에서 양호환은 정부와 국가기관에 의해 생성되는 공식

---

115) Martell, C.C., "Teaching Race in U.S.History", *Journal of Education* 198(1), 2018, p.63.
116) Martell, C.C., Ibid. p.64.

적인 역사는 과거에 있었던 다양한 목소리를 하나로 표준화하여 역사의 복잡성과 다면성을 좀처럼 드러내지 않는다고 한다. 교과서의 저자도 특정 관점이나 의도를 가지고 내용을 서술하지만 주로 설명식 서술을 통해 이를 객관성과 중립성을 가진 것으로 가장한다.[117) 학생들은 대개 교과서를 통해 과거에 일어났던 '하나의 역사'를 익히는 데에는 익숙하지만 역사적 사실을 다양한 지위, 신분, 입장을 가진 이들의 관점에서 바라보고 해석하는 데는 익숙하지 않다. 따라서 학생들은 역사라는 학문이 단순히 과거의 사실을 그대로 보여주는 거울이 아니라 특정한 사회문화적 배경과 상황에 위치한 역사가의 해석에서 비롯되는 점을 깨닫지 못할 수 있음을 지적했다.[118) 이처럼 역사는 의도적으로 선택되고 배제되기도 하는 구성물임을 학생들에게 인식시킬 필요가 있다. 학생들은 역사를 비판적으로 보는 시각을 배워야 한다. 이는 중도입국청소년에게는 더욱 중요하다. 중도입국청소년들은 역사를 배우면서 모국에서 배운 내용과 한국사에서 다루는 내용이 종종 다른 것을 발견하게 된다. 이럴 경우에 교사는 이들에게 역사는 확정된 진리로서의 지식이 아니라 역사가들의 다양한 해석의 산물임을 알려줄 필요가 있다. 그리고 이들의 모국에서 배우는 내용과 한국사에서 다루는 내용의 차이점을 드러내고 역사를 다양하게 해석할 수 있는 관점을 배울 수 있는 기회로 만들 필요가 있다. 이는 한국사 수업을 더욱 풍요롭게 하는 기회가 될 것이다.

　마지막으로 각국의 문화가 서로 관련이 있음을 이해하고 상호문화를 존중하는 태도를 함양할 수 있는 내용을 수록하도록 한다. 한 나라의 뛰어난 문화는 가깝거나 먼 지역에 살고 있는 사람들과의 상호 관련에 의해서 만

---

117) 양호환, 「역사교과서의 서술양식과 학생의 역사이해」, 『역사교육』 59, 1996, p.5.
118) 양호환, 「역사서술의 주체와 관점」, 『역사교육』 68, 1998, p.22.

들어진 것이다. 대표적인 한국의 전통문화인 불교와 유교도 고유문화가 아닌 외래문화를 우리가 전유한 것이다. 그리고 한국을 대표하는 문화유산인 석굴암도 간다라의 미술과 신라인들의 미의식이 융합되어 만들어진 작품이다. 이에 인류의 다양한 문화를 하나의 잣대로 고급문화와 저급문화로 또는 중심과 주변으로 구분하는 편향된 시각을 지양하고 세계 여러 나라가 문화적으로 관련을 맺고 문화유산을 창조했음을 강조할 필요가 있다.[119] 그리고 각 나라의 문화를 비교사적 관점에서 서술할 필요가 있다. 이는 학생들이 보편성과 다양성을 배울 수 있는 기회가 될 것이다.

1-3. 교재 단원 구성

가. 단원 구성 체제

중도입국청소년을 위한 한국사 교재는 한국어 기초 수준의 학생들을 대상으로 하는 기초교재, 그리고 TOPIK 3급, 4급 수준의 심화교재로 개발할 것을 제안한다. 기초교재는 한국사를 학습하는데 필요한 간단한 학습 어휘를 선정해서 풍부한 시각자료를 활용하여 학습 어휘 중심으로 개발하도록 한다. 심화교재는 신화나 인물, 문화, 당시 사람들의 삶과 사랑이야기 등 중도입국청소년들이 편안하게 접근할 수 있는 내용을 중심으로 개발하도록 한다. 이때 학습내용에 따른 시각자료를 풍부하게 수록하도록 하고 내용 서술은 중도입국청소년의 눈높이에 맞춰 이야기 형식으로 재구성하도록 하며, 수업 중에 활동할 수 있는 내용을 다채롭게 수록하도록 해야 한다. 참고로 TOPIK 3급, 4급 수준은 한국어를 읽고 쓰는 것이 조금은 숙달되고, 한국에

---

119) 강선주, 『역사교육 새로보기』, 한울아카데미, 2015, p.49.

관한 배경지식도 어느 정도 습득된 상태이므로 한국사를 본격적으로 학습하는데 적절한 시기이다. 따라서 본 연구에서는 TOPIK 3급, 4급 수준에 맞추어 이들이 활용할 수 있는 한국사 심화교재를 개발해 보도록 하겠다.

우선 중도입국청소년을 위한 한국사 심화교재의 단원 구성 체제부터 살펴보면 매 단원별로 도입부, 본문 내용, 마무리 단계로 구성된다. 그리고 매 단원마다 부록으로 현장체험학습 관련 내용이나 한국을 대표하는 문화유산, 단원 본문 내용에 싣지 못했던 내용 등을 추가해서 소개하는 내용을 수록하도록 한다. 도입부에서는 '들어가기' 코너를 설정해서 본격적인 학습 전에 주의를 환기시키고, 배경지식을 활성화하도록 돕는다. 특히 '들어가기' 코너는 그림 자료와 함께 제시하도록 하고, 짧은 동영상 자료를 활용해서 학생들이 학습할 내용을 추측할 수 있도록 한다. 아울러 간단한 '대화'를 구성해서 학생들이 학습할 주제에 대해서 명확하게 알 수 있도록 한다.

본문내용은 먼저 단원에서 배워야할 학습 어휘를 제시해 주도록 한다. 학습어휘는 모국어나 그림 자료와 함께 제시해 주도록 한다. 다음으로 본격적인 학습내용으로 들어가게 되는데, 본격적인 학습내용은 3~4개 정도의 주제로 구성하도록 하고, 본문 내용을 구성할 때는 최대한 글의 내용을 줄이고, 그림을 풍부하게 수록하는 방향으로 구성하여 학생들이 학습할 내용을 이해하기 쉽도록 한다. 그리고 각 주제별로 수업 중에 활동할 수 있는 내용을 풍부하게 수록하도록 한다. 요컨대 구석기 시대의 생활을 학습한 후에 구석기인의 하루 일과를 짜보게 하거나 신석기 시대의 생활을 학습한 후에 빗살무늬토기를 만들어 보도록 하는 것이다. 그리고 각 주제별로 내용 이해에 도움이 될 수 있는 영상자료나 그림 자료 등 시각적인 자료를 제공해 주도록 한다. 아울러 본문 내용의 마지막에 단원별로 생각할 만한 질문을 던지고 글쓰기를 할 수 있는 시간을 가지도록 한다.

단원 마무리에서는 학습한 내용을 정리하는 단계로 한국어가 서툰 중도입국청소년들의 학습에 도움이 될 수 있도록 '어휘연습'과 '문장배열', '말하기와 글쓰기 활동', '그림을 보고 내용 유추하기' 등 다양한 항목들을 개발해서 풍부하게 수록할 필요성이 있다. 이를 정리하면 〈표 10〉과 같다.

〈표 10〉 한국사 심화 교재단원 구성 체제

도입단계	들어가기	○ 배경지식 활성화 목적으로 제시 ○ 그림 자료와 함께 제시
	대화	○ 간략한 대화를 활용해서 학습내용 방향 제시
본문내용	학습어휘	○ 단원별 핵심 어휘 제시
	학습내용	○ 3~4개 정도의 주제로 학습 내용 제시
	학습활동	○ 1개의 주제별로 1개의 학습활동 제시
	생각하는 질문	○ 본문 마무리에 단원별 1개의 질문 제시
마무리	어휘연습문항	○ 학습 어휘 확인 문항 제시
	문장배열	○ 문장을 순서대로 배열하는 문항 제시
	말하기와 글쓰기	○ 그림을 제시해 주고 그림 내용을 말하거나 글로 쓰는 문항 제시
	학습내용 확인문항	○ 학습내용 확인 문항 제시
더 배우기	○ 단원과 관련된 현장체험학습 지역이나 한국을 대표하는 유형·무형의 문화유산, 놀이문화, 세시풍속 등을 소개	

나. 단원 내용 조직

역사는 인간 경험의 총체로서 그 내용이 방대하므로 역사 수업에서 모든 역사적 사실과 사건을 교육내용으로 다룰 수 없다. 이에 적절한 역사 내용을 선별하여 학습 대상으로 결정하는 기준을 마련하는 것이 매우 중요하다. 역사교육내용을 구성하는데 중요한 것은 범위와 순서, 즉 어떤 내용을 학습할 것인가, 그리고 이를 어떤 순서로 학습할 것인가 하는 문제이다. 여기서 역사 내용의 범위를 정하는 것은 역사 지식의 특성만이 아니라 학습자의 인지 수준을 고려하여 학습자의 발달단계에 적합한 자료를 제시하여야 한다.[120]

중도입국청소년을 위한 역사교육내용은 이들의 한국어 수준과 학습동기, 학습 흥미도, 모국과의 관계, 이주배경, 모국의 현실상황 등을 세심하게 고려해서 역사교육내용을 선정할 필요가 있다. 그렇다면 구체적으로 무슨 내용을 어떤 방식으로 조직하는 것이 중도입국청소년에게 효과적일까?

필자는 역사교육의 전통적인 내용조직 방법인 통사적 방법, 즉 시대순에 따라 고대사를 먼저 배열하고 이어서 고려, 조선, 근대, 현대순으로 내용을 구성할 것을 제안한다. 역사는 시간의 흐름에 따른 변화를 다룬 학문이므로 시대순에 따라 학습하는 것이 역사를 이해하는데 쉬우며, 역사의 본질에도 적합하다.[121] 아울러 앞서 살펴보았듯이 시대에 따른 중요한 사건이나 인물, 문화, 생활 등과 관련된 내용을 모국 역사와 연계하여 간략한 이야기 형식으로 재구성하여 제시할 것을 제안한다. 주지하다시피 이야기 형식의 역사 서술은 어린 학생들의 인지구조에 적합하고 이들의 학습 흥미를 자극하는데 도움을 주는 것으로 널리 알려져 있다. 이는 한국어가 서툰 중도입국 청소년들에게도 유사하게 적용될 수 있다. 실제로 중도입국 청소년을 위한 한국어 문화 교육현장에서는 전래동화를 수

---

120) 최상훈 외, 앞의 책, p.82.
121) 김한종, 앞의 책, pp.137~139.

업에 활용하는 방안이 활발하게 논의되고 있는데 이는 이야기형식의 서술이 이들에게 유용함을 입증하는 실례이다.[122]

이에 필자는 중도입국청소년을 위한 한국사 심화교재의 교육내용을 〈표 11〉과 같이 조직하였다. 본 연구에서는 선사시대부터 조선시대까지의 내용으로 한정해서 제시하였다.

〈표 11〉 한국사 심화교재 단원 내용

단원	학습 내용과 학습활동	생각하는 질문	더 배우기(부록)
I. 선사시대의 생활모습	○ 구석기인의 삶의 내용을 **동영상**으로 보여준 후 자신이 구석기인이라고 생각하고 일일 계획표를 짜보고, **발표**하게 하기 ○ 신석기시대 사람들의 삶의 모습을 **동영상**을 활용해서 설명하고, 신석기인의 생활을 **마임**을 활용해서 표현해 보게 하기 ○ 청동기 시대의 삶의 모습을 구석기와 신석기 시대의 삶의 모습과 비교하면서 차이점을 찾아내게 하기 ○ **현재의 삶과 선사시대의 삶의 모습을 비교해 보기(모국어를 활용해서 글쓰기)**	○ '농업혁명은 인류를 이전에 비해 훨씬 풍요롭게 만들었는가?' (글쓰기)	○ 고인돌을 만드는 동영상을 보여주고, 한국의 고인돌이 유네스코 세계문화유산임을 소개하기

122) 고경민, 「아시아 전래동화의 비교를 통한 한국문화교육 방안:전래동화의 문화콘텐츠 활용을중심으로」, 『동화와 번역』 24, 2012 ; 김영주, 「전래동화 스토리텔링을 활용한 한국어교육 방안-다문화 및 재외동포 가정 아동을 중심으로」, 『새국어교육』 80, 2009 ; 김윤주, 「재외동포 아동학습자용 한국어 교재 개발 방안 연구」, 『한국어교육』 21, 2010.

단원	학습 내용과 학습활동	생각하는 질문	더 배우기(부록)
Ⅱ. 신화를 통해 살펴본 고조선	○ 단군신화를 **애니메이션** 자료로 보여주고, 단군신화를 **역할극**으로 표현하게 하기 ○ **베트남의 건국 신화**인 락롱권과 어우꺼 신화를 애니메이션으로 보여주고, 락롱권과 어우꺼 신화를 함께 읽기 (한국어와 베트남어로 표기된 자료 활용) ○ 고조선 신화와 베트남 신화를 **비교해 보기(말하기)** ○ 난생신화와 천손 신화에 대해서 알려주기	○ '나라마다 신화는 왜 만들어졌을까? 당시에 신화는 사람들에게 어떤 영향을 미쳤을까?'(글쓰기)	○ 중국, 몽골 등의 신화를 추가해서 소개하기
Ⅲ. 삼국시대 사람들의 삶과 사랑	○ 삼국시대의 시기별 역사지도를 보여주면서 삼국시대에 관한 기본적인 내용을 정리하기 ○ 김수로와 허황옥에 관한 **이야기 자료를 함께 읽기** ○ 신라 설씨녀와 가실 이야기를 **애니메이션**으로 보여주고, 이야기 자료를 함께 읽기 ○ **중국 맹강녀** 이야기를 한국어와 중국어로 표기된 자료를 활용하여 함께 읽고, 신라 설씨녀와 가실 이야기와 비교해서 말하기	○ '국가는 왜 만들어졌을까? 국가가 발생한 후 사람들은 이전에 비해 행복해 졌을까?'(글쓰기)	○ 황금의 나라, '신라'에 대해서 소개하기

단원	학습 내용과 학습활동	생각하는 질문	더 배우기(부록)
Ⅳ. 천년의 수도, 경주를 품고 있는 통일신라	○ **김춘추와 당태종**이 동맹을 맺는 이야기를 들려주기 ○ 문무왕릉에 관한 이야기 자료를 함께 읽기 ○ 당나라로 떠났던 **최치원**과 **장보고**를 시대적 상황과 함께 소개하고, 최치원이나 장보고의 심정을 모국어로 표현해 보게하기 ○ 고구려 유민출신의 당나라 장군인 **고선지**를 소개하고, 고선지의 심정을 모국어로 표현해 보게 하기 ○ **원효**와 **혜초** 이야기를 애니매이션을 활용해서 소개하고 이야기 자료를 함께 읽고, 원효와 혜초에게 한국어로 편지쓰기	○ 자신이 속한 국가가 자신이 원하는 꿈을 이루는데 도움이 되지 않는다면 어떤 결정을 내리겠는가? ○ 이민을 갈 것인가? ○ 국가가 올바른 방향으로 나아가도록 노력할 것인가?(모국어로 글쓰기)	○ 경주를 소개하는 관광 지도를 제시하기 ○ 학생들이 **직접 답사일정을 세워 보도록 하기**
Ⅴ. 세계 속의 고려	○ '코리아'가 고려에서 나온 이름임을 알려주기 ○ 고려시대를 대표하는 **귀화인**(쌍기, 이용상 등)을 소개하고, 중도입국청소년들이 한국사회에서 이루고 싶은 꿈이 담긴 **명함제작하기** ○ 국제무역항 벽란도의 모습과 고려 최대의 축제 '팔관회'를 소개하고, 이를 홍보하는 광고문을 작성하기 ○ **공민왕과 노국공주**의 사랑 이야기를 소개하고, 한국 속의 몽골 문화를 그림 자료를 보면서 알려주기	○ **노비 만적**을 소개하면서 신분에 대해서 질문을 던지기 ○ 지금은 평등한 사회인지 다시금 생각해 보게 하기	○ 고려를 대표하는 문화를 소개하기 (고려청자, 팔만대장경, 고려불화 등)

단원	학습 내용과 학습활동	생각하는 질문	더 배우기(부록)
VI. 예의를 중시한 나라, 조선	○ '인간 세종'에 대해서 함께 생각해 보고, 세종의 고민을 1인극으로 표현해 보기 ○ '인간 정조'에 대해서 함께 생각해 보고, 정조의 성격을 추측해서 1인극으로 표현해 보기 ○ 조선의 신분제와 직업세계를 알아보고 현재의 직업세계와 비교해 보기 ○ 김홍도의 풍속화를 통해서 당시 사람들의 생활모습에 대해서 이야기 나누기 ○ 신윤복의 단오풍정 그림을 색칠해 보고, 한국의 민속놀이를 소개하기	○ 고려 말 정도전과 정몽주의 선택을 제시해 주고, 나라가 부패했다면 어떤 결정을 내릴 것인지에 대해서 생각해 보게 하기	○ 조선의 수도인 한양의 모습을 소개하고 창덕궁과 종묘는 세계문화유산임을 알려주기 ○ 서울여행 일정을 짜보게 하기

〈표 11〉에서 보듯이 중도입국청소년을 위한 한국사 심화교재는 연대순에 따르는 통사적 접근 방식으로 구성하였고, 중도입국청소년들이 편안하게 내용을 받아들일 수 있도록 이야기를 활용한 인물이나 문화재, 우리나라의 전통문화나 놀이, 중도입국청소년들의 모국과 관련된 역사 등을 학습내용으로 선정하였다.

I 단원 '선사시대의 생활모습'에서는 구석기 시대, 신석기 시대, 청동기 시대의 생활모습을 그림과 함께 간략하게 살펴볼 수 있도록 구성하였다. 아울러 선사시대의 삶과 현재의 삶을 비교해 볼 수 있도록 하였다. 또한 신석기시대에 발생한 농업혁명이 사람들을 이전에 비해서 더욱 풍요롭게 만들었는지에 대해서 생각해 볼 수 있도록 하였다.

Ⅱ단원 '신화를 통해서 살펴본 고조선'에서는 한국 역사상 최초의 나라인 고조선을 소개하고, 고조선의 건국신화인 단군신화를 수록하였다. 단군신화는 신화의 내용이 복잡하지 않고 단순하기 때문에 중도입국청소년들이 이해하기에 쉬운 구조이다. 아울러 베트남의 신화를 알려주고 두 나라의 신화를 분석하도록 하였다. 뿐만 아니라 중국이나 몽골의 신화도 들려주어 중도입국청소년들이 다양한 나라의 신화를 접해 볼 수 있는 기회를 갖도록 하였고, 신화가 왜 만들어졌는지에 대해서 생각해 볼 수 있는 질문을 수록하였다.

Ⅲ단원 '삼국시대 사람들의 삶과 사랑'에서는 삼국시대에 대해서 간략하게 정리하였고, 김수로와 허황옥 등 국경을 뛰어 넘은 사랑 이야기를 중심으로 수록하였다. 아울러 당시 일반 평민들의 삶과 사랑을 보여줄 수 있는 설씨녀와 가실이야기를 수록하였고, 이와 유사한 중국의 이야기인 맹강녀 이야기도 함께 소개하였다. 그리고 국가란 무엇인가에 대해서 생각해 볼 수 있는 질문을 수록하였다. 이는 중도입국청소년들이 국가가 성립된 이유에 대해서 생각해 볼 수 있는 기회를 주고, 국가의 역할에 대해서도 고민해볼 수 있도록 하기 위함이다.

Ⅳ단원 '천년의 수도, 경주를 품고 있는 통일신라'에서는 신라인 김춘추가 당태종과 동맹을 맺고 삼국을 통일한 이야기를 소개하였고, 신라 삼국통일을 완성한 문무왕의 이야기를 수록하였다. 여기서 나·당 동맹은 국가 간의 상호협력의 중요성을 보여주는 역사적인 내용으로 의미가 있고, 문무왕은 신라 삼국통일을 완성한 왕으로서 그 의미가 있다. 한편 장보고와 최치원, 고선지의 경우에는 모국을 떠나서 타국에서 성공한 좋은 예가 될 수 있기 때문에 중도입국청소년들에게는 소개할 말한 가치가 있다. 아울러 원

효나 혜초의 경우에는 사회가 정해놓은 사고의 한계를 뛰어넘어 모험심과 도전정신을 보여준 좋은 예가 될 수 있다. 특히 원효는 마음속에 내재되어 있는 모든 편견을 없애고 사물과 사람을 있는 그대로 보는 것을 중시하였는데, 원효의 이러한 사상은 다문화 교육의 가장 중요한 철학을 담고 있다고 볼 수 있다. Ⅳ단원의 생각하는 질문으로는 국가가 개인의 꿈을 실현하는데 도움이 되지 않는다면 어떤 선택을 할 것인가에 대해서 학생들로 하여금 생각해 볼 수 있도록 하였다. 이는 중도입국청소년들이 국가에 대해서 어떻게 생각하고 있는지에 대해서 진지하게 고민해 볼 수 있는 기회를 주기 위함이었다. 마지막으로 부록에서는 경주관광지도를 보면서 직접 현장체험학습 일정을 만들어 볼 수 있도록 하였다.

Ⅴ단원 '세계 속의 고려'에서는 고려시대의 국제성에 주목하여 고려라는 이름의 유래, 고려를 발전시킨 귀화인, 벽란도와 팔관회 등을 소개하였다. 이는 고려라는 나라의 국제적이고 개방적인 모습을 소개하고, 주변국과도 다양한 교류를 했다는 점을 알려주기 위함이다. 또한 공민왕과 노국공주의 사랑이야기에 초점을 두어 고려와 원과의 관계를 소개하도록 하고, 현재에도 한국사회에 남아있는 몽골의 흔적들을 알려주도록 하였다. Ⅴ단원의 생각하는 질문으로는 노비 만적의 난을 소개하면서 고려시대 신분제도를 간략하게 소개하고, 현실 사회는 평등한 사회라고 생각하는지 학생들이 고민해 볼 수 있도록 하였다. 마지막으로 부록에서는 고려를 대표하는 다양한 문화재들을 박물관에서 관람하는 형식으로 제시하도록 구성하였다.

Ⅵ단원 '예의를 중시한 나라, 조선'에서는 중도입국청소년들에게 가장 잘 알려진 한국의 역사인물인 세종에 대해서 소개하도록 한다. 아울러 정조에 대해서도 소개하였는데, 이는 정조가 어린 시절의 아픔을 견디고 훌륭

한 군주로서의 면모를 보여주었음을 중도입국청소년들에게 알려주기 위함이다. 뿐만 아니라 중도입국청소년들의 흥미를 고려해서 조선의 직업세계를 살펴보도록 하였고, 김홍도와 신윤복의 풍속화를 통해서 조선시대 사람들의 삶의 모습과 당시의 놀이 문화를 엿볼 수 있도록 구성하였다. Ⅵ단원의 생각하는 질문으로는 고려 말 정도전과 정몽주의 이야기를 소개하면서 중도입국청소년들은 고려 말의 상황에서 누구를 지지할 것인지에 대해서 생각해 볼 수 있도록 하였다. 마지막으로 부록에서는 조선시대 한양의 모습을 소개하고 중도입국청소년들이 직접 서울 여행 일정을 짜볼 수 있도록 구성하였다.

2. 교재 내용에 따른 교수전략

2-1. 고대

가. 선사시대

선사시대에 관한 내용은 중도입국청소년들처럼 한국어가 서툰 학생들이 가장 쉽게 접근할 수 있는 단원이다. 복잡하게 구성되어 있는 사건도 없고, 어려운 용어로 가득한 제도에 관한 내용도 없으며, 왕들의 이름을 외우지 않아도 된다. 선사시대 단원은 학생들에게 한국역사를 편안하게 시작할 수 있도록 길잡이 역할을 해준다.

Ⅰ단원 '선사시대의 생활모습'에서 학습 내용별 교수전략을 구체적으로 살펴보면 우선 본격적인 수업 내용에 들어가기 전에 중도입국청소년들의 모국어를 활용하여 중요한 학습 어휘를 정리해 주도록 한다. 예컨대 '선사

시대', '구석기', '신석기', '청동기', '도구', '토기', '사냥', '농경', '계급', '동굴', '빗살무늬토기', '고인돌' 등의 학습 내용어와 '시작하였다', '만들었다', '머무르다', '풍부해졌다', '발생하였다', '늘어났다' 등의 학습 도구어를 정리해 주어야 한다.[123] 이때 중요한 학습 어휘를 그림으로 제시해 주고 글씨를 쓸 수 있도록 교재를 구성하도록 한다. 이와 관련한 예는 〈그림 9〉와 같다.

〈그림 9〉 학습 어휘 제시의 예[124]

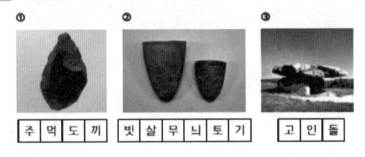

2 다음 그림을 보고, 유물의 이름을 따라 적어보세요.

① 주 먹 도 끼   ② 빗 살 무 늬 토 기   ③ 고 인 돌

---

123) 학습 도구어는 ① 학습 활동을 안내하는 어휘 ② 여러 교과서에서 두루 나타나는 어휘 ③ 사고 기능을 돕는 어휘 등을 의미하고, 학습 내용어는 ① 특정 교과 관련 개념 어휘 ② 특정 교과에 집중적으로 나타나는 어휘 등을 뜻한다.(최근애 외, 「다문화 가정 학생의 학습 한국어 이해 실태 연구」, 2013, p.388 참조) 중도입국청소년들에게 한국사를 가르칠 때 단원 내용으로 본격적으로 들어가기 전에 학습어휘를 정리해 주도록 하는데, 여기서 학생들에게 정리할 학습어휘를 정할 때 교사가 학생들의 수준과 활용하는 교재에 맞게 융통성 있게 정하도록 한다. 본문에서 제시한 학습어휘는 예시를 보여주기 위해 임의로 정한 것이다. 따라서 다음 단원부터는 학습어휘는 별도로 제시하지 않도록 하겠다.
124) 2절에서 제시하고 있는 그림 자료는 2018년도에 구로구청 후원과 화원복지관 주최로 진행되었던 중도입국청소년을 위한 한국사 교재 개발 사업의 일환으로 만들어진 교재이다. 교재 내용 개발은 필자가 직접 참여하였다. 하지만 저예산과 당시 필자의 부족한 견해로 만들어진 교재여서 내용 면이나 형식 면에서 상당히 부족한 교재임을 솔직히 고백한다. 특히 중요한 어휘에 대한 모국어 병기를 하지 않은 것과 시대별 내용 서술이 빈약한 점 등이 가장 큰 문제점으로 지적될 수 있겠다. 향후 본 연구를 바탕으로 한국어 전문가와 이중 언어 전문가들의 협력하에 훌륭한 교재가 만들어 질 수 있기를 기대해 본다.

구석기 시대와 신석기 시대를 설명할 때는 EBS 동영상 자료 '구석기 시대'와 '뾰족그릇의 비밀'을 활용하면 학생들이 수업내용을 이해하는데 도움이 된다. 특히 신석기 시대와 관련된 영상 자료인 역사채널e '뾰족그릇의 비밀'은 빗살무늬토기를 만드는 방법도 화면으로 볼 수 있기 때문에 학생들이 신석기인들의 생활모습을 상상하면서 흥미롭게 학습할 수 있다. 아울러 청동기 시대의 대표적인 유적인 고인돌을 설명할 때는 문화재청에서 제작한 헤리티지 채널 '고인돌' 영상자료를 활용하면 고인돌의 제작 과정도 알 수 있고, 청동기 시대 삶의 모습을 상상하는데 도움이 된다. 여기서 중도입국 청소년들의 역사적 이해를 돕기 위한 영상 자료를 활용할 때는 영상이 5분 이내의 짧은 내용일수록 좋고, 내레이션 중심의 영상물은 활용하지 않도록 한다. 한국어가 서툰 중도입국청소년들에게 내레이션 중심의 영상물은 어렵게 느껴지기 때문이다.

I 단원에서 중요하게 다루어야 할 내용은 청동기 시대의 대표적인 유적인 '고인돌'에 관한 부분이다. 따라서 이 부분은 별도로 부록 코너를 활용해서 깊이 있게 학습할 수 있도록 하였다. 여기서 한국의 '고인돌'이 세계문화유산임을 알려주도록 하고, 한국 고인돌 유적지에서 유럽인의 유전자가 발견되었음을 상기시켜 주는 것이 중요하다. 또한 '고인돌'과 같은 거석을 숭배하는 문화는 세계 곳곳에 나타나고 있음을 설명해 주도록 한다. 고인돌 유적지에서 발견된 유럽인의 유전자는 이주와 국가 간의 교류는 인류의 시작부터 진행되어온 자연스러운 과정임을 중도입국청소년들에게 알려줄 수 있는 기회를 제공한다. 아울러 세계 곳곳에 다양한 거석문화가 보이는 것을 통해서 인류 문화의 다양성과 보편성에 관해서 알려줄 수 있다. 한편 I 단원에서는 신석기 시대 농경의 시작이 그 이전에 비해서 인류의 생활을 훨씬

더 풍요롭게 만들었는지에 대해서 생각하는 질문을 던져보도록 한다. 이때 유발하라리 『사피엔스』의 내용을 쉽게 정리하여 학생들에게 제공해 주면 도움이 된다.[125] 이는 학생들의 비판적 사고를 함양하는데 도움이 될 것이다. 마지막으로 단원의 마무리는 선사시대에 관한 내용을 마인드맵으로 정리하도록 하여 학생들이 학습한 내용을 스스로 정리해 보도록 한다. 그리고 교사는 문답식 수업을 활용하여 학생들의 학습상황을 점검하도록 한다. 중도입국청소년들을 대상으로 문답식 수업을 진행할 때는 교사가 발문을 짧고 천천히 진행하도록 유의하고, 학습자가 아는 바를 명확히 표현할 수 있도록 충분한 시간동안 기다려 주도록 한다. 그리고 학습자에게 중요한 어휘를 던져주고 어휘를 활용해서 짧은 문장으로 만들어서 대답하게 하는 것도 문답식 수업의 좋은 학습 방안이 될 수 있다. 이때 학생의 한국어가 서툴 경우에는 모국어로 대답할 수 있도록 한다. 하지만 학생에게 자신이 대답한 모국어를 다시 한국어로 번역해서 말할 수 있도록 기다려 줄 필요가 있다. 대체로 문답식 수업은 각 단원별 학습이 마무리된 후 단원별 중요한 학습내용과 어휘를 점검하는 차원으로 진행하거나 새로운 단원이 시작될 때 지난 시간에 배운 단원 내용을 복습하는 차원에서 활용하면 도움이 된다.

나. 고조선과 삼국시대

중도입국청소년들은 고조선과 삼국시대 단원부터 한국사 학습에 어려움을 느끼기 시작한다. 따라서 중도입국청소년들이 한국사 학습에 흥미를 잃지 않도록 하는 것이 중요한데, 이를 위해서는 어려운 제도나 왕들의 업적

---

125) 유발하라리저, 조현욱 역, 『사피엔스』, 김영사, pp.120~129.

에 치중해서 가르치기 보다는 이 시대에 전해지는 신화나 인물이야기, 또는 문화사 중심의 역사를 가르치는 것이 도움이 된다.

Ⅱ단원에서는 우선 한국을 대표하는 건국신화인 단군신화를 소개해 주고, 단군신화를 역할극으로 표현해 볼 수 있도록 내용을 구성하였다. 아울러 베트남의 건국신화를 한국어와 베트남어로 쓰여진 자료를 활용하여 함께 읽고, 단군신화와 공통점을 분석해 보도록 하였다.[126]

신화는 한 나라 혹은 한 민족에게 오래전부터 전승되어 오는 신을 둘러싼 이야기다. 비현실적이고 비과학적인 신화에 대해 현대인들은 자신의 삶과 무관하고 누군가의 필요에 의해 지어진 창작물로만 생각하는 경향이 있다. 하지만 신화는 '우리는 누구이며, 어디에서 왔고, 어디로 가는가?'라는 철학적인 질문을 담고 있고, 신화에는 집단이나 민족의 삶과 문화가 반영되어 있다.[127]

신화를 가르칠 때는 한국의 신화에는 북방지역에서 주로 나타나고 있는 천손신화와 남방지역에서 주로 나타나고 있는 난생신화가 동시에 보이고 있다는 것을 알려줄 필요가 있다. 이는 한국의 신화가 북방지역과 남방지역의 문화가 융합되어 나타나고 있음을 알려줌으로써 문화란 서로간의 영향을 주고받으면서 형성된다는 것을 학생들에게 상기시켜 주도록 하기 위함이다. 또한 지금까지 단일민족의 상징이었던 단군신화를 조화와 공존의 상징으로 재해석해서 알려줄 필요가 있다. 아울러 나라마다 신화가 왜 만들어졌을까에 대해 생각하는 질문을 던지고 이에 대한 학생들의 의견을 모국어

---

126) 학급에 중국학생이 많으면 중국신화를 자료로 활용하도록 하고, 러시아계통의 학생이나 몽골학생이 많으면 러시아나 몽골의 신화를 자료로 활용하면 된다.
127) 권의신 외, 『초등 역사 수업의 길잡이』, 책과함께, 2012, p.110.

를 활용하여 자유롭게 표현해 보도록 한다.[128] 이때 유발하라리의 『사피엔스』내용을 쉽게 정리하여 학생들에게 제공해 주면 도움이 된다.[129] 아울러 부록에서는 중국 신화, 필리핀 신화, 몽골 신화 등을 학생들에게 알려주어 친구 나라의 문화를 접할 수 기회를 가지도록 한다.[130]

뿐만 아니라 중도입국 청소년을 위한 한국사 수업에 역할극을 활용하면 한국어가 서툰 학습자들의 듣기·말하기 능력의 향상과 더불어 한국사 수업에 흥미를 일으킬 수 있다. 예를 들어 내러티브가 명확한 단군신화를 역할극으로 표현해 보게 하면 학습자들은 수업에 적극적으로 참여하는 경향을 보인다.

다음으로 III단원 '삼국시대 사람들의 삶과 사랑'에서는 앞서 설명했듯이 고구려, 백제, 신라왕들의 업적들을 나열하면서 중도입국청소년들에게 다가가면 학생들은 학업을 포기하고 말 것이다. 중도입국청소년들에게 한국사를 가르칠 때 가장 경계해야 하는 것 중의 하나가 교과서 속에 있는 광범위한 내용을 이들에게 전부 가르치고자 하는 욕심을 갖는 것이다. 교사는 교과서로부터 자유로워져야 한다. 교사는 학습목표를 이들의 수준에 맞게 적절하게 세울 필요가 있다. 예컨대 삼국시대에서 삼국을 정확하게 기억하게 하고 아울러 이 시기에 전해지는 삼국시대 사람들의 삶의 이야기를 들려주어 중도입국청소년들이 편안하게 학습내용을 받아들일 수 있도록 초점을

---

128) 모국어를 활용한 글쓰기와 말하기 내용에 대한 통·번역은 동일 언어를 사용하는 또래친구의 도움을 받거나 이중언어교사의 도움을 받도록 한다.
129) 유발하라리저, 조현욱 역, 앞의 책, pp.155~166.
130) 본 연구에 참여한 학생들은 10명이 중국학생이고, 3명이 베트남 학생, 그리고 1명이 필리핀학생이다. 이에 학생들의 나라에 맞추어 신화를 소개하였다. 따라서 교재를 구성할 때도 중도입국학생이나 다문화가정 배경의 학생들의 나라에 맞추어 신화를 소개하면 좋을 것이다.

맞출 필요가 있다.

예를 들어 가야왕 김수로와 인도 공주로 추정되는 허황옥의 결혼이야기는 국경을 넘은 따뜻한 사랑이야기로 학생들이 흥미로워 하는 대목이다.

'생각하는 질문'에서는 삼국시대 수업에서 '국가'라는 것에 대한 질문을 학생들에게 던져주는 것도 의미가 있다고 판단된다. 모국을 떠나서 한국에서 생활하는 중도입국청소년들이 국가를 어떻게 생각하는지도 알아볼 수 있고, 국가라는 것이 만들어지게 된 배경에 대해서도 생각해 볼 수 있다. 이때는 교사는 학생들의 생각을 도울 수 있는 자료를 제공해 주어야 한다. 마지막으로 부록에서는 역사채널e '황금의 나라, 신라'를 동영상 자료를 활용해서 신라의 황금문화를 소개해 주도록 한다. 특히 당시 신라는 아랍 사람들에게 이상향으로 묘사되었던 곳이었음을 알려주는 것도 흥미로운 대목일 것이다.

삼국시대까지 수업이 전개되었으면 선사시대부터 배운 내용을 다시 한번 정리하는 시간을 갖도록 하고, 이때는 앞서 제시했던 모둠별 문답식 퀴즈게임을 활용하는 것이 학생들이 학습내용을 정리하는 데 도움이 된다. 교사는 학생들이 반드시 기억해야할 학습 내용어와 학습 도구어를 정리해서 모둠별로 나눠주고, 이를 또래교수를 통해서 학습 어휘를 숙지하도록 한다. 그리고 문답식 수업을 활용하여 모둠별 퀴즈게임을 진행하도록 한다. 문답식 수업 방식의 모둠별 퀴즈게임은 학생들이 단원 내용에서 어떤 것이 중요한지를 다시 한 번 정리할 수 있는 기회를 제공할 것이다.

다. 남북국 시대

Ⅳ단원 '천년의 수도, 경주를 품고 있는 통일신라'에서는 삼국시대와 마

찬가지로 인물이나 문화와 관련된 내용을 중심으로 수업을 진행하는 것이 중도입국청소년의 한국사 학습에 도움이 된다. 특히 역사교육에서 인물학습은 학생들로 하여금 친밀감을 가지고 역사에 접근할 수 있는 계기를 마련해주고, 역사인물을 통해서 시대 상황과 역사 현상을 이해하는데 도움을 준다.

주지하다시피 통일신라는 당나라와 깊은 관련을 맺고 있다. 따라서 중국 학생들이 다수를 차지하고 있는 교실 상황이라면 당과의 관계를 부각시킬 필요가 있다. 이때 김춘추가 당태종과 손을 잡고 삼국을 통일한 이야기를 국가 간의 동맹에 초점을 맞추어 설명해 주도록 한다. 즉 한국의 역사에서는 나·당 동맹을 외세에게 의존해서 통일을 이룬 것을 부각시켜 부정적인 관점으로 서술되는 경향이 있는데, 이를 각각의 나라가 위기 상황에서 동맹을 통해서 위기를 극복해 가는 과정으로 해석할 필요가 있다. 또한 이후에 일어나는 나·당 전쟁에 관한 설명은 당나라의 한반도에 관한 야욕에 초점을 맞추어 설명하기 보다는 삼국시대에도 고구려와 백제, 신라 간에 서로 동맹을 맺기도 하고 국가 간의 이익에 의해서 결렬되기도 했듯이 신라와 당나라와의 관계도 삼국의 상황과 동일한 입장에서 바라볼 필요가 있다는 것을 알려줄 필요가 있다. 다만 국가 간의 관계에도 이익보다는 신뢰가 중요하다는 것을 언급할 필요가 있겠다.

다음으로 문무왕릉에 관한 내용을 살펴보면 문무왕은 신라가 삼국통일을 완성한 왕이라는데 의미가 있고, 아울러 문무왕이 동해바다에 묻히게 된 이야기가 학생들에게 흥미로운 수업 소재가 될 수 있다. 특히 중도입국청소년들과 실제로 현장답사를 가게 되면 문무왕릉 유적지가 있는 곳은 동해바다를 볼 수 있는 곳이어서 학생들은 한국의 바다를 맘껏 즐기면서 문무왕릉을

기억하게 되니 일석이조의 효과를 거둘 수가 있다.[131]

원효를 중도입국청소년들에게 소개하는 것은 원효가 한국을 대표하는 승려이기도 하지만, 원효가 해골 속에 담긴 물을 마신 일화가 학생들에게 흥미를 줄 수 있기 때문이다. 그리고 경주를 가면 원효와 관련된 사찰인 분황사도 있고, 경주 교촌마을에는 원효와 요석공주의 사랑의 이야기가 전해오는 월정교도 있다. 어렵고 무겁게만 느껴지는 문화유산에 관한 내용을 학생들이 편안하게 받아들이게 하는 방법은 그들이 흥미로워하는 주제에 문화유산 이야기를 연결 짓는 것이다. 원효가 귀족이 향유하던 불교, 어려운 경전 속에 갇혀 있던 불교를 일반 사람들도 누구나 향유할 수 있는 불교로 만든 것에 우리는 늘 주목할 필요가 있다. 원효는 가장 쉬운 것이 사람들의 마음을 움직일 수 있는 소중한 진리임을 보여준 것이다.

최치원과 장보고는 당나라에서 학자와 무인으로 각각 성공을 거둔 인물이다. 최치원의 경우는 어린 시절 당나라로 유학을 떠나 당나라 최고의 명문장가로 이름을 알린 인물이고, 장보고도 스스로가 처한 현실에 안주하지 않고 자신의 삶을 도전정신으로 개척한 인물이다. 최치원과 장보고는 당나라와 깊은 관련성을 맺고 있는 인물이기에 중국학생들에게 흥미를 끌기에 충분한 소재가 될 수 있고, 특히 이들은 신라말기라는 암울한 시대적 배경 속에서 주어진 시대에 절망하지 않고, 세상을 바꿔보고자 하는 열정을 가진 인물들임을 강조할 필요가 있다.

---

131) 2019년 6월 17, 18, 19일 학생들과 함께 경주 현장답사를 하고 나서 답사지 중 가장 기억에 남는 곳이 어디였는지에 관한 질문에 학생들의 대부분이 문무왕릉이라고 대답했다. 그 이유는 친구들과 함께 바다를 보는 것이 좋았기 때문이라고 대답했다. 수업시간에 배웠던 문무왕릉 이야기가 떠올랐기 때문이라는 답변을 들었으면 더욱 의미가 있었겠지만 이들이 좋아하는 것을 중심으로 역사적인 이야기를 들려주는 것이 더욱 의미있는 것이라는 판단이 들었다.

고선지는 멸망한 고구려 유민으로 당나라 명장으로 이름을 떨친 인물이다. 이는 최치원, 장보고와 더불어 어려움을 극복하고 타국에서 성공한 좋은 예가 될 것이다. 이는 모국을 떠나 심리적으로 불안한 상태에 놓여있는 중도입국 청소년들이 한국사회에 적응하고 한국사회에서 어떻게 살고 싶은지 고민해 볼 수 있는 계기를 제공해 줄 것이다.

한편 최치원과 장보고, 고선지에 관한 내용을 학습한 후 중도입국청소년들에게 '국가'라는 것이 국가 안에 살고 있는 사람들의 꿈을 지지해 주지 않는다면, 과연 어떤 선택을 해야 할까? 라는 질문을 던져볼 필요가 있다. 이는 중도입국청소년들이 국가와 자신의 관계에 대해서 고민해 볼 수 있는 기회를 제공해 줄 것이다.

마지막으로 Ⅳ단원의 부록에서 신라 천년의 수도인 경주의 다양한 문화유산들을 소개하고, 학생들이 직접 경주 답사 일정을 짜보도록 한다. 여기서 신라를 대표하는 문화유산이면서 유네스코 세계문화유산인 불국사는 '지식채널e'를 활용하고, 석굴암은 'EBS 문화유산 코리아'를 활용하여 학생들에게 보여주도록 한다. 아울러 불국사와 석굴암을 지은 김대성에 관한 이야기를 들려주어도 좋다. 여기서 신라를 대표하는 문화유산에 관한 내용은 이야기 자료와 함께 학습할 수 있도록 한다. 〈그림 10〉은 석가탑과 관련되어 내려오는 이야기인 아사달과 아사녀에 관한 내용을 중도입국청소년의 눈높이에 맞춰 재구성한 예다.

<그림 10> 석가탑 이야기[132]

아사달은 탑(塔, tháp)을 만들기 위해서 사랑하는 아내(妻,Vợ)인 아사녀와 헤어졌어요.(离开, Chia tay)

어느 날, 아사녀는 아사달이 보고 싶어서 아사달이 있는 불국사(佛国寺, Chùa Bulguk)로 찾아 갔어요. 그러나 탑이 완성되기 전까지는 아사달을 만날 수 없다고 했어요. 아사녀는 불국사 근처에 있는 연못(池, ao sen)에서 탑이 완성되기만을 기다렸어요.(等, Đợi chờ)

"탑이 완성(完成, Hoàn thành)되면 연못에 탑의 그림자(影, Cái bóng)가 비칠 거야. 그러면 아사달을 만날 수 있어"

하지만 오래도록 기다려도 연못에 탑의 그림자가 보이지 않았어요.
아사녀는 아사달이 너무 보고 싶어서, 연못에 빠져 죽고 말았어요.
탑이 완성된 후, 아사달은 아사녀가 기다리고 있다는 연못으로 달려갔어요.

중도입국청소년들에게 이야기 자료를 제시할 때는 이들의 한국어 수준을 고려하여 내용을 간략하게 재구성하도록 하고, 어려운 용어는 모국어로 표기해 주며, 그림 자료를 함께 제시하도록 한다. 한국사에 대한 배경지식이 부족한 중도입국청소년들의 경우에는 그림 자료를 통해서 내용을 추측해 볼 수 있기 때문이다. 그림 자료가 없다면 내레이션이 많지 않은 애니메이션으로 구성된 영상자료를 보여주어도 학습에 도움이 된다.

신라를 대표하는 문화유산을 배우고 나면 문화유산에 대해서 학생들이 직접 한국어와 모국어로 소개하는 글을 작성해 보도록 한다. 그리고 모국의 역

---

132) 중국어와 베트남어를 본문 내용에 병기한 것은 본 연구에 참여한 학생이 주로 중국과 베트남학생들이기 때문이다. 필리핀에서 온 학생은 한국어가 매우 능숙해서 별도의 언어를 표기하지 않았다. 참고로 필리핀 학생의 경우에는 모국어를 표기할 때 영어를 사용하면 된다.

사도시를 친구들에게 소개하는 글을 작성할 것을 과제로 제시하도록 한다.

2-2. 고려시대

고려시대는 한국사에서 그 어느 시기보다 대외관계가 활발하게 전개되었고, 다양한 종교와 사상이 공존하였으며, 개방적인 정책으로 인해 많은 외국인들이 귀화하여 새로운 문화를 창조한 시기이다. 예컨대 고려시대에는 적극적인 귀화정책을 실시한 결과 발해인을 비롯한 많은 외국인들이 고려에 들어왔다. 당시 고려가 귀화인을 적극적으로 받아들인 목적은 고려의 국력을 키우기 위함인데 실제로 고려는 귀화인을 사회 깊숙이 받아들여 이질적인 문물을 흡수하고 발전시켜 더욱 융화되고 성숙한 사회를 만들었다. 뿐만 아니라 국제 무역항인 벽란도와 외국인과 함께 즐겼던 고려의 대표적인 축제인 팔관회를 통해서 고려가 다른 나라와 활발하게 교류한 국제적이고 개방적인 나라였음을 알 수 있다. 이외에도 고려청자, 금속활자, 팔만대장경, 고려불화 등 한국을 대표하는 문화유산이 만들어진 시기이고, 불교·유교·도교·민간신앙·풍수지리설 등 다양한 종교와 사상이 어우러져 공존과 조화를 이룬 시기였다. 또한 여성의 사회적 지위도 조선시대에 비하면 상당히 높았고, 더구나 무신집권기에는 노비 없는 세상을 꿈꾸었던 '만적'과 같은 인물도 등장하였다.

그렇다면 고려시대를 중도입국청소년들에게는 어떻게 가르쳐야 할까?

Ⅴ단원 '세계 속의 고려'에서는 먼저 '코리아'라는 이름이 '고려'에서 나온 것이고, 이 시기에 다른 나라와 활발히 교류하면서 '고려'라는 이름이 세계에 널리 알려지게 되었음을 소개한다. 이 내용은 〈그림 11〉처럼 단원 도입

부에서 '들어가기' 부분에서 제시하도록 한다.

〈그림 11〉 '들어가기' 부분 제시의 예

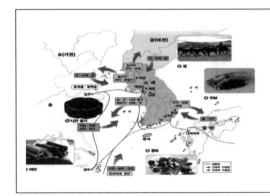

프랑스어로는 꼬레, 독일어로는 코레아, 러시아어로는 까레야, 아랍어로는 코리라부르는 한국의 이름은 모두 다 고려 (Korea)에서 온 이름이란다. 고려시대에 다른 나라와 교류를 활발히 하면서 고려라는 이름이 세계에 널리 알려지게 되었어.

본격적인 내용 부분에서 고려시대의 벽란도와 팔관회는 고려의 국제적인 모습을 부각시킬 수 있는 학습내용 요소이다. 벽란도를 설명할 때는 고려를 대표하는 수출품과 당시 고려가 송이나 거란, 여진, 아라비아 등에서 수입했던 물건 등을 정리해 줄 필요가 있다. 특히 고려를 대표하는 고려청자나 인삼 등을 소개해 주도록 한다. 그리고 학생들에게 고려의 대표적인 수출품을 광고하는 문구를 만들어 보도록 한다. 〈그림 12〉는 벽란도에서 고려의 대표적인 수출품을 광고하는 문구를 만들어 볼 수 있도록 제시한 자료이다.

아울러 팔관회를 설명할 때는 팔관회가 고려시대 최대의 축제이고, 팔관회가 열릴 때마다 벽란도에서는 수많은 외국인들이 몰려오는 등 문화교류의 장이 펼쳐졌음을 알려준다.

고려시대 내용에서 중요하게 다루어야 할 것은 고려시대에는 적극적으로 귀화정책을 펼쳤고, 고려사회 발전에 기여한 귀화인이 많았다는 것을 알려

<그림 12> 학습활동 제시의 예(1)

주는 것이다. 특히 귀화인 중에 고려 광종 때 과거제도 도입에 결정적인 역
할을 했던 중국 후주사람인 쌍기와 베트남 왕족 출신으로 고려에 정착한 이
용상 등을 소개하도록 한다. 이를 통해 중도입국청소년들이 한국사회에서

어떤 모습으로 성장하고 싶은지 그들의 꿈을 설계해 보는 기회를 가져보는 것도 좋을 것이다. 아울러 국경을 넘은 따뜻한 사랑을 나누었던 공민왕과 노국공주를 소개하도록 한다. 공민왕과 노국공주의 이야기는 EBS 5분 동영상 '공민왕'을 보여주면서 설명해 주도록 하고, 이때 고려시대 대몽항쟁에 관한 내용은 아주 간략하게 언급하도록 한다. 여기서 초점을 두고 설명할 것은 고려의 공민왕과 원나라 노국공주의 국경을 뛰어 넘은 사랑 이야기와 고려·몽골과의 교류에 의해 한국에 남아 있는 몽골문화의 흔적들을 알려주는 것이다.

한편 고려시대를 다루면서 무신집권기에 신분해방을 외쳤던 '만적'을 학생들에게 소개해 줄 필요성이 있다. 자신이 처한 불평등한 상황에서 벗어나서 좀 더 나은 삶을 꿈꿨던 '만적'과 같은 인물에 대해서 학생들이 어떻게 생각하는지 질문을 던져 본다. 아울러 모국 역사에서도 '만적'과 같은 인물을 찾아서 소개해 볼 수 있도록 한다. 그리고 현재는 신분차별이 없는 평등한 사회라고 생각하는지 고민해 볼 수 있는 시간을 가져본다. 마지막으로 부록에서는 고려를 대표하는 문화재인 고려청자, 직지, 팔만대장경, 고려불화 등을 박물관을 관람하듯이 소개하고, 특정 문화재를 선정해서 문화재를 보고 떠오르는 생각과 느낌을 적어볼 수 있도록 지도한다.

2-3. 조선시대

조선시대는 중도입국청소년들이 흥미롭게 학습할 수 있는 시기이다. 중도입국청소년들이 한국 역사인물 중 최고로 꼽고 있는 세종대왕과 이순신이 살았던 시대이고, 한국 화폐 속에 나오는 인물들의 대부분이 조선시대 사람들이며, 영화나 TV드라마를 통해서도 자주 접했던 시대이기도 하다.

Ⅵ단원에서는 우선 조선을 대표하는 인물인 세종을 소개한다. 중도입국 청소년들에게 한국 역사인물 중에 누구를 알고 있는지 질문하면 학생들의 대부분은 세종을 언급한다. 그만큼 세종은 다른 나라 사람에게도 널리 알려진 인물이다. 여기서 세종에 대해서 설명할 때는 그의 수많은 업적들을 중심으로 설명하기 보다는 세종의 인간적인 면모에 중점을 두도록 한다. 세종의 아버지인 태종과 할아버지인 태조 이성계와의 갈등, 세종의 아버지와 어머니와의 불편한 관계, 첫째 형인 양녕대군의 탈선, 그리고 엄격한 아버지인 태종의 모습을 지켜보면서 세종의 마음은 어떠했을까 하고 질문을 던져 보는 것이다. 뿐만 아니라 세종이 온갖 병으로 고통 받았다는 점, 세종은 고기반찬을 좋아하고 운동하기를 싫어했다는 점 등 세종에 관한 세심한 부분까지 알려주도록 한다. 아울러 세종이 죽은 후 세종의 둘째 아들인 수양대군이 세종의 손자인 단종을 죽이고 왕이 되었는데, 세종은 무덤에서 이런 모습을 지켜보면서 어떤 마음이 들었을까 하고 학생들에게 질문을 던져 보는 것이다. 이는 우리가 흔히 말하는 위인의 삶에도 많은 아픔이 있었고, 사람에게는 저마다의 고충이 있음을 위인의 삶을 통해서 느낄 수 있도록 하기 위함이다. 아울러 감정이입적 역사이해를 할 수 있도록 돕기 위함이다. 역사는 인간의 행위를 다루는 학문이기 때문에 인간의 본성인 희로애락의 정서가 자연스레 스며있다. 따라서 역사적 행위에 들어있는 인간의 사고를 추적하는 것은 가장 기본적인 역사이해의 방식일 수 있다. 감정이입적 이해가 포함된 역사수업은 학생들로 하여금 역사적 행위를 하게 만든 사고의 과정을 밝게 함으로써 역사의 본질을 이해하고 생생하고 구체적으로 역사적

사실을 학습하는 데 도움을 준다.[133]

정조에 대해서도 마찬가지다. 갓 10살 무렵의 정조는 할아버지가 아버지를 비참하게 죽이는 것을 목격했다는 점, 이후 정조는 자신을 죽이려는 사람들 틈바구니 속에서 살아남아서 왕이 되었다는 점 등을 설명해 주는 것이다. 이 부분을 설명할 때는 영화 '사도'의 장면을 짧게 편집해서 보여주도록 한다. 하지만 정조는 사람을 귀하게 여기는 통치자였음을 EBS 역사채널e '임금의 털모자'를 통해서 보여주도록 한다. 정조가 수원화성을 지을 때 부역노동으로 힘들어 하는 백성들에게 귀한 털모자를 선물하는 장면을 보면서 학생들은 정조의 인간적인 면모를 느낄 것이다.이처럼 세종과 정조의 인간적인 면을 부각시키면서 이들을 소개하도록 하고, 특히 이들을 위인으로 평가할 수 있는 것은 그 무엇보다도 이들이 사람을 사랑하고, 사람을 가장 가치롭게 여긴 점에 있음을 알려주도록 한다. 그리고 세종과 정조의 성향과 그들의 모습을 생각해 보면서 1인극으로 표현해 보도록 한다. 역할극은 학습자가 연기를 통해서 인간이 부딪히는 문제를 탐구하고, 그 연기에 대해 추후 토론을 함으로써 문제를 해결해 가는 학습법이다.[134] 이 과정에서 중도입국청소년들은 역사 속 인물에 대해서 더 깊이 다가갈 수 있을 것이고, 한국어로 표현하는 능력이 향상될 것이다. 아울러 모국의 역사 속에서 모국 사람들에게 가장 존경받는 인물들을 소개하는 글을 작성해 올 것을 과제로 제시하도록 한다.

다음으로 조선의 신분제도와 직업세계를 살펴보도록 한다. 중도입국청소년들이 흥미로워하는 주제 중의 하나가 직업과 관련된 것이다. 이에 조선의

---

133) 김한종 외, 『역사수업의 원리』, 책과함께, 2007. p.320.
134) 김한종 외, 위의 책, p.341.

직업들을 살펴보면서 현재와의 차이점을 비교해보는 것은 의미가 있다. 예를 들어 현재에는 엘리트 직업으로 여기는 통역사나 의사가 조선시대에는 역관이나 의관이라 하여 중인 계층의 직업이었다. 그리고 조선시대에는 노래하고 춤추는 사람을 광대나 재인이라고 하여 천인으로 여겼는데, 지금은 학생들이 가장 선망하는 직업으로 떠올랐다. 이처럼 시대에 따라서 직업에 대한 사람들의 인식이 달라짐을 보여줌으로써 중도입국청소년들이 사회적 기준이 아닌 스스로 잘할 수 있고, 행복해 할 수 있는 일을 직업으로 선택하는데 도움을 줄 수 있도록 한다.

마지막으로 조선 후기 회화작품을 보면서 조선후기의 생활상을 살펴보도록 하는데 여기서 김홍도와 신윤복의 그림은 지식채널e '단원 김홍도의 그림'과 '빨간 수묵화'를 보여주면서 설명해 주도록 한다. 그리고 그림에 나오는 씨름 등의 민속놀이를 학생들에게 체험해 보는 시간을 갖도록 한다. 아울러 김홍도의 '서당도'를 보여주면서 그림 속의 인물들이 어떤 생각을 하고 있을지를 그림을 보면서 한국어로 써볼 수 있도록 지도한다. 학생들은 이 과정에서 그림을 세심하게 보게 될 것이고, 감정을 표현하는 다양한 어휘들을 생각하게 될 것이다. 이와 관련된 예는 〈그림 13〉과 같다.

신윤복의 그림은 '단오풍정'을 중심으로 살펴보도록 하는데 이를 통해 한국의 세시풍속을 설명하는 시간을 가져보도록 하고, 학생들의 모국에서는 설날이나 단오, 추석 때 어떤 놀이를 하고, 어떤 음식을 먹는지에 대해서 이야기를 나눠보는 시간을 갖도록 한다.

Ⅵ단원의 생각하는 질문으로는 고려 말 부패할 만큼 부패한 고려 사회에서 정도전과 정몽주라는 두 지식인의 엇갈린 선택을 학생들에게 알려주고, 학생들은 어떤 결정을 할 것인지 고민해 보는 시간을 가져보도록 한다. 마

〈그림 13〉 학습활동 제시의 예(2)

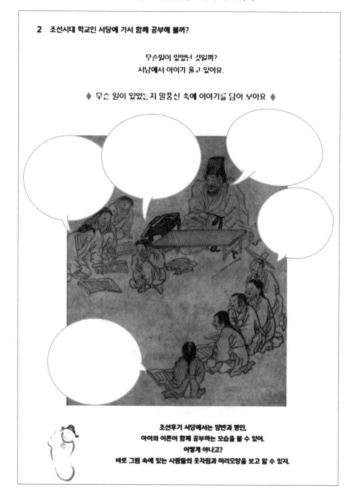

지막으로 부록에서는 조선시대의 조선의 수도인 한양에 대해서 학습해 보
도록 한다. 한양의 구조와 궁궐 건축물들을 살펴보면서 현재의 서울을 이해
할 수 있기 때문이다. 중도입국청소년들에게 조선시대에는 4대문 안을 한

양이라고 했음을 알려주고, 한양 안에 있는 궁궐과 왕실 사당인 종묘, 그리고 북촌과 남촌, 청계천 등이 있었음을 알려준다. 특히 왕실사당인 종묘와 조선 태종 시기에 이궁으로 만들어진 창덕궁은 유네스코 세계문화유산임을 소개하도록 한다. 한양에 대해서 설명할 때는 학생들이 여행하고 싶은 마음이 들도록 해야 한다 예컨대 4대문에서 남대문과 동대문을 설명할 때는 시장과 연계해서 설명하도록 하고, 궁궐을 설명할 때는 한복을 입고 궁궐을 거니는 상상을 하면서 궁궐 안을 느껴보도록 한다. 북촌이나 청계천도 학생들이 즐거운 여행지로 인식할 수 있도록 설명해 주도록 한다. 그리고 학생들에게 모국에서 친구나 친척이 서울을 방문하였을 때 무엇을 보여 주고 싶은지 1박 2일 코스로 여행일정을 짜보도록 한다. 학생들은 여행일정을 짜면서 조선시대 한양뿐만 아니라 서울 구석구석을 찾아보는 시간을 갖게 될 것이다.

이상으로 중도입국청소년을 위한 한국사 교재 내용을 선사시대부터 조선시대까지 구성해 보았고, 내용별 교수전략을 제시해 보았다. 향후 국가별로 교재 내용과 내용에 따른 교수전략에 대해 심도 있게 연구될 필요성이 있겠다.

VI. 결론

최근 들어 한국 사회는 초국적 이주가 급증하면서 다문화 사회로 변모해 가고 있으며 이에 따라 중도입국청소년을 포함한 이주배경학생의 수가 매해 증가하고 있다. 2022년 2월 교육부에서 발표한 보도 자료에 의하면 초·중·고에 재학하는 이주배경학생은 168,645명으로 전체 학생의 3.25%를 차지하고 있다. 이 중에서 외국인 가정의 자녀를 포함한 중도입국청소년은 42,616명이다. 특히, 최근에는 러시아-우크라이나 전쟁으로 인해서 러시아권 학생들이 빠르게 증가하고 있다.

중도입국청소년들은 유년기의 대부분을 모국에서 보냈기 때문에 한국에서 새로운 사회화 과정을 거쳐야 한다. 이들은 언어장벽, 문화차이, 가정환경 등에 있어서 여타 다문화배경 청소년들과 견주어 성장과 자립여건이 척박하며, 이들 중 상당수는 한국 사회에 정착하는데 상당한 어려움을 겪고 있다. 이처럼 언어·문화적으로나 사회적으로 특수한 처지에 놓여 있는 중도입국청소년들에게 한국사를 가르치는 것은 어떤 의미여야 하고, 학습내용을 무엇으로 선정해야 하며, 어떤 교수전략을 활용해야 효과적으로 가르칠 수 있을까?

본 연구에서는 위의 질문에 대한 해답으로 다문화교육의 가장 핵심적이고 중요한 철학적 개념인 공평교수법(Equity Pedagogy)에 주목했다. 공평교수법은 언어·민족·사회·경제적으로 불리한 조건에 있는 소수집단 출신이나 저소득층 학생들의 학교 적응을 돕고 보다 높은 수준의 학업성취를 이룰 수 있도록 학습자의 학습양식에 맞추어 다양한 교수법을 사용하는 것을 일컫는다. 본 연구는 공평교수법의 이론적 토대를 바탕으로 중도입국청소년에게 한국사교육이 갖는 의미를 고민해 보고, 이들을 위한 효과적인 한국사 교수전략과 한국사 교재 개발 방안을 모색하는 것을 목적으로 하였다. 본 연구는 다음과 같은 점에서 중요한 의미가 있다.

첫째, 다문화배경 학생 대상 한국사 교육에 관한 논의가 거의 없는 실정에서 실제 교실 수업에 도움을 줄 수 있는 교수전략과 교재 개발 방안을 제시한 점이다.

둘째, 다문화배경 학생의 급격한 증가에도 불구하고, 여전히 낯선 학습자인 중도입국청소년에 주목하여 이들의 현실과 요구를 반영한 교수전략을 탐색한 점이다.

셋째, 역사교육과 다문화교육의 만남을 이론적 논의를 넘어 실제 교육현장의 생생한 목소리를 반영하여 구체적으로 보여준 점이다.

이런 의미를 지니고 있는 본 연구는 다문화 배경의 학생들에게 역사를 어떻게 가르쳐야 할지 어려움을 겪고 있는 현장교사들에게 실질적인 도움을 줄 수 있을 것이다. 하지만 본 연구의 교육적 효과를 좀 더 높이기 위해서는 다음과 같은 부분들은 계속 연구되어야 할 것이다.

첫째, 중도입국청소년들의 학습 성향을 국가별로 철저하게 분석하여 한국사 교수전략을 탐색할 필요성이 있다.

둘째, 국가 간의 정치적으로 민감한 문제를 다루고 있는 근·현대사를 중도입국청소년들에게 어떻게 가르칠 것인가에 대해 깊이 있게 고민할 필요성이 있다.

모쪼록 본 연구가 민족·언어·사회경제적으로 소수 학습자를 위한 역사교육 분야 연구에 디딤돌이 될 수 있기를 바란다. 나아가 역사교육과 한국어교육, 그리고 다문화교육 간의 학문적 융합을 시도하는데 마중물이 될 수 있기를 바란다.

◈ 2부 ◈

이주배경학습자를 위한 역사교육

1장
이주배경학생을 가르치는
역사교사의 수업 전문성 연구[*]

I. 머리말

최근 들어 한국 사회는 초국적 이주가 급증하면서 다문화 사회로 변모해 가고 있으며 이에 따라 이주배경학생의 수가 매해 증가하고 있다.[1] 2022년 2월 교육부에서 발표한 보도 자료에 의하면 초·중·고에 재학하는 이주배경 학생은 168,645명으로 전체 학생의 3.25%를 차지하고 있다. 주지하다시피 현재 우리나라는 인구절벽 현상으로 인해 전체 학생 수는 매해 감소하는 추세지만 오히려 이주배경학생은 최근 5년간 매년 1만 명 이상 증가하고 있는 실정이다. 특히, 최근에는 러시아-우크라이나 전쟁으로 인해서 러시아권 학생들이 빠르게 증가하고 있고, 베트남 출신의 부모를 둔 학생이 32.4%로 가

---

* 위의 글은 「이주배경학생을 가르치는 역사교사의 수업경험 연구」, 『역사와 교육』 36, 2023에 실린 논문을 바탕으로 논문 제목과 내용을 수정하고 요약하였습니다.
1) 본 연구에서는 중도입국청소년을 포함한 다문화배경의 학생을 이주배경학생이라는 용어로 사용하겠다.

장 많은 비율을 차지하고 있다는 사실에도 주목할 필요가 있다. 문제는 다수의 이주배경학생들은 언어와 문화적인 차이로 인해서 학업적인 어려움을 겪고 있다는 것이다. 특히 역사과목은 방대한 학습량과 어려운 학습용어로 인해서 학업에 상당한 어려움을 호소하고 있다는 것은 이미 다수의 선행연구에서 밝혀진 바이다. 게다가 이주배경학생을 가르치는 역사교사 또한 일반학생을 지도하는 역사교사와 다른 어려움을 겪고 있다. 예를 들면 한국어가 서툰 이주배경학생과 언어장벽을 극복하면서 역사용어를 가르치기 위해 더 많은 애를 쓰고 있고, 국가 간에 정치적으로 민감한 문제나 역사적인 해석이 다른 경우에 직면할 때는 난처한 상황에 처하기도 한다. 더구나 러시아와 우크라이나 전쟁이 한창인 요즘, 러시아와 우크라이나 학생이 함께 있거나 한국 학생들이 다수를 차지하는 교실에서 일본 학생이 있는 경우에 역사교사는 더욱 곤란한 상황에 놓일 수밖에 없다. 따라서 이제는 언어와 문화적으로 다양한 학생들이 차지하고 있는 교실현장에서 역사교사가 수업을 어떻게 할 것인가에 관한 논의가 본격적으로 이루어질 필요성이 있다. 아울러 이주배경학생의 역사학습에 도움을 줄 수 있는 역사수업의 전문성을 갖춘 역사교사, 즉 다양한 배경을 지닌 학습자를 대상으로 역사수업을 기획하고 구성하는 능력을 갖춘 역사교사에게도 관심을 기울일 필요성이 있다.

　이 글에서는 다양한 소수학습자 중 언어·문화적 측면에서 다양한 배경을 가진 이주배경학생에게 초점을 맞추어 이들을 대상으로 역사를 가르치는 교사의 수업 전문성에 대한 논의를 전개하고자 한다. 즉, 언어와 문화가 다른 이주배경학생을 대상으로 역사를 가르치는 교사가 일반학생을 가르치는 역사교사와 달리 더욱 세심하게 고려해야 할 핵심역량과 수업 전문성이 무엇인지를 규명해 볼 것이다. 이를 위해 이주배경학생을 대상으로 역사를 가르친 경험을 가진 교사 6명을 연구 참여자로 선정하여 이주배경학생을 가르치는 역사교사의 수업 전문성에 대해서 심도 있게 논의하였다. 이글은 이주배경학생을 가르치는 역사교사의 핵심역량과 수업 전문성을 규명함으로써 예비교사와 현직교사 교육에 실질적인 도움을 줄 수 있을 것이다. 아울러 이주배경학생을 포함한 다양한 배경을 지닌 소수학습자를 대상으로 하는 역사교육 연구에 적지 않은 시사점을 줄 것으로 기대된다.

II. 연구방법

1. 연구 참여자

본 연구는 문화가 다른 학생을 대상으로 역사를 가르치는 역사교사의 수업 전문성을 규명하는 데 목적을 둔 질적 연구이다. 이를 위해 이들을 대상으로 역사를 가르치는 경험을 지닌 수도권에 거주하는 6명의 현직교사를 연구 참여자로 선정하여 이들의 교육적 경험을 깊이 있게 분석하였다. 연구 참여자로 선정한 교사의 선정 기준은 이주배경학생이 밀집해 있는 지역의 학교 교사이거나 다문화 대안학교에서 역사를 가르치는 교사이다. 이들은 적극적으로 면담에 참여하였으며 학교운영을 이해하는 데 도움이 될 수 있는 자료를 연구자에게 제공하였다. 연구 참여자의 구체적인 정보는 〈표 1〉과 같다.

<표 1> 연구 참여자 정보(2022년 9월 기준)

	A교사	B교사	C교사	D교사	E교사	F교사
성별	여	남	여	남	남	남
연령	29세	37세	48세	29세	31세	51세
근무학교	K중학교	S중학교	D고등학교	D중학교	P고등학교	M중학교
근무지역	경기도 안산	경기도 안산	서울시 종로구	서울시 영등포구	충북 제천	경기도 시흥
학교형태	공립	공립	공립	공립	사립	공립

A교사는 사범대 출신의 신규교사로 안산 단원구에 위치하고 있는 공립학교인 K중학교에 발령받아서 현재 근무하고 있다. 이 학교는 재학생 80%가 이주배경학생인데 그 중에서 국내출생은 10%에 불과하고 다수는 외국인가정의 자녀를 포함하여 중도에 입국한 학생들로 구성되어 있다. 학생들은 주로 한국계 중국인이나 한국계 러시아인이 다수를 차지하고 있고, 이외에도 우크라이나, 우즈베키스탄, 베트남 등 다양한 국적의 학생들이 있다. 한국인 학생은 한 학급에 1~2명에 불과하다. 학생들의 경제적인 상황은 다양하지만 가정형편이 어려운 학생의 비율이 높다. 특히, 편모·편부 가정과 조부모가 대신 양육하는 학생의 비중이 일반 학교보다 높고, 성인보호자 없이 형제자매끼리만 살고 있는 경우도 있다.

B교사는 사범대 출신으로 안산 단원구에 위치하고 있는 공립학교인 S중학교에서 5년째 근무하고 있다. 이 학교는 재학생의 60%가 이주배경학생인데 그 중에서 국내출생은 약 20%이고, 다수는 외국인 가정 자녀를 포함

하여 중도에 입국한 학생들이다. 대체로 러시아, 우즈베키스탄, 카자흐스탄, 키르키스스탄 등 러시아권 학생이 많고, 이외에도 중국, 베트남, 필리핀, 태국, 이집트 등 다양한 국적의 학생들이 있다. 학생들의 가정형편은 K중학교와 유사하다.

C교사는 본 연구의 연구자이자 연구 참여자로 서울 종로구에 위치한 공립다문화 대안학교인 D고등학교에서 강사로 근무하면서 대학에서 역사 교직과목을 강의하고 있다. D고등학교는 2012년에 우리나라 최초의 공립다문화대안학교로 설립되었고, 직업학교로 운영되고 있으며 재학생 모두가 이주배경학생들로 구성되어 있다. D고등학교에는 국내 출생의 이주배경학생은 4명에 불과하고 대부분은 중도에 입국한 학생들이다(2022년 기준). 학생들의 국적은 재학생의 47%가 중국 학생이고 이외에도 베트남, 우즈베키스탄, 러시아, 필리핀, 몽골, 일본, 라오스, 미얀마, 카자흐스탄, 캄보디아, 남아공 등 총 15개 국가의 학생이 있다. 가정형편은 어려운 경우가 다수이고, 많은 학생들이 아르바이트를 하면서 학교에 다니고 있는 실정이다.

D교사는 교사경력 5년(경기도 1년, 서울 4년) 차로, 현재 서울 영등포구에 위치하고 있는 D중학교에서 근무하고 있다. D중학교는 다문화교육 중점학교로 학생들에게 세계문화와 국제이해를 위한 다양한 실제적 체험의 기회를 제공하고 있으며 중도입국학생을 위한 한국어학급도 별도로 운영하고 있다. 이 학교는 학급마다 20%에서 50%가 중국계 학생들로 구성되어 있다. 주로 한국계 중국인(조선족)이 다수며 한족도 있고, 나이지리아나 미국인도 있다. 학생들의 경제적인 상황은 다양하지만 가정형편이 어려운 학생의 비율이 높다. 특히, 편모·편부 가정과 조부모가 대신 양육하는 학생의 비중이 일반 학교보다 높고, 부모 중 한 명이 중국에 있는 경우도 흔하다.

E교사는 사범대를 졸업하고 4년째 충북 제천에 위치하고 있는 사립학교인 P고등학교에서 근무하고 있다. 이 학교는 직업학교이면서 기숙형 학교로 운영되고 있고, 이주배경학생들로만 구성되어 있다. 국내출생의 이주배경 학생은 42%, 중도입국학생은 58%를 차지한다. 학생은 총 130명인데 베트남 58명, 중국 32명, 필리핀 21명 등 13개 국가의 학생들이 분포하고 있다(2022년 기준). 학생들의 경제적인 형편은 어려운 경우가 많다.

F교사는 경기도 시흥에 위치하고 있는 M학교에서 교무부장으로 근무하고 있다. 이 학교는 다문화국제혁신학교로 다문화가정 밀집지역 학생들의 학습권을 보장하는 동시에 국제적 감각을 지닌 글로벌 인재를 양성하고자 교육과정과 학사운영 등에 폭넓은 자율권이 보장된 학교이다. 특히 교과운영을 선택제로 운영하고 있다. 이 학교는 60%가 한국인 학생이고 40%가 이주배경학생이다. 이주배경학생의 국적은 중국, 우크라이나, 우즈베키스탄, 카자흐스탄 등 다양하고 경제적인 형편은 어려운 경우가 많다.

2. 자료수집 및 분석

본 연구의 주된 자료수집 방법은 심층면담이었고, 면담은 2022년 8월부터 11월까지 수행하였다. 심층면담은 질적연구 방법의 하나로 표면적으로 드러나는 인간 행위 이면의 심층적인 의미 세계를 이해하기 위한 방법이다. 그렇기에 단순히 질문에 대한 대답을 얻는 것이 아니라 연구 참여자의 생생한 경험과 그로부터 생성되는 여러 가지 의미를 깊이 있게 분석할 수 있다. 나아가 그 자체로 연구 참여자의 자기성찰에도 기여하여 실제적인 도움을 주기도 한다. 이에 연구 참여자와의 심층면담을 통해 이들이 저마다의 교실에서 길어 올린 문제의식과 고민을 공유하고, 논의하는 과정에서 본 연구 과제인 언어와 문화가 다른 학생을 가르치는 역사교사에게 특별히 요구되는 수업 전문성과 핵심역량을 규명하고자 하였다. 연구 참여자와의 면담은 질문지를 활용한 반구조화된 면담(semi-structured interview)으로 현장에서 1:1로 직접 만나 진행하였다. 면담에서 이주배경학생을 대상으로 역사를 가르치는 데 겪는 어려움, 효과적인 교수학습방안, 이들이 흥미를 느끼는 역사적 내용, 이들을 대상으로 가르치는 역사교사에게 특별히 요구되는 자질과 유의점 등을 구체적으로 질문하였다. 아울러 이주배경학생을 대상으로 하는 역사교육의 목적과 평가 방법, 개선되어야 할 교육환경은 무엇이어야 하는지에 대해서 질문하였다. 개별면담 시간은 대체로 90분 정도에서 120분 정도 소요되었고, 이들과 수시로 전화 통화나 SNS, 이메일을 통해서 연구에 필요한 자료인 현장 텍스트(field texts)를 수집하였다. 현장 텍스트는 이들의 동의하에 녹화하였고, 녹화된 내용은 다시 청취하면서 전사하였다. 전사 자료 검토를 되풀이하여 읽으며 귀납적 코딩으로 분석하고 1차와 2차 코딩을 완성한 후 이를 다시 대주제로 묶었다. 그리고 사전 질문지에 교사가 한 답변 및 인터뷰 녹취록을 비교·대조하여 읽으며 가장 두드러지는 패턴을 탐색하고, 의미 있는 주제를 도출하였다.

Ⅲ. 연구결과

1. 이주배경학생을 가르치는 역사교사의 특수성

1-1. 언어 장벽 넘기

이주배경학생을 대상으로 역사를 가르치고 있는 교사에게 이들을 가르치는데 가장 큰 어려움은 무엇인지를 질문했다. 이에 대해 연구 참여자 모두는 한 목소리로 이들의 '낮은 어휘력'을 꼽았다. 역사교사들은 역사적 개념과 용어를 가르치는 데 상당한 어려움을 호소하고 있었다.

> 대다수 학생들의 어휘수준이 현저히 낮기 때문에 역사 용어 뿐만 아니라 기본적인 개념어조차 이해하지 못하는 점이 힘든 부분입니다. 가끔은 제가 국어교사가 된 기분이 들 정도예요. 그리고 제가 최대한 쉽게 풀어서 설명하려고 노력해도 아이들이 이해하는 데 한계가 있는 것 같아서 좌절할 때도 많아요 .
>
> – A교사 –

> 수업을 진행하는 데 가장 힘든 점은 언어적인 부분입니다. 역사적인 사건에 대한 자세한 배경 설명은 거의 할 수가 없습니다. 더구나 역사적인 단어가 어렵다 보니 적절한 용어를 찾기도 어렵습니다.
>
> – F교사 –

한국어가 서툴고 한국 역사에 대한 배경지식이 부족한 이주배경학생들을 대상으로 역사를 가르친다는 것은 상당히 힘겨운 일임에 틀림없다. 어려운 학습 어휘, 생소한 사람들의 이름과 문화재 등이 나열된 교과서의 내용을 이들에게 이해시킨다는 것은 거의 모험에 가까운 일이다. 실제로 한국어가 능숙한 한국 학생들조차 교과서에 서술된 역사적 내용을 이해하는데 어려움을 호소하고 있는 실정인데, 이주배경학습들이 역사를 배우고 이들에게 역사를 가르치는 일은 얼마나 어려운 일인지 쉽사리 예상할 수 있을 것이다. 그렇다면 도대체 이들에게 역사를 효과적으로 가르칠 수 있는 방안은 없을까? Martell은 언어·문화적 소수 학생들을 대상으로 역사 수업을 진행할 때는 이들의 언어 수준을 명확하게 파악하고, 이들의 제2언어 실력을 향상시키는 방향으로 교수전략을 개발할 필요성이 있음을 제안한 바 있다. 즉, 언어·문화적으로 다양한 학생을 대상으로 역사를 가르칠 때 첫째는 언어를 배우는 어려움에 대해서 공감대를 형성하는 것이고, 둘째는 제2언어를 어떻게 학습할 수 있을지에 대해서 고민하는 것이다. 셋째는 학생들의 언어적 필요에 의해서 교육과정을 구성하는 것이고, 마지막으로 교과를 문해력 향상과 연계시키는 것이다.[2]

이처럼 역사교사는 교실현장에서 이주배경학습자들이 언어를 배우는 어려움에 공감하면서 수업방안을 고민할 필요가 있다. 예컨대 이들의 언어로 교육내용을 재구성하거나, 역사용어를 자국 언어와 병행해서 스마트 사전으로 찾아보게 할 수도 있다. 그리고 다문화언어강사의 도움으로 언어적인 문제를 해결할 수도 있다. 물론 이를 위해서는 교육청의 지원이 절실하다. 요컨대, 이주배경학생에게 효과적으로 역사를 가르치기 위해서는 언어교육

---

2) Martell, C.C. & Dunne, K.A., "Teaching America's Past to Our Newest Americans", *Social Education* 77(4), 2013, pp.192~194.

과 역사교육을 융합할 수 있는 방안을 모색하는 것이 중요한 실마리가 될 것이다.

1-2. 학생이 처한 상황에 공감하기

이주배경학생을 대상으로 역사수업을 진행하기 위해서 교사가 가장 먼저 수행할 일은 학생들의 개별적인 특징을 파악하는 일이다. 교사는 학생의 한국체류기간, 가족관계, 한국어능력, 모국에서의 성장 배경과 학교생활, 학생의 심리상태 등에 대해서 세심하게 분석해야 한다. 즉, 역사를 가르치기에 앞서 이들이 놓여 있는 처지를 이해하고 파악하는 것이 선행되어야 한다. 그리고 이들의 상황에 맞추어 학습동기와 학업성취를 향상시킬 수 있는 방안을 진지하게 고민할 필요가 있다.

> 학생들 구성을 보면 중국(조선족), 러시아 계통의 학생들이 대부분입니다. 이외에도 우크라이나, 우즈베키스탄, 베트남 등 다양한 국적의 학생들이 재학 중입니다. 편부모 가정이 일반학교보다 훨씬 많고, 경제적인 이유로 부모님이 아닌 다른 가족 구성원(조부모님, 삼촌, 고모 등)과 동거 중인 학생들도 많습니다. 성인 보호자 없이 형제자매들끼리만 살고 있는 경우도 있구요.
>
> – A교사 –

> 교사는 학생들의 문화와 역사 등을 이해하고 그것을 실생활에서 보여줄 필요가 있어요. 예컨대 학부모 및 학생과 상담 시에 교사는 문화 차이나 사고방식의 차이에 대한 경계심을 낮추고 마음을 열고 상대를 이해하려고 노력해야 해요. 그리고 학생들은 정체성의 혼란

을 경험합니다. 중국 학생의 경우 중국인인지 한국인인지 경계인의
감정을 갖습니다. 한국에 살고 있지만 중국으로 가고 싶고 또 중국
으로 가면 한국으로 돌아가고 싶어 해요.

- D교사 -

　우리 아이들은 모국에서 어린 시절에 부모의 보살핌을 받지 못
한 경우가 많아요. 그리고 이주 과정에서 교육적인 공백을 경험하
기도 하구요. 그래서 수업 중에 이해하기 어려운 태도를 보일 때가
있어요. 교사는 역사를 가르치기 전에 넉넉한 배려심이 필요해요.
'아이들의 문화와 처지에서는 이럴 수도 있구나'하고 생각하는 배려
심이 없으면 이러한 상황을 이해하기가 힘들어요.

- F교사 -

　이상에서 살펴본 것처럼 연구 참여자들은 이주배경학생을 가르치기 위해
서는 학생들이 놓여 있는 처지에 공감하고 학생들의 배경이 되는 문화와 역
사에 대해서 이해하려는 노력을 기울여야 됨을 언급하고 있다. 이는 결국
언어와 문화가 다양한 학생들로 구성되어 있는 교실현장에서 문화감응교수
법을 실천하는 것의 중요성을 지적하고 있는 것이다. 래드슨 빌링스는 문화
감응교수법을 교실현장에서 활용한 예를 구체적으로 제시하였다. 예컨대,
흑인학생들이 좋아하는 랩을 활용하여 문학수업을 시도한 결과 학생들의
시(poetry)에 대한 이해력이 높아졌다거나 수업시간에 학생들의 모국어를
활용하여 말하기와 쓰기를 했더니 그들이 편하게 받아들이고, 지적인 능력
이 향상되었다고 하였다. 이외에도 학생들의 가족을 수업시간에 참여시키
는 것도 학업능력을 향상시키는데 좋은 방법이라고 제안하였다.[3] 요컨대,

---

3) Ladson-Billings, G., "But that's just good teaching! The case for culturally

학생들의 개별적인 성향과 문화적 배경을 받아들이고, 이를 교실수업에 적극적으로 적용할 때 좋은 결과를 얻을 수 있다는 것을 보여주고 있는 것이다. 이에 이주배경학생을 가르치는 역사교사는 이들의 언어와 문화를 배우기 위한 노력을 기울여야 한다. 그리고 무엇보다도 교사와 학생 간의 신뢰관계를 구축하는 것이 선행되어야 한다. 교사의 학생에 대한 세심한 배려를 바탕으로 한 신뢰관계의 구축은 수업에 직면한 어떠한 난관도 극복할 수 있는 중요한 열쇠가 될 것이다.

2. 이주배경학생을 가르치는 역사교사의 핵심역량

2-1. 상호 간 민감한 역사적인 문제를 인식하고 대처하는 역량

이주배경학생에게 역사 학습은 한국어 실력을 향상하는 데 도움을 줄 뿐만 아니라 이들이 민주시민으로 성장할 수 있는 데 기여할 수 있다. 하지만 근본적으로 서로 다른 역사문화를 기반으로 하므로 입장을 달리한다. 따라서 주제에 따라 자칫하면 이들에게 소외감을 느끼게 할 수 있고, 상처가 되는 민감한 문제가 존재한다. 더구나 모국에서 역사를 배운 경험이 있는 학생의 경우에는 종종 자신이 알고 있는 바와 수업 중에 배우는 내용이 다른 것에 대해 거부감을 드러내는 경우도 있다. 따라서 이와 같은 민감한 주제가 무엇인지 정확하게 인식하고 이에 대해 효과적으로 역사를 교육하는 능력이 역사교사에게 필요하다.

---

relevant pedagogy", *Theory Into Practice* 34(3), 1995, p.161.

이주배경학생에게 '한국'을 지칭할 때 '우리나라'라는 단어를 사용하지 않아야 합니다. 그들에게는 '우리'나라가 '한국'이 아닐 수 있기 때문이에요. 그리고 대결 구도였던 국가들이나 전쟁의 역사를 가르칠 때 어느 한쪽 편을 들지 않도록 유의해야 합니다

— A교사 —

중국학생들은 대만을 결코 독립국가로 인정하지 않고, 단지 중국이라는 나라에 부속된 성(省)'으로 생각합니다. 제가 수업 중에 대만을 독립국가로 설명한 적이 있었는데 당시에 중국 학생들이 상당히 불쾌하게 여겼던 기억이 있습니다 .

— C교사 —

민감한 역사적 주제들로 수-고구려 및 당-고구려 전쟁, 한국과 중국 간의 충돌, 그리고 한국전쟁에서 중국 공산당이 북한을 지원한 사실 등은 사실대로 설명하는 것이 조심스럽습니다 .

— D교사 —

제가 이 학교에 부임한 첫 해에 수업 중에 〈국제시장〉이라는 영화를 보여주었습니다. 그 영화에 보면 한국 사람이 돈을 벌기 위해 베트남에 갔는데 당시 베트남 사람이 한국 사람을 죽이려는 장면이 있었습니다. 그런데 평시에는 수업에 소극적이던 학생이 "저기 총을 쏘는 사람은 베트남 사람이 아니라 한국사람이다"라고 말하면서 적극적으로 수업에 참여하는 겁니다. 이때 서로의 국가에서 다르게 배우고 있는 역사적 내용을 알려주고 수용할 수 있는 태도를 가르치는 것이 중요하다는 것을 깨달았습니다.

— E교사 —

이상으로 살펴본 것처럼 이주배경학생을 가르치는 역사교사는 국가 간의 역사적 인식을 다르게 하는 경우에 직면하거나 국가 간의 대립구도에 처해 있던 역사적 내용을 가르칠 때 난처한 상황에 놓이는 경험을 한다. 예컨대, D교사는 한국과 중국 간에 벌어진 전쟁을 다룰 때는 수업 내내 조심스러울 수밖에 없고, 한국전쟁이나 임진왜란처럼 나라마다 역사적 관점을 다르게 서술하고 있는 경우에는 각 나라의 관점을 다양하게 알려주고 학생에게 판단을 맡기고 있다고 한다. 또한 C교사인 연구자의 경우에는 '대만'에 관한 인식차이로 인해 중국학생과 갈등이 발생하여 학생들과의 관계가 멀어지는 경험도 있었고, '한국전쟁'처럼 국가 간에 다르게 배운 역사적 내용으로 인해 혼란을 겪기도 했다. 이처럼 이주배경학생을 가르치는 역사교사는 수업 내내 조심스럽고 긴장할 수밖에 없다.

이런 경우 감추거나 덮기보다, 대립 시각이 형성되는 지점에서 멈추어서, 왜 이것이 문제가 되는지 당사자가 이야기를 하고, 다른 친구가 의문점에 대해 질문하고, 교사가 추가적으로 역사적 배경을 설명하는 방식으로 입장을 달리하는 민감한 주제를 제대로 부각할 필요가 있다. 역사학이 본질적으로 해석에 기반한 학문이고, 사건과 관련된 다양한 사람들의 관점을 이해하는 것이 역사교육의 중요한 목적이므로 한국어로 소통하는 것조차 어려워하는 이주배경학생 일지라도 민감한 역사적 주제에 대해서 각국의 입장이나 시각을 생각해 볼 수 있도록 교사가 펼쳐 보이는 것이 중요하다.

2-2. 학생중심의 교육과정으로 재구성하는 역량

역사교사는 교육과정을 재구성하거나 교사 교육과정을 설계하여 실행하는 과정에서 행위주체성을 발현해야 한다. 실제로 이주배경학생을 대상으로 기존의 국가 수준 교육과정과 교과서에 맞추어 역사교육을 실천한다는 것은 상당히 어려운 일이다. 주지하다시피 수업은 교사와 학생 간의 끊임없는 소통으로 이루어지는데 국가 수준의 교육과정에 맞추어 이들을 가르친다면 학생들의 수준이나 내용상으로 적합하지 않아 원활한 수업은 이루어지기 어려울 것이다. 그러므로 교사는 교과서의 내용을 교육과정에 맞추어 반드시 가르쳐야 한다는 강박에서 벗어날 필요가 있다. 즉, 이주배경학생을 대상으로 역사수업을 실천하기 위해서는 이들에게 필요한 부분을 정확하게 파악하고 학생상황에 맞추어 융통성 있게 교육과정과 교과서를 재구성하는 것이 중요하다.

중2 역사인 세계사를 가르칠 때 자기 나라가 왜 안 나오느냐는 질문을 받을 때 당황했던 경험이 있습니다. 교과서 중심으로 수업을 진행하다보니 학생의 출신국가와 관련된 역사 내용을 반영하지 못하고 있는 실정입니다.

- B교사 -

역사교과서의 내용이 너무 방대합니다. 특히 세계사의 경우에는 어려운 용어가 너무 많습니다. 내년부터는 중국사와 유럽사 중심으로 가르치고 필요한 경우 일본사와 동남아시아사를 추가해서 가르치고자 합니다.

- D교사 -

이주배경학생을 위한 시각자료 중심의 역사 보조교재가 만들어

졌으면 합니다. 역사 과목의 경우 국가에서 요구하는 교육목표와 내용이 있으므로 역사 교과서 자체를 이주배경학생에게 맞춰서 만들기는 어렵지만 이들을 위한 보조교재 정도가 만들어진다면 학생들을 가르치는데 수월할 것입니다.

– F교사 –

연구에 참여한 모든 교사는 교육과정을 재구성해서 학생을 가르치고 있다고 언급했다. 특히, B교사와 D교사의 지적처럼 세계사를 배울 때 학생들의 출신국가와 관련된 내용을 반영할 필요가 있다. 학생들은 본능적으로 출신국가와 관련된 역사를 배우고 싶어 하기 때문이다. B교사가 근무하는 학교의 교육과정계획서를 보면 러시아 선생님이 중2, 3년 창의적 체험활동 "러시아문화반" 동아리를 운영하며 코리안 디아스포라의 이주 역사를 학습한 뒤 안산 다문화거리를 탐방하는 체험활동이 있다. 그리고 역사교사 B는 역사수업에서 따로 주제 학습까지는 못하였지만 수업설명에서 "일제강점기에 스탈린에 의해서 이주해 간 사람들을 카레이스키(고려인)라고 한다. 홍범도 장군님도 그곳으로 강제 이동당하여 극장에서 경비원으로 계시다가 돌아가셨다. 너희는 독립운동가의 후손일 수도 있다"라고 추가한 적이 있다고 했다. 이처럼 학교 교육과정과 교사 교육과정을 학생과 연계해서 재구성하는 것은 중요하다. 이렇게 학생과 교사를 교육과정 개발과 실행의 주체로 보고 교사가 교육과정을 재구성할 때 행위주체성(ageny)이 활성화된다.

교육과정을 재구성하는데 가장 중요한 것은 학교의 분위기이다. 학교는 교육과정을 재구성하고, 교재를 개발하는 과정을 역사교사 혼자만의 역량에 맡겨서는 안 된다. 학교는 교사 개인의 수업에 대한 고민을 학교 교육과정 개발이나 전문적 학습공동체를 통해서 지속적으로 지원해 줄 필요가 있다. 이주배경학생을 대상으로 효과적인 수업을 실천하기 위해서는 교사와 학교, 교육청의 적극적인 소통과 협력관계가 필수적이라는 사실을 간과해서는 안 될 것이다.

3. 이주배경학생을 가르치는 역사교사의 교수전략

3-1. 또래관계 중심의 또래학습

수업이란 단순히 교사의 '가르치는 행위' 또는 학생의 '배우는 행위'가 아니라 교사와 학생, 그리고 그들을 둘러싸고 있는 교육환경 간의 구체적인 목표를 향한 상호작용이라 할 수 있다. 좋은 수업은 학생들이 능동적으로 수업을 설계하고 수업과정에 참여할 수 있도록 구안된 것이다. 그렇다면 이주배경학생들의 학업성취를 향상시키고 이들을 교실수업에 적극적으로 참여하도록 하는 효과적인 교수전략은 무엇일까? 이 질문에 연구 참여자들은 공통적으로 또래학습을 언급하였다.

> 제가 수행해 본 방법 중에는 또래교수나 협동학습이 가장 효과적이었습니다. 어휘력이 떨어지거나 학습의지가 없는 학생들에게 동일한 언어권의 학생들 중 어휘력이 뛰어나거나 학습에 열의가 있는 학생들을 또래교사로 짝지어주니 양쪽 모두 학습효과가 높아졌습니다.
>
> – A교사 –

> 모둠을 구성해서 아이들끼리 서로 도와주면서 학습할 수 있도록

합니다. 하지만 다양한 나라의 학생들로 모둠을 구성했더니 한국인 학생들 위주로 수업이 진행되고, 이주배경학생은 자연스럽게 소외가 되더라구요. 그래서 같은 언어권끼리 함께 모둠을 구성하는 것이 효과적인 것 같아요. 하지만 이럴 경우에는 원활한 수업을 위해서 원어민 보조교사가 필요합니다.

- F교사 -

교수학습 상황에서 또래관계를 활용하는 또래학습은 또래교수와 협동학습이 대표적이다. 또래교수(peer tutoring)는 학생이 짝을 지은 뒤 또래 교사 역할을 하는 학생이 또래학습자의 역할을 하는 학생에게 개별적 교수를 제공하는 학습방법이다. 마르텔은 문화가 다른 학생을 위한 효과적인 교수방법으로 또래교수를 활용하여 낯선 개념이나 용어에 대해서 깊이 있게 논의할 수 있는 기회를 주도록 했다. Allison & Rehm의 연구에서도 다양한 문화와 언어권의 학생들이 있는 교실에서 또래 교수나 협동학습이 의사소통 능력을 향상시키고 또래끼리 학습 자극을 주게 되어 더 높은 학업성취를 이룰 수 있다고 주장하였다.[4] 다만, 유의할 점은 또래교사와 또래학습자의 역할을 고정적으로 수행하게 된다면 또래교사와 또래학습자 사이에 일방적이고 수직적인 관계가 형성될 수 있고, 또래학습자가 열등감을 느낄 수 있기 때문에 이에 대한 교사의 세심한 배려가 요구된다. 그리고 또래끼리 모둠을 구성할 때 모둠은 반드시 교사가 정해주도록 하는데, 교사는 학생들의 개별적인 상황을 고려하여 모둠을 구성해야 한다. 모둠은 가능하면 동일

---

4) Allison, B.N. & Rehm, M.L., "Effective Teaching Strategies for Middle School Learner in Multicultural, Multilingual Classrooms", *Middle school Journal* 39, 2007, p. 45.

한 언어권끼리 구성하도록 하고, 한국어가 능숙한 학생과 그렇지 않은 학생을 고르게 분포하도록 한다. 만약에 같은 언어권끼리 구성하기 어려운 상황이면 학생의 한국어 수준이나 성향이 전혀 다른 학생들끼리 모둠을 구성하도록 한다. 모둠을 구성할 때 학생들에게 주도권을 넘겨주면 학생들 안에서 또다시 소외되는 학생이 생길 수밖에 없다. 이주배경학생들과 수업을 진행할 때는 늘 누군가가 소외되는 일이 없도록 세심하게 배려할 필요가 있다. 어느 누구도 소외되지 않고, 모두가 환영받는다는 느낌을 가지고 편안하게 수업에 참여할 수 있도록 하는 것이 이들과의 수업을 성공적으로 진행하기 위한 선행조건이다.

3-2. 학습자 활동 중심의 모둠활동과 현장체험활동

이주배경학생을 가르치는 교사들은 한결같이 학습자 활동 중심의 수업이 학생들에게 호응이 좋았다고 언급하였다.

> 네이버 블로그에 유명한 역사수업(펀스토리)을 그대로 수업시간에 적용한 적이 있습니다. 8컷 만화를 일어난 사건의 순서대로 맞추기를 하는 거예요. 그런데 우리 학생들은 만화 한 컷을 분석하는데도 시간이 오래 걸렸지만 그래도 학생들이 참여하는 수업이라 반응이 좋았어요.
>
> - A교사 -

> 역사적 내용을 지역 여행과 연결시키면 흥미로워 합니다. 예컨대 신라의 역사와 문화를 배우면서 경주 여행계획을 세워보도록 하거나 조선의 역사와 문화를 배우면서 서울 여행계획을 세워보도록

하는 것입니다. 그리고 가능하면 역사 유적지나 미술관, 박물관 등 현장체험활동을 통해서 아이들이 직접 체험해 보도록 하는 것이 효과적입니다.

- C교사 -

모둠별 활동 수업은 주로 협동학습으로 진행된다. 협동학습은 이질적인 학습자로 구성된 소규모 집단에서 공유된 목적과 결과를 추구하며 협동하여 학습하는 형태이다. 협동학습을 진행할 때는 학습방법을 자세하게 안내하고, 학생마다 각자의 역할을 명확하게 부여해 줄 필요가 있다. 그리고 가급적이면 원어민 보조교사가 모둠운영을 도와주는 것이 원활하게 수업 분위기를 조성하는 데 도움이 된다. 왜냐하면 학생들에게 수업진행을 전적으로 맡길 경우 이들은 수업내용과 상관없는 수다를 떠느라 시간을 보낼 수 있기 때문에 오히려 비효율적인 수업이 될 수도 있다. 성공적인 모둠별 협동학습을 위해서는 교사의 철저한 준비와 치밀한 계획이 선행되어야 한다.

한편, 현장체험활동은 배경지식의 부족으로 역사 학습에 어려움을 느끼는 이주배경학생에게 역사를 다각도로 학습하고 느껴볼 수 있는 계기를 제공해 준다.[5] 아울러 학습내용에 대한 학생들의 흥미와 관심을 적극적으로 유발한다는 측면에서도 매력적인 수업방법이다. 예컨대 C교사는 2019년에 15명의 이주배경학생들과 함께 경주지역으로 2박 3일간 체험활동을 간 적이 있었다. 당시에 이들에게 각 나라의 언어로 쓰여진 관광 지도와 관광지 해설 자료를 미리 제공하고, 그들이 직접 여행일정을 짜도록 하였다. 그리고 학생들이 직접 만든 일정대로 체험활동을 실행하고, 이들이 직접 문화

---

5) 곽희정, 「중도입국청소년을 위한 한국사 교수전략 연구」, 동국대학교 박사학위 논문, 2020, pp.121~128.

해설가가 되어 한국어와 모국어로 역사유적지와 문화재를 설명하도록 하였다. 학생들이 경주여행일정을 짜고, 짜여진 일정대로 여행을 진행하면서 이중언어로 문화유산을 소개하게 한 일련의 과정은 이들에게 매우 인상적인 한국사 수업으로 기억되었고, 학습효과도 상당히 높았다.

이처럼 이주배경학생에게 역사를 가르치는 효과적인 교수방안은 압축적으로 내용지식을 전달하는 부담에서 벗어나 학생이 직접 참여할 수 있는 학습자 중심의 활동수업이 유용하다고 사료된다.

V. 맺음말

이 연구는 이주배경학생을 가르친 경험을 가진 6명의 역사교사를 연구 참여자로 선정하여 이주배경학생을 가르치는 역사교사의 수업 전문성을 규명하는 데 목적을 두었다. 연구 참여자로 선정한 역사교사는 이주배경학생이 밀집해 있는 지역의 학교 교사이거나 다문화 대안학교에서 역사를 가르치는 교사이다. 이들은 교실현장에서 대부분의 역사교사가 겪는 어려움과 더불어 그들만이 겪는 특수한 어려움에 직면하고 있었다.

본 연구에서는 이주배경학생을 가르치는 역사교사의 수업 전문성을 이들만의 특수성, 핵심역량, 교수전략으로 범주화하여 규명해 보았다.

우선 이들이 역사교실에서 겪고 있는 특수한 상황을 밝혔다. 이들은 언어적 장벽이 엄연히 존재하는 이주배경학생에게 한국 학생들도 어려워하는 역사적 개념과 용어를 설명할 수 있는 방법을 찾느라 고군분투하고 있었다.

이에 이를 해결하는 방안으로 스마트 사전 보급, 다문화언어강사 등 교육청의 교육지원을 제안하였다.

다음으로 이주배경학생을 가르치는 역사교사의 핵심역량으로는 무엇보다도 민감한 역사적인 문제를 인식하고 대처하는 역량을 꼽을 수 있다. 이들에게 역사를 가르치다 보면 국가 간에 민감한 문제에 직면하거나 때로는 모국에서 배운 내용과 수업 중에 배우는 내용이 다른 것에 대해 거부감을 드러내는 경우도 있다. 이주배경학생에게 역사를 가르치는 교사는 민감한 주제가 무엇인지 정확하게 인식하고, 학생 모국의 독특한 역사문화적인 시선을 드러내어 그 시각이 형성된 배경을 이해하는 동시에 대립되는 시각을 객관적으로 인식하게 하는 역사교육 역량이 필요하다. 한편, 이주배경학생을 가르치는 교사의 핵심역량으로는 학생중심의 교육과정으로 재구성하는 역량을 꼽을 수 있다. 역사교사는 한국학생과는 언어와 문화가 다른 이주배경학생에게 반드시 가르쳐야 할 내용을 선정해서 가르칠 필요가 있고, 이들에게 맞는 보조교재를 개발해서 제공할 필요가 있다.

마지막으로 이주배경학생을 가르치는 효과적인 교수전략으로는 또래관계 중심의 또래학습과 학습자 활동중심의 모둠활동이나 현장체험활동을 제안하였다. 특히, 현장체험활동은 기초적인 배경지식의 부족으로 역사학습에 어려움을 느끼는 이주배경학생에게 역사를 다각도로 학습하고 느껴볼 수 있는 계기를 가질 수 있는 기회를 제공해 줄 수 있는 교수전략으로 꼽을 수 있다.

이상으로 이주배경학생을 가르치는 역사교사의 수업 전문성을 이들만의 특수성, 핵심역량, 교수전략으로 범주화하여 살펴보고 대안을 제시해 보았다. 하지만 아쉽게도 이 연구는 이주배경학생을 가르치는 역사교사와의 심층면담에만 의존하여 연구를 진행하였기 때문에 수업참여 관찰까지 진행하지 못한 방법적 공백이 존재한다. 그럼에도 교사와의 면담자료는 자신의 수업 상황과 성찰을 포함하고 있기 때문에 연구 분석자료로서 충분한 가치가 있다고 사료된다. 향후 이주배경학생을 대상으로 하는 현장수업 참여관찰이나 자기 실행을 통한 사례별 역사수업 연구로 더욱 활발히 연구가 진행되기를 기대한다.

2장
결혼이주여성의
한국사 학습의 목적과 의미*

I. 들어가기

2023년 1월 기준 결혼이민자는 170,283명으로 여성이 136,735명으로 전체의 80.3%로 다수를 차지하고 있으며 남성은 33,548명으로 19.7%로 나타나고 있다. 국적별로는 중국 35%, 베트남 23.1%, 일본 9%, 필리핀 7.2% 순으로 많다. 1990년대까지는 종교단체를 통해 입국한 일본여성이 다수를 차지하고 있었으나, 2000년대 초부터 중국 및 필리핀 국적의 결혼이민자의 증가가 두드러졌으며, 최근에는 베트남, 몽골, 태국 등 출신 국적이 다양해지는 경향을 보이고 있다.[1]

결혼이민자 중에는 국적취득이나 자녀교육, 취업역량 강화, 고등교육진학 등을 위한 목적으로 한국 역사를 배우고자 한다. 문형진은 중국 출신 결

---

* 「결혼이주여성 대상 한국사 교육의 의미와 효과적인 교수학습방안 탐색」, 『다문화사회와 교육연구』 11, 2022에 실린 논문을 요약하고 논문제목을 변경하였습니다.
1) 법무부 출입국 정책 통계월보, 2023년 1월.

혼이주여성 100명을 대상으로 한국 역사에 대한 선호도를 조사하였는데, 연구에 의하면 이들 중 82%가 한국 역사를 배우고 싶다고 응답하였다고 한다. 하지만 65%는 한국 역사를 배울 수 있는 기회가 없어서 학습하지 못했다고 한다. 지금까지는 결혼이주여성을 대상으로 한국어 교육에 초점을 맞춤으로 인해서 한국사를 가르쳐야 할 필요성을 느끼지 못했을 뿐만 아니라 체계적으로 학습할 수 있는 교육프로그램도 거의 부재하였음을 알 수 있다. 더구나 일부 기관에서 검정고시나 자격증 시험 대비를 목적으로 한국사를 학습한다고 하더라도 다수의 결혼이주여성들은 방대한 학습량과 어려운 학습 용어로 인해 한국사를 제대로 배우기도 전에 포기할 수밖에 없었다. 이들은 친숙하지 않은 학습 용어와 배경지식의 부족, 모국에서 배운 역사와 전혀 다른 역사적 내용 등으로 인해 역사학습에 어려움을 느끼는 것이다. 양은아 외는 방송통신대학교에 다니고 있는 이주배경학습자를 중심으로 설문조사와 심층 면담을 활용하여 이들이 겪고 있는 어려움과 제도적 지원방안에 대해서 논의하였다. 연구결과 이들은 교양한국사 과목을 이수하는데 상당한 어려움을 호소하고 있었다. 이 연구에 참여한 베트남 학생의 경우에는 '저 한국사 때문에 죽을뻔 했어요', '같은 문장을 이해할 때 한국인이 한 번 읽으면 우리는 다섯 번 정도 읽는다고 생각하면 돼요. 그런데 한국사의 경우에는 열 번 정도 읽어야 돼요'라고 언급할 정도로 한국사 공부의 어려움을 토로했다.

이를 통해 이주배경학습자의 한국사 수업에 대한 인식을 구체적으로 확인할 필요가 있으며, 심층적으로 연구할 필요성이 있다고 판단된다. 더구나 일반적인 한국 출신 학생들과 다른 특징을 지닌 이주배경학습자를 대상으로 한 연구는 이들의 생생한 목소리에 더욱 세심하게 귀를 기울일 필요성이 있다고 사료된다.

이에 본 연구에서는 이주배경학습자 중 중국, 베트남, 몽골, 우즈베키스탄, 캄보디아, 몰도바, 볼리비아 등 다양한 나라에서 온 결혼이주여성 12명을 대상으로 이들과의 심층 면담을 진행하여 이들이 한국사를 배우는 목적과 이들에게 한국사 교육이 갖는 의미에 대해서 구체적으로 살펴보았다. 본 연구는 이민자의 목소리를 반영한 교육정책을 수립하고, 역사교육의 영역을 확대하는 데 실질적인 도움이 될 수 있을 것이다.

II. 연구방법

1. 연구 참여자

본 연구는 결혼이주여성이 한국사를 배우고자 하는 목적과 이들에게 한국사 교육이 갖는 의미에 대해서 살펴보고자 한다. 본 연구에 참여한 연구 참여자는 현재 다문화언어강사와 다문화이해교육강사, 통·번역사, 관광통역안내사로 활동하고 있는 수도권에 거주 중인 12명의 결혼이주여성이다. 이들의 출신국은 중국·베트남·인도네시아·태국·몽골·볼리비아·몰도바·우즈베키스탄 등으로 다양하다. 연구 참여자의 기초적인 정보는 〈표 1〉과 같다. 〈표 1〉에 기재된 연구 참여자 정보는 연구시작 시기인 2021년 9월 기준이고, 연구 참여자의 이름은 모두 가명으로 표기하였다.

〈표 1〉 연구 참여자 정보(2021년 9월 기준)

이름	출신국	이주기간	국적	학력	한국어 능력
이금희	중국	15년	중국	박사졸	TOPIK 6급
문리	중국	15년	중국	석사졸	TOPIK 6급
디엠	인도네시아	21년	한국	대졸	TOPIK 5급
박율	몰도바	10년	한국	고졸	TOPIK 4급
이수연	캄보디아	11년	한국	고졸	TOPIK 4급
체첵	몽골	4년	몽골	대졸	TOPIK 4급
박비	태국	22년	한국	대졸	TOPIK 6급
이혜경	베트남	10년	한국	고졸	TOPIK 5급
서희	우즈벡	11년	우즈벡	고졸	TOPIK 4급
김미선	북한	2년	한국	고졸	TOPIK 6급
산드라	볼리비아	15년	한국	대학중퇴	TOPIK 4급
김지원	베트남	14년	한국	고졸	TOPIK 4급

12명의 연구 참여자들의 구체적인 선정기준은 다음과 같다.

첫째, 결혼이주여성들의 국적을 가능한 한 골고루 포함하고자 하였다. 출신국마다 한국 역사를 배우는 목적이 다를 수 있고, 선호하는 교육내용과 방법이 다를 수 있다고 판단했기 때문이다.

둘째, 한국어능력시험(TOPIK) 4급 이상의 자격을 지닌 결혼이주여성을 선정하였다. 필자가 중도입국청소년이나 결혼이주여성을 대상으로 역사를 가르친 경험에 의하면 한국어능력 초급 수준으로는 역사적 내용을 이해하는데 상당한 어려움이 있었다. 따라서 한국어능력 중급 이상의 수준을 갖춘 결혼이주여성을 연구 참여자로 선정하였다.

셋째, 다문화연구원, 다문화이해교육강사나 다문화언어강사, 통·번역사 등으로 활동하고 있고, 귀화시험이나 검정고시 등 자격시험을 준비하는 결혼이주여성을 연구 참여자로 선정하였다. 이들은 시험 준비나 직업역량 강화를 위해서 한국사를 배운 경험이 있기 때문에 본 연구에 적극적으로 참여할 수 있었다.

연구 참여자 선정과 관련하여 본 연구를 수행한 연구자의 위치성 (positionality) 역시 상세하게 언급할 필요가 있다. 연구자는 2012년부터 다문화 대안학교에서 중도입국청소년에게 역사를 가르치는 교사로 활동해 왔고, 2014년부터 성인 이민자를 대상으로 관광통역안내사 자격증 취득을 위한 직업교육을 진행해 왔다. 아울러 다문화가족지원센터에서 결혼이주여성을 대상으로 강사교육과 통·번역사양성교육 등을 줄곧 진행해 왔다. 따라서 연구자는 역사를 가르치는 강사로 활동하면서 다양한 나라 출신들의 결혼이주여성과 친분관계를 맺고 있었기 때문에 연구 참여자들은 연구자와의 친분을 매개로 이 연구의 참여에 흔쾌히 응해주었다. 연구자는 다양한 국적의 결혼이주여성을 연구 참여자로 선정하기 위한 노력을 기울였으나 한국역사를 배운 경험이 있는 결혼이주여성을 연구 참여자로 선정하는 것이 쉽지 않았고, 더구나 한국어능력 4급 이상으로 직업을 가진 결혼이주여성을 찾는 것은 더욱 어려운 일이었다. 따라서 12명의 연구 참여자를 최종적으로 결정하였다.

2. 자료수집과 분석

본 연구를 수행하기 위해서 우선 수도권에 거주하는 12명의 결혼이주여성을 연구 참여자로 선정하였고, 이들은 앞서 설명한 것처럼 다양한 목적으로 이전부터 한국사를 배워왔다.

심층 면담은 2021년 9월부터 11월까지 개별 면담 각 1회와 그룹 면담 (Focus group interview) 1회로 이루어졌다. 면담은 코로나 19 상황과 결혼이주여성들의 현실을 고려하여 온라인 화상회의 플랫폼을 활용한 비대면 방식으로 진행하거나 현장에서 직접 만나서 이루어졌다. 그리고 심층 면담은 모두 질문지를 활용한 반구조화된 면담(semi-structured interview)으로 진행하였다. 필자는 면담 전에 연구 참여자에게 연구에 대한 동의를 구했고, 연구윤리를 준수하고자 하였다. 면담 내용으로는 결혼이주여성이 한국 역사를 배우는 목적과 한국 역사를 배우면서 자신의 가치관이나 태도 면에서 변화된 점, 기억에 남는 역사적 내용, 모국에서 배운 내용과 다른 내용, 한국 역사를 배우면서 어려웠던 점 등에 대해서 개방형 질문을 만들어서 활용하였다. 첫 번째 개별 면담 시간은 각 50분 정도의 시간이 소요되었다. 그리고 이들과 수시로 전화 통화나 SNS, 이메일을 통해서 연구에 필요한 자료를 질문하고 수집하였다. 두 번째 면담은 그룹 면담으로 연구 참여자 중 5명(베트남 김지원, 캄보디아 이수연, 우즈베키스탄 서희, 몰도바 박율, 몽골 체첵)이 참여하여 120분 정도의 시간동안 진행되었다. 결혼이주여성과의 심층 면담 자료는 이들의 동의하에 녹화하였고, 녹음된 면담 자료는 음성변환 프로그램을 통해 텍스트화한 뒤, 다시 청취하면서 수정하였다. 그리고 항시비교법(constant comparative method)을 사용하여 전사

자료 검토를 되풀이하여 의미 있는 패턴과 주제를 도출하였다.

III. 결혼이주여성의 한국사 학습 목적

1. 자녀교육과 한국어 능력 향상

한국사회의 새로운 구성원인 결혼이주여성은 한국역사를 왜 배우는 것일까? 이들은 '아이를 위해서 배워야 할 것 같아요(캄보디아 이수연).', '아이들을 키우고, 한국에 정착하기 위해서는 한국 역사를 기본적으로 알아야 된다고 생각해요(볼리비아 산드라).', '전 이미 귀화를 했기 때문에 한국에 정착하여 살기 위해서는 한국 역사를 배울 필요가 있어요. 그리고 아이가 학교에 들어가면 한국 역사를 배우는데 아이교육에 도움을 주기 위해서는 한국 역사를 배워야 된다고 생각해요. 엄마가 역사적 내용을 잘 알면 아이가 엄마를 자랑스럽게 느끼기도 하구요(태국 박비).'라는 답변을 통해서 결혼이주여성들은 한국사회에 건강하게 정착하고, 자녀교육에 도움을 주기 위해서는 한국 역사에 대한 기본적인 지식은 배워야 한다고 생각하고 있음을 알 수 있었다. 특히 자녀와 소통하고 싶고, 자녀교육에 도움이 되고 싶어서 한국 역사를 배우고 싶다는 응답을 통해 이들의 엄마로서의 책임감과 자녀교육에 대한 열정을 느낄 수 있었다.

이 외에도 한국어 능력을 향상시키기 위해서 한국사를 배울 필요성이 있음을 언급하는 경우도 있었다. 예컨대 '한국 역사를 배우면서 한국어 능력을 키우고 싶어요(베트남 김지원).', '한국사를 배우면 자연스럽게 어휘능력이 향상돼요(몰도바 박율).'의 경우처럼 한국 역사를 배우는 것이 한국어를 향상시키는데 도움이 된다고 답변하였다. 실제로 진대연은 한국어 교육에서 한국사 교육은 언어교육이라는 측면에서 살펴보면 이는 전반적인 한국어 능력의 신장과도 밀접한 관련을 맺고 있음을 지적한 바 있다.[2] 또한 권화숙은 언어교육을 언어적 측면에서만 교육할 것이 아니라 학습자들이 습득해야 할 내용적 측면을 중심으로 구성해야 할 필요성을 제안한 바 있다.[3] 그는 내용학습과 언어학습이 서로 별개의 것이 아니라 통합적으로 이루어져야 학습효과를 극대화할 수 있다고 강조하였다. 이처럼 한국사 교육은 한국어 능력을 향상하는 데 실질적인 도움이 된다는 것을 알 수 있다.

2. 직업역량 강화

결혼이주여성 중에는 직업을 갖거나 직업생활을 원활하게 수행하기 위한 수단으로 한국 역사를 배울 필요성이 있음을 언급하는 경우가 있었다. 예컨대, '한국에 오는 베트남 사람들에게 한국사를 가르치는 사람이 되고 싶어요(베트남 이혜경).', '통역공부를 하다 보니 우즈베키스탄과 한국 관련된 역사를 깊이 배우고 싶어졌어요(서희).', '관광통역안내사 시험에 합격하기 위해서 한국 역사를 반드시 알아야 해요(인도네시아 디엠, 몽골 체첵, 새터민 김미선).', '다문화언어강사로서 중도입국청소년들이나 모국에서 한국을 방문한 후배들에게 한국 역사를 제대로 알려주고 싶어요(태국 박비).', '다

---

2) 진대연, 「한국 문화 교육의 개선을 위한 역사 문화교육과정 시론」, 『교육문화연구』 21(4), 2015.
3) 권화숙, 「다문화 배경 학습자를 위한 내용중심 한국어 교수학습방안」, 『새국어교육』 113, 2017.

문화언어강사가 되기 위해 필수적으로 배워야 하는 과목이 한국사 과목이에요(중국 문리).'라는 응답을 통해 이들의 생각을 확인할 수 있었다. 이들은 한국사를 학습하는 것이 직업 활동에 유용한 측면이 있다고 생각하고 있는 것이다.

이 밖에도 한국과 모국에서 각각 가지고 있는 상대국가의 편견을 없애기 위해서 역사를 배우고자 하는 경우도 있었다. 예컨대 중국 출신의 결혼이주여성인 문리의 경우에는 '중국에서는 한국에 대한 오해를 풀어주고 싶고, 한국에서는 중국에 대한 편견을 없애주고 싶어요'라고 언급하였다. 그는 한국 역사와 문화를 중국인들에게 알려주고 싶고, 중국인이 한국인에 대해서 가지고 있는 오해나 편견 등을 풀어주어 양국이 우호적인 관계를 형성하는데 다리 역할을 하고 싶다고 했다. 그의 답변을 통해서 정착국인 한국과 모국 사이에서 의미 있는 역할을 하고 싶은 그의 의지를 느낄 수 있는 반면에 한국인이 중국인에 대해서 가지고 있는 편견으로 인해 중국출신의 결혼이주여성이 한국에서 생활하는 것이 쉽지 않음을 짐작할 수 있었다.

이처럼 결혼이주여성들이 한국사를 학습하는 목적은 가족과의 소통, 직업역량 강화, 한국어능력 향상, 자녀교육, 한국과 모국간의 민간 외교관 역할을 하고 싶은 목적 등 다양하다. 더구나 최근 들어 결혼이주여성 중에는 한국사회에서 더 나은 직업을 갖기 위해서 대학에 진학하거나 검정고시에 응시하는 경우가 증가하는 추세인데, 이들이 고등교육에 진입하고, 진학 후 기초학습 역량을 강화하기 위해서 한국사를 학습하는 경우도 있다.[4] 연구

---

4) 결혼이민자와 귀화자 가운데 한국 학교에 진학하거나 검정고시를 준비할 생각이 있는 사람은 16.8%인 것으로 나타났다. 출신국적 별로는 캄보디아 30.3%, 베트남 26.6%, 태국 25% 등 동남아시아 출신의 진학 의향이 높은 편으로 나타났다(2019, 여성가족부).

참여자 중 베트남 출신의 이혜경과 북한 출신의 김미선의 경우는 검정고시로 고등학교를 졸업하였는데, 검정고시를 준비하는 과정에서 한국사를 배울 수밖에 없었다고 한다. 이들은 한국사회에서 성공하고자 하는 의지가 강했고, 교양을 갖춘 사람으로 인정받고 싶어 했다. 이를 위해 한국어를 배우는 것만큼 중요한 과정으로 한국사 학습을 인식하고 있었다.

IV. 결혼이주여성에게 한국사 교육이 갖는 의미

1. 한국생활에 대한 깊은 이해와 풍부한 교양 함양

결혼이주여성들에게 한국역사를 배운 후 스스로 변화된 점이 무엇이냐는 질문에 '한국인들의 삶의 방식이나 성격에 대해서 이해하게 되었어요(베트남 이혜경, 몰도바 박율).', '인도네시아와는 너무나 다른 한국인의 역사와 문화, 습관 등을 이해하게 되었어요(인도네시아 디엠).', '한국문화를 알게 되어 자신감이 생기고, 한국인과 대화를 할 수 있어서 좋아요(태국 박비).', '한국에 대한 애국심과 소속감이 생겼고, 한국인에게 편하게 다가갈 수 있는 자신감도 생겼어요(중국 문리).', '영혼이 밥을 먹은 것처럼 마음이 든든해지고, 자신감이 생겼어요. 저는 아이가 성장하면 제일 먼저 역사를 가르쳐주고 싶어요(북한 김미선).' 등의 답변을 하였다. 이들은 한국역사를 배우면서 한국사회와 한국인을 더 깊이 이해하게 되었고, 한국인과 어울려 살아갈 수 있는 자신감과 소속감을 가지게 되었다고 공통적으로 지적하였다. 이들에게 한국사 교육은 공동체 의식을 함양하는데 도움을 준 것이다. 이 밖에도 '여행을 하거나 박물관에 가는 것이 즐거워 졌어요(우즈베키스탄 서희).', '경복궁 같은 역사유적지를 방문하면 역사적인 내용이 생각나요(볼리비아 산드라).', '박물관이나 역사유적지를 가게 되면 이전보다 훨씬 재미있게 느껴져요(중국 문리).' 등 한국의 여러 지역을 여행하고 싶고, 알고 싶은 호기심이 생겼음을 알 수 있다. 이들은 한국 역사를 배움으로써 기초적인 상식 습득 및 교양을 갖추게 되어 한국문화를 더욱 풍요롭게 즐길 수 있게 된 것이다.

이처럼 결혼이주여성들은 한국역사를 배우면서 한국사회의 특징과 한국인의 정서를 더 깊이 이해하고 공감하게 되었음을 파악할 수 있다. 더불어 한국인과 소통하는데 자신감이 생겼을 뿐만 아니라 한국을 여행하면서 한국문화를 더 깊이 느끼고 싶은 지적 호기심이 생겼음을 알 수 있다. 요컨대 결혼이주여성에게 한국사 학습은 정착국의 문화를 좀 더 깊이 있게 볼 수 있는 렌즈가 되어 주었고, 공동체 의식을 함양하는데 실질적인 도움이 되었으며, 교양인으로서 풍요로운 문화생활을 즐길 수 있는 유용한 기회를 제공해 주었음을 알 수 있다.

2. 모국역사에 대한 관심 증대

역사교육의 가장 기본적인 목적 중 하나는 역사변화의 과정 속에서 자기자신과 자신이 몸담고 있는 사회를 이해하는 것이다. 역사는 사람들이 세상을 보는 방법을 변화시킨다. 나아가 어떤 문제를 다른 사람의 눈을 통해서 보는 습관을 획득할 수 있고, 자신을 더 잘 이해할 수 있게 된다. 결혼이주여성 중 다수는 한국 역사를 배우면서 모국에 대한 고민이 더욱 깊어졌음을 토로하였다. 예를 들어 '볼리비아는 자원도 풍부하고 면적도 10배는 큰데 왜 한국만큼 발전하지 못했는지 답답해요(볼리비아 산드라).', '우즈베키스탄은 예전에는 강했고, 훌륭한 인물이 많았는데 왜 지금은 한국에 비해서 경제적으로 부유하지 못한지가 속상해요(우즈베키스탄 서희).', '모국의 역사를 더 깊이 공부하고 싶다는 생각이 들었어요(캄보디아 이수연).', '모국의 역사를 좀 더 객관적으로 바라볼 수 있게 되었어요(중국 이금희).' 등 이들은 한국 역사를 배우면서 모국이 직면한 문제에 더욱 깊은 관심을 가지게 되었음을 알 수 있었다. 특히 예전에는 한국보다 부유했으나 현재는 한국에 비해 경제발전이 뒤쳐져 있는 볼리비아, 우즈베키스탄, 태국출신 등의 이주여성의 경우에는 모국이 처한 현실에 대해서 더욱 안타깝게 생각하는 경향이 있었다. 이처럼 결혼이주여성은 한국사를 배우면서 끊임없이 모국 역사와 비교하면서 사고하는 경향이 있기 때문에 이들을 대상으로 한국사를 가르칠 때는 이들의 모국 역사와 연계해서 가르치는 것이 효과적임을 알 수 있다. 따라서 이들을 대상으로 한국사를 가르치는 교사는 한국사에 대한 이해뿐만 아니라 세계사에 대한 체계적인 이해가 필수적이다. 그리고 다양한 나라의 역사와 언어·문화를 이해하고자 하는 노력이 필요하다. 또한 자국사 중심으로 역사를 바라보는 관점을 늘 경계할 필요가 있다. 자칫 자국사에 대한 자긍심으로 인해 결혼이주여성을 포함한 이주배경학습자들의 모국의 역사를 폄훼하거나 열등하게 느끼게 하는 실수를 범할 수 있기 때문이다.

한편, 모국에서 역사교육을 경험한 결혼이주여성들은 종종 정착국의 역사교육 내용이 자신이 알고 있는 바와 다르다고 말한다. 예를 들어 '한국 역사책에서 다루는 내용이 중국에서 배운 내용과 다른 경우가 있어요. 살수

대첩을 설명할 때 제가 알고 있는 내용과 너무 달라서 다시 중국 역사책을 찾아서 확인했어요(중국 문리).', '한국에서는 한국전쟁을 북한에서 침략했다고 배우지만 중국에서는 미국의 침략으로 시작되었고, 중국은 미국의 침략을 막기 위해서 북한을 도와준 것으로 배워요(중국 이금희, 새터민 김미선).'처럼 중국이나 북한출신의 결혼이주여성의 경우에는 모국에서 배운 내용과 다른 내용으로 인해서 종종 혼란을 겪는 경우도 있었다. 뿐만 아니라 '대만은 중국에 속해 있는 국가인데, 대만을 독립적인 국가로 설명할 때 황당하게 느껴져요(중국 문리).' 등 중국에서 바라보는 역사적 시각과 한국에서 바라보는 시각이 달라서 갈등이 생기는 경우도 있었다. 이러한 현상은 같은 역사적 사건을 두고 해석과 인식을 달리하는 경우이다. 하지만 이와 같은 상황은 역사적 내용이 나라마다 다를 수 있다는 관점을 보여줌으로써 수업을 더욱 풍요롭게 만드는 기회를 제공해 줄 수 있다. 그리고 특정한 역사적 사건과 관련된 다양한 사람들의 관점을 이해하는 것은 역사교육의 중요한 목적이기도 하다. 따라서 결혼이주여성들을 위한 한국사 교육은 역사지식의 구성적·해석적 성격을 고려하여 진행될 필요가 있다. 이러한 방향성은 이들에게 한국 사회 적응과 사회적 진출이나 직업 활동에 도움이 되기 위한 수단으로 인식되었던 교양으로서의 한국사 학습에서 한걸음 더 나아가 역사를 비판적으로 바라볼 수 있는 기회를 제공해 줄 것이다.

V. 결론

이주배경학습자들이 한국사를 반드시 배울 필요가 있을까? 실제로 사람
들과 함께 어울리면서 살아가는데 언어보다 더 중요한 것은 타인이 가지고
있는 정서와 문화를 이해하는 일이다. 다른 사람의 정서와 문화를 이해하
지 못하면 끊임없이 갈등과 싸움이 일어날 수밖에 없다. 하물며 친구를 사
귈 때도 친구가 어떤 환경에서 어떻게 살아왔는지가 중요하듯이 그 나라 사
람의 정서를 이해하고자 한다면 그 나라의 역사를 학습할 필요가 있다. 더
불어 한국사 속에는 한국의 사상과 정치, 경제 등 다양한 소재들이 수 세기
동안에 걸쳐 축적되어 있다. 이에 한국사를 배운다는 것은 단순히 역사적인
사실을 습득하는데 그치는 것이 아니라 다양한 학문 분야의 형성과정을 축
적하는 것이라 할 수 있다. 따라서 한국사 학습은 이주배경학습자들이 한국
인의 정체성을 이해할 수 있는 실마리를 제공해 주게 되어 이들이 한국인과
어울려 살아가는데 정서적인 도움을 줄 것이다. 그리고 다양한 학문을 전공
하는 기초지식으로 활용할 수 있고, 문화생활을 풍요롭게 영위할 수 있다는
점에서 효용가치가 있다. 다만 주의해야 할 점은 이주배경학습자들에게 한
국사 교육을 의무화할 필요는 없다고 생각한다. 동화주의적 입장에서 이들
에게 모국의 문화를 버리고 한국인으로 살아가게 하기 위해서 한국사 교육
을 의무화하자는 것은 철지난 국가주의적 사고방식에 불과하다.

본 연구에서는 언어·문화적으로나 사회적으로 특수한 상황에 놓여 있는
12명의 결혼이주여성과의 심층 면담을 통해서 결혼이주여성 대상 한국사
교육이 갖는 의미와 한국사 교육의 목적에 대해서 살펴 보았다. 연구 결과,
결혼이주여성들은 국적취득이나 자녀교육, 한국어능력 향상, 취업 및 직업

역량 강화 등을 목적으로 한국 역사를 배우고자 하였다. 더불어 결혼이주여성 중에는 고등교육으로 진학하는 경우가 매해 증가하고 있는데, 이를 위해서도 한국 역사를 배울 필요성이 있음을 언급하였다. 요컨대 이들은 한국 사회에 적극적으로 적응하고, 사회에 진출하여 성공적으로 직업 활동을 수행하기 위한 목적으로 한국 역사를 배우고자 하였다.

한편, 결혼이주여성들은 한국역사를 배우면서 한국 사회의 특징과 한국인의 정서를 더 깊이 이해하고 공감하게 됨으로써 한국인과 소통하는 데 자신감이 생겼을 뿐만 아니라 한국을 여행하면서 한국문화를 더 깊이 느끼고 싶은 지적 호기심이 생겼다고 언급하였다. 더불어 모국의 역사와 현실에 대해서 깊이 있게 고민하게 되었고, 모국 역사를 객관적으로 바라볼 수 있게 되었다고 한다. 더구나 중국이나 북한출신의 경우에는 한국에서 배우는 역사적 내용과 모국에서 배운 내용이 다른 점이 있어서 종종 혼란스러워 하는 경우도 있었다. 반면에 우즈베키스탄, 몰도바, 볼리비아, 태국, 캄보디아 등은 한국과 관련된 역사적 내용은 많지 않기 때문에 내용면에서 혼란스러운 경우는 거의 없지만 모국이 한국에 비해서 경제발전이 뒤처지는 것에 대해 아쉬움을 토로하였다. 따라서 결혼이주여성들을 대상으로 역사를 가르치는 교사는 이들이 모국의 현실 상황을 부정적으로 느끼는 감정을 가지지 않도록 유의할 필요가 있겠다. 아울러 이들을 대상으로 역사를 가르치는 교사는 민족주의적 색채가 강한 한국사교육에서 벗어나 동아시아 각국에 대한 보편적이고 객관적인 역사인식이 필요하겠다

이상에서 살펴본 바와 같이 결혼이주여성은 한국 역사를 배움으로써 한국인과 소통하고 한국 사회에서 건강하게 정착할 수 있는 기초교양 지식을 습득하게 되었을 뿐만 아니라 자신의 모국역사를 되돌아보고 비판적으로

사고할 수 있는 역량까지 함양할 수 있었음을 알 수 있다. 그렇지만 안타깝게도 지금까지는 결혼이주여성을 대상으로 한국 역사를 가르쳐야 할 필요성에 대해서 충분하게 인식하지 못했을 뿐만 아니라 체계적으로 학습할 수 있는 교육기관이나 교육프로그램도 거의 부재한 형편이었다. 따라서 결혼이주여성을 포함한 이주배경학습자를 대상으로 전문적으로 역사를 가르칠 수 있는 교육프로그램을 개발하고 체계적인 역사교육을 시행할 필요성이 있겠다. 덧붙여서 이들을 대상으로 하는 교사교육도 이루어져야 한다. 특히 이들을 대상으로 가르치는 역사교사는 한국사 교육에 대한 이해뿐만 아니라 다양한 나라의 역사와 문화를 이해하고자 하는 노력이 필요하다.

본 연구는 한국사회에 적극적으로 적응하고자 하고, 사회 진출과 성공적인 직업 활동을 수행하기 위한 목적으로 한국 역사를 배운 경험이 있는 12명의 결혼이주여성을 대상으로 진행하였다. 실제로 결혼이주여성 중에서 한국사를 심도 있게 배운 결혼이주여성을 연구 참여자로 선정하는 것이 쉽지 않았기 때문에 연구 참여자를 선정하는데 제한이 있을 수밖에 없었다. 따라서 결혼이주여성 전체로 확대해서 연구 결과를 적용하는 데는 분명한 한계가 있다. 그럼에도 불구하고 지금까지 역사교육 분야에서 거의 논의된 바가 없었던 결혼이주여성을 대상으로 하는 한국사 교육의 의미와 방향성을 탐색한 것은 역사교육의 지평을 확대하는 데 의미가 있다고 사료된다. 향후 결혼이주여성들의 국가 별로 체계적인 연구가 진행될 필요가 있고, 이들을 대상으로 하는 맞춤형 한국사 교재가 개발될 필요성이 있겠다. 아무쪼록 이 연구가 인구 구성이 급격히 변하고 있는 한국의 교육현실에서 다양한 소수학습자를 대상으로 하는 역사교육 연구에 논쟁의 불씨가 되기를 바란다.

◈ 보론 ◈

결혼이주여성 관광통역사의
직업경험 사례연구

결혼이주여성 관광통역사의
직업경험 사례연구*

I. 서론: 문제제기

이주민의 직업획득과 유지 과정에 대한 정착국의 정책적 관심은 역량 있는 이주민의 성공적인 정착 및 사회통합을 가능하게 한다. 이 연구는 이주민의 언어와 문화를 활용한 직업 중 하나인 관광통역안내사로 활동해온 결혼이주여성들의 직업경험을 분석하였다. 이를 통해 역량 있는 이주민 인적자원을 노동시장에서 적절하게 활용해야 할 필요성과 이를 가능하게 하는 관련 제도의 개선방향에 대해 논의하고자 한다.

이 연구는 결혼이민자 중 대다수를 차지하는 여성, 즉, '결혼이주여성'의 정착경험 중 '일의 획득과 유지'에 대한 관심에 기반하고 있다. 2018년 전국다문화가족실태조사 연구에 의하면 결혼이민자가 꾸린 가정의 대다수가 사회경제적으로 빈곤층에 속하고 있는 것으로 나타난다.[1] 이에 따라 결혼

---

* 『다문화사회연구』 14(2), 2021에 실린 논문을 요약, 수정하였다.
1) 18세 이상 국민 일반과 비교하면 상용직 비중은 월등히 낮고 임시직 및 일용직 비중은 훨씬 높으며 자영업자의 비중은 현저히 낮고, 무급가족종사자 비중이 더 높은 등 전반적으로 종사상 지위가 열악하다. 월평균 임금은 결혼이민자·귀화자의 47.6%가

이주여성의 다수는 취업 등을 통해 경제활동을 원하고 있으나 상당수가 취업에 어려움을 겪고 있고, 실제 취업률도 그리 높지 않은 것으로 알려져 있다. 경제적 빈곤을 겪는 경우가 아니더라도 성인기 발달과업은 '일'을 통해 이루어지므로 결혼이주여성이 이주 이후 일정기간 동안 생활적응 단계를 거쳐 일상적 언어 소통과 문화에 대한 기본적인 이해가 어느 정도 이루어지게 되면 경제활동에 대한 요구가 높아지게 되는 것은 예측 가능한 '정착(settlement)'의 수순이라고 볼 수 있다. 이들에게 있어서 한국 사회에서 종사할 수 있는 '일'을 찾고 유지하는 것은 경제적 보상만이 아니라 한국 사회를 이해하고 세상과 소통하는 통로를 발견하고 유지하는 것이기도 하다. 따라서 한국 사회에서 이들의 구직을 비롯한 취업 및 직업경험을 살펴보는 것은 이주민 개인의 노력에 따른 '성공적인 정착'이라는 개인적인 의미는 물론, 보다 다원화되어가고 있는 한국 사회의 사회적 통합(integration) 차원에서도 의미가 클 것이다.

결혼이주여성 유입과 정착의 역사가 어느 정도 축적된 현재, 정부도 결혼이민자의 한국어 교육이나 '아내' 혹은 '어머니' 등 가정 내에서의 역할 수행에 대한 교육 등 이들의 한국 사회 초기 적응에 초점을 두던 정책에서 결혼이민자의 취업지원에 적극적으로 관심을 가지기 시작하였으며 취업지원 방향에 있어서도 결혼이주여성 및 그 가정의 생계지원 목적 위주였던 과거에서 점차 이들이 지닌 역량을 활용하는 방향으로 확장되어 왔다. 하지만 결혼이민자의 80% 이상을 차지하는 결혼이주여성들은 취업에 있어 국내 기혼여성들과 마찬가지로 대부분 자녀양육의 부담으로 인하여 취업이 어려

100~200만원의 임금을 받고 있고, 그 중에서 100만원 미만은 15.8%에 이른다(여성가족부, 2019)

운 데다가 이주민이라는 특성으로 인해 한국어 구사능력의 부족 등으로 취업에 필요한 자격증 취득이 어려우며, 취업 시 직장 내 의사소통의 어려움이나 문화에 대한 이해가 부족할 것을 우려하여 고용주들이 채용을 꺼리는 면도 있는 등, 한국 사회의 기혼여성이자 이주민으로 이중의 어려움을 가진다. 현재 전체 결혼이주여성 중 70% 이상이 취업욕구를 가지고 있다는 통계조사에도 불구하고, 경제활동 참여율은 30%를 조금 웃도는 낮은 수준이며, 그나마도 주로 단순노무직이나 서비스직의 임시근로자 또는 일용근로자로 종사하고 있는 것으로 나타나 전반적으로 이들의 고용상태가 불안정한 상황이라고 할 수 있다.[2]

이러한 상황에서 결혼이주여성들이 국내 노동시장에서 상대적 강점을 가질 수 있는 언어·문화적 자원을 활용한 직업분야에서 전문인력으로 활동하는 것은 이주민 기존의 역량을 활용한 효율적인 '인적자원개발'이라는 개인적 의미와 함께 이주민의 성공적인 직업획득과 유지로 얻어지는 '사회통합'이라는 이중의 효용을 가질 수 있다. 예를 들어 박미은, 신희정, 이미림의 연구는 결혼이주여성들이 한국에서 외국어 강사나 통역사와 같이 모국어를 활용할 수 있는 일을 할 경우 보다 자부심을 가지고 일하게 된다는 결과를 제시하고 있는데, 이처럼 언어·문화적 자원을 활용한 직업분야로의 진출은 이주민에게 있어 보다 각별한 '정착'과 '사회통합'의 의미를 가진다고 보아도 좋을 것이다.[3]

관련 선행연구를 고찰해보면 결혼이주여성의 언어와 문화를 활용하는

---

2) 여성가족부, 『2018년 전국다문화가족실태조사 연구』, 2019.
3) 박미은·신희정·이미림, 「결혼이주여성의 취업경험에 관한 현상학적 연구」, 『사회과학연구』 23(4), 2012.

직업에 대한 연구들은 이중언어강사, 다문화교육강사 등이 주를 이루고 있는 상황이고 관광통역안내사와 같은 일부 고숙련 전문직종의 직업경험에 대한 연구는 찾아보기 어렵다. 관광통역안내사는 외국인 단체관광객이 입국하여 무사히 여행을 마치고 귀국할 때까지 관광지를 안내하며 여행객을 관리하는 전문적인 인력으로서 국가공인자격증 취득이 입직의 필수요건이다. 하지만 자격증 취득과정의 어려움으로 인해서 이중언어강사와 다문화교육강사 등에 비해 도전하는 결혼이주여성이 상대적으로 적고 입직에 성공한 이들도 적어 이들의 직업경험을 탐색하기에는 어려움이 있었던 것이 사실이다.

이에 본 연구에서는 출신국가 별(태국, 베트남, 러시아, 인도네시아, 중국한족, 중국동포) 6명의 결혼이주여성 관광통역안내사의 직업경험을 심층적으로 탐색하여 이 직업을 희망하는 결혼이주여성들에게 유용한 정보를 제공하는 한편, 이들의 목소리를 반영한 관련 취업지원정책과 세부 전략을 수립하는 데 필요한 정책적 제언을 도출하고자 하였다.

II. 연구의 배경

1. 이민자의 언어·문화적 자원을 활용한 직업으로서 관광업에 대한 논의

결혼이주여성들이 국내 노동시장에서 상대적 강점을 가질 수 있는 언어·문화적 자원을 활용한 직업분야에 진출하여 전문인력으로 활동한다면 직업적 성취가 보다 유리할 수 있고, 정착국 사회통합에도 도움이 될 수 있다. 이민자 유입이 보편화된 캐나다 등의 국가에서는 이민자 유입국 정착의 걸림돌로 이민자가 지닌 기존 역량, 즉, 학력, 자격, 경력 등이 제대로 인정받지 못하는 상황을 지적하고 대안을 제시하는 연구들이 다수 수행된 바 있다. 그러나 이민자의 정착국 취업에 있어 이민자가 이미 가지고 있는 역량의 활용, 즉, 이민자 기술 활용(immigrant skills utilization) 분야에서 상대적으로 연구가 부족한 부분이 바로 이민자의 모국어와 문화를 활용한 직업획득 및 유지라고 할 수 있다. 그 이유는 정착국 사회의 직업 중 이민자 언어와 문화를 상시적으로 사용할 수 있는 직업이 극히 드물어 주로 이민자 정착지원 분야 또는 해당 국가 출신 이민자를 주 고객으로 하는 소상공업이나 서비스 분야에 머무르기 때문일 것이다.

그러나 이미 지닌 언어와 문화적 역량에 이민자의 언어·문화 역량을 결합하여 남들이 쉽게 따라갈 수 없는 월등한 직업적 역량을 발휘할 수 있는 분야가 존재하며 그 중 하나가 바로 관광업이다. 관광업에 종사하는 이민자는 주로 자신의 모국에서 오는 관광객들을 대상으로 정착국의 관광자원에 대한 보다 깊은 이해를 돕고 이들의 특성에 맞는 일련의 관광 서비스를 제공하는 데 강점을 가진다. 이런 업무를 수행하기 위해 이민자는 모국 언어와 문화라는 기본적인 역량을 바탕으로 정착국의 언어와 문화에 대한 높은 수준의 지식, 기술, 태도를 획득해야 함은 물론, 서비스 기반 산업에 대한 심도 깊은 이해와 경험도 가져야 한다. 따라서 이주민 개인의 수준 높은 학습역량과 함께 정착국에서의 교육훈련의 중요성이 크기 때문에 관광업은 이민자 취업지원에 있어 정책적으로 중요하게 다루어져야 할 필요성이 큰 분야로 볼 수 있다.

해외 관광업계의 사례에서는 일찍이 이런 이주민 인적자원 활용의 동향이 감지된다. 예를 들어 뉴질랜드에서는 국제무역업이나 관광업 분야에서 이민자의 언어·문화적 자원을 적극적으로 활용하고 있는 사례연구가 진행된 바 있다. 또한 관광업 분야에서 외국어 능력 및 외국 문화에 대한 지식이 미치는 영향력에 대해서 심도 있게 조사한 연구도 있다.[4] 세계관광기구(World Tourism Organization, UNWTO)에서 펴낸 보고서 역시 '이주의 증가'와 '관광업의 성장'이라는 두 가지 현상은 '세계화(globalization)'의 맥락 속에 눈에 띄는 변화라는 점을 지적하면서 이주민의 관광업계 기여와 공헌은 세계적인 현상이며 각국에서 보다 깊이 탐색되고 정책적으로 지원해야 할 분야라는 점을 역설하고 있다(World Tourism Organization, 2009). 이러한 해외 연구들은 이민자들의 언어·문화적 역량이 이주한 국가의 노동시장에서는 일반적으로 평가 절하되는 일반적인 경향 속에서도 관광업이라는 특정 업계에서는 상대적으로 이들의 잠재력을 활용해야 할 충분한 필요 및 이유가 크다는 점을 잘 포착하고 있다.

이에 우리나라 관광시장에서도 결혼이주여성을 포함한 이민자들의 언어·문화적 역량을 전략적으로 활용할 필요성이 있고, 관광통역안내사를 포함한 관광업에 종사하고 있는 이민자들에 대한 연구가 체계적으로 논의될 필요성이 있다. 하지만 전술한 바, 그동안 수행되어 온 결혼이주여성들의 언어·문화적 자원을 활용한 직업경험에 관한 연구는 이중언어강사, 모국어강사, 다문화이해교육강사, 통·번역사 등에 한정되어 있고 그 중에서도 이중언어강사와 다문화교육강사 경험과 역할 수행에 초점이 맞추어져 논의된

---

4) Aitken, C., & Hall, C. M., "Migrant and foreign skills and their relevance to the tourism industry", *Tourism Geographies* 2(1), 2000.

경향이 있다.[5] 선행연구에서 나타나는 결혼이주여성들은 일 속에서 모국어를 사용하면서 모국어를 유지할 수 있다는 점에서 한국 사회 속 소수자로서 자신의 존재 의미를 찾는 것으로 나타났다. 그러나 결혼이주여성의 이러한 욕구가 한국 사회의 다문화 정책 속 결혼이주여성의 취업지원 정책과 실천에 어느 정도 반영되어 왔는지는 적지 않은 연구 속에서도 확실하게 드러나지 않는다.

관련하여 그간 결혼이주여성들을 대상으로 모국어강사, 이중언어강사, 통·번역사, 의료관광코디네이터, 다문화이해교육강사, 관광통역안내사 등으로의 취업을 돕는 교육과정이 다수 개발되고 제공되어 온 상황에서 결혼이주여성을 '관광통역안내사'라는 직업인으로 양성하는 교육과정이 다수 존재함에도 불구하고 이 직업에 종사하는 결혼이주여성에 대한 연구가 극히 희박하다. 반면, '관광통역안내사'라는 직업 자체에 초점을 맞춘 연구들은 상대적으로 다수이며, 일부 연구에서 결혼이주여성의 해당 업계 직업활동 상황을 약간이나마 유추할 수 있다. 대부분의 연구들은 내국인이자 중국을 대상으로 하는 관광통역안내사에 초점이 맞추어져 있는 가운데,[6] 무자격 관광통역안내사 문제 역시 거론하고 있는데 이렇게 자격을 소지하지 않

5) 원진숙·장은영, 「다문화 배경 이중언어 강사의 역할과 핵심 역량에 대한 연구」, 『교육문화연구』 24(2), 2018 ; 김윤주, 「이중언어강사의 역할 수행 실태 및 개선 방안 연구」, 『어문논집』 79, 2017 ; 강종훈·전주성, 「초등학교 이중언어강사의 다문화교육 경험 탐색 및 시사점: 서울시를 중심으로」, 『교원교육』 3(3), 2014 ; 전은희, 「고학력 결혼이주여성들의 구직활동과 취업경험에 관한 내러티브 연구」, 『평생교육학연구』 20(3), 2014 ; 전경미·장영신, 「여성결혼이민자의 취업지원 프로그램 요구분석-다문화강사양성과정을 중심으로-」, 『문화교류와 다문화교육』 2(3), 2013.
6) 강동훈·박운서·이재섭, 「중국어 관광통역안내사 근무환경에 관한 질적 연구」, 『관광레저연구』 30(12), 2018 ; 이종서·남완우, 「무자격 관광통역안내사 현황 및 원인에 관한 연구: 중국인 대상 관광통역안내사를 중심으로」, 『관광연구』 31(4), 2016 ; 이경주·반월, 「중국어 투어가이드(관광통역안내사)의 셀프리더십(Self-leadership)이 주관적 경력성공에 미치는 영향에 관한 연구」, 『관광연구논총』 27(3), 2015.

은 채 직업활동을 하는 사람들 중 일부가 외국인이거나 결혼이주여성에 해당할 수 있다는 유추만이 가능할 뿐이다. 한편 관광통역안내사와 유사성이 있는 직업분야로 분류할 수 있는 결혼이주여성 의료관광코디네이터에 관한 연구도 적은 편이다. 권명희의 연구에서는 뛰어난 모국어 실력과 모국문화에 대한 이해도를 지닌 결혼이주여성을 국제의료관광코디네이터로 육성할 필요성이 있음을 제안되었는데, 같은 이유로 결혼이주여성 관광통역안내사의 직업적 성공 가능성 역시 높다고 유추할 수 있을 것이다.[7]

2. 결혼이주여성 관광통역안내사 현황

선행연구를 검토한 결과, 희소가치가 큰 결혼이주여성 관광통역안내사를 대상으로 하였다는 점에서 본 연구의 일차적 의의가 있다. 특히, 국가 별로 볼 때 다수 논의되어 온 중국어권 이외에 러시아어, 인도네시아어, 태국어, 베트남어 관광통역안내사가 연구 대상에 포함되어있는 것은 관광통역안내사 관련 전체 선행연구 속에서도 뚜렷한 강점을 가진다.

최근 들어 한류의 영향으로 한국을 방문하는 외국인 관광객들이 증가함에 따라 관광통역안내사의 역할도 갈수록 중요해지고 있다. 관광통역안내사는 2010년 전까지는 일본어와 영어권이 다수를 차지하였으나 2010년 이후 중국인 관광객이 급격히 증가함에 따라 중국어 관광통역안내사의 수요가 가파르게 증가하였다.

이러한 흐름에 맞추어 2013년부터 다문화가족지원센터와 인력개발센터

---

7) 권명희, 「결혼이주여성의 국제의료관광코디네이터 활성화 방안 연구」, 『사회적 경제와 정책연구』 1(1), 2016.

등에서 결혼이주여성들을 위한 취업교육의 일환으로 결혼이주여성을 대상으로 관광통역안내사 양성과정 교육프로그램을 기획하게 되었고, 이 프로그램은 지역 별 다문화가족지원센터로 유행처럼 퍼져나갔다. 결혼이주여성이 관광통역안내사 자격증을 취득하기 위해서는 한국 역사와 문화, 그리고 관광 관련 전문적인 내용을 학습하여 한국어로 된 시험을 통과해야 한다. 하지만 당시에는 결혼이주여성을 대상으로 관광통역안내사 자격시험을 강의할 수 있는 전문적인 훈련교사도 부족한 상황이었고, 이들이 참고할 만한 교재도 제대로 갖추어져 있지 않은 실정이었다.

본 연구의 연구자는 결혼이주여성을 교육생으로 하는 관광통역안내사 양성과정의 전반적인 흐름을 파악할 수 있는 위치에 있다. 연구자는 2014년부터 2018년까지 다문화가족지원센터와 관광통역전문학원, HRD교육기관에서 이민자(남성 포함)를 대상으로 관광통역안내사 훈련교사로 참여하여 관광국사와 관광자원해설을 강의하였으며 이후 현재에 이르기까지 다수의 관련 양성과정의 기획과 실행에 참여한 경험이 있다. A 다문화가족지원센터에서 관광통역안내사 훈련교사로 참여하였던 당시에 자격증 시험을 위해 참고할 수 있는 교재조차 제대로 갖추어져 있지 않아서 교육을 진행하는데 상당한 어려움을 겪기도 하였다.[8] 그럼에도 불구하고 다수의 결혼이주여성들은 기관에서 진행하는 교육을 받는 것 이외에 관광전문 사설학원까지 찾아가서 교육을 받는 열정을 보였고, 그 결과 중국동포 출신 중 다수는 관광통역안내사 자격증을 취득하였다.[9] 하지만 2015년 6월 메르스(MERS, 중

---

8) 연구자는 당시의 경험을 바탕으로 2016년도에 관광통역안내사 전문교재를 집필하였고 출간하였다.
9) 2019년 기준 한국인을 포함한 관광통역안내사는 총 33,218명이고, 중국어 관광통역안내사는 12,521명이다. 그 중에서 중국 출신은 대략 50% 정도이다. 하지만 한국으

동호흡기증후군)에 이어 2017년 사드(THADD) 배치문제로 중국과의 외교문제가 발발하자 중국인 관광객이 급격히 줄어들면서 한꺼번에 배출되었던 중국어권 관광통역안내사들이 활동할 수 있는 자리는 빠르게 사라져갔다. 여기에 더해 코로나 19로 인한 관광산업 타격으로 인해서 많은 사람이 일자리를 잃고 경제활동에 타격을 받았다. 하지만 다시 역동적으로 움직임을 재개할 관광산업을 위해 한국 역사와 문화에 대한 기본적인 지식을 갖추고 있고, 한국 관광지를 모국어로 능숙하게 설명할 수 있는 이들의 역량을 전략적으로 활용할 수 있는 방안을 다각도로 모색하는 기회를 고민하는 것은 지금 시기에 매우 적절하고 유의미한 일이라고 사료된다. 이를 위해 결혼이주여성 관광통역안내사들의 직업경험을 이해하고 어려움의 원인을 파악하는 것이 가장 첫 시도이자 의미 있는 시작점이 될 수 있을 것이다.

III. 연구방법

1. 연구참여자 선정

본 연구는 지금까지 거의 조명되지 않았던 결혼이주여성 관광통역안내사의 직업경험을 파악하고자 하였다. 이를 위해 중국, 인도네시아, 베트남, 태국, 러시아 출신의 결혼이주여성 중 관광통역안내사 자격증을 취득하고 관광통역안내사로 활동한 경험이 있는 6명의 결혼이주여성을 연구참여자

로 국적을 바꾼 귀화자도 있기 때문에 정확한 통계는 구축하기 어렵다(한국관광공사).

로 선정하였다.

6명의 연구참여자들을 선정하기까지의 선정기준과 선정과정에 작용한 고려점과 특이사항은 다음과 같다.

첫째, 결혼이주여성으로서 관광통역안내사 자격증 취득에 도전하는 여성들의 국적을 가능한 한 골고루 포함하고자 하였다. 각각 다른 언어권의 결혼이주여성 관광통역안내사를 선정한 것은 언어권마다 관광시장의 상황이 달라서 직업경험도 다양하게 나타날 수 있기 때문이다. 이에 연구자는 각각 다른 언어권의 관광통역안내사가 한 명씩 연구참여자에 포함되는 것을 원칙으로 하되 중국의 경우는 중국인(한족)과 중국동포(조선족)의 경험이 상이할 수 있어 이를 구분해서 각 한 명씩을 포함하였다. 이 과정에서 상대적으로 아주 희소한 동남아국가 출신 결혼이주여성인 관광통역안내사들이 이 연구의 참여자로 포함된 것은 이 연구의 독자적인 수월성으로 볼 수 있다. 특히 인도네시아 출신으로 관광통역안내사 자격증을 취득한 관광통역안내사는 고작 4명에 불과하고, 태국 출신의 관광통역안내사는 5명 내외이다 (2020년 기준). 러시아나 베트남 출신의 관광통역안내사도 희소한 상황에서 이 연구를 통해 이들의 경험을 들을 수 있었다는 점을 언급할 수 있다. 따라서 본 연구에는 각각 다른 언어권의 결혼이주여성이 경험하는 관광시장의 상황과 직업경험이 골고루 포함되었다는 측면이 부각된다.

둘째, 관광업계 직업현장의 실무 경험을 파악하기 위해 자격증 취득 이후 최소 1년 이상의 업무 경험이 있는 사람을 선정하는 것을 기준으로 하였다. 참여자 섭외 결과, 모두 2년 이상의 직업경험을 가지고 있는 것으로 나타났다.

연구참여자 선정과 관련하여 본 연구를 수행한 연구자의 위치성

(positionality) 역시 언급할 필요가 있다. 연구자는 결혼이주여성 관광통역안내사 양성과정의 훈련교사로 참여한 경험이 있어 연구참여자들은 연구자와의 친분을 매개로 이 연구의 참여를 수락하였다. 연구자는 결혼이주여성이 관광통역안내사로서 직업을 수행하는 데 가질 수 있는 강점과 고숙련·고소득 직업에 대한 이들의 열망에 대해 잘 알고 있고, 이들이 직업적 결실을 맺고 한국 사회에 정착하는데 도움이 되고자 하는 희망을 가지고 있다. 이에 연구참여자들은 이런 연구자에 대한 믿음으로 연구참여에 흔쾌히 응해주었다.

2. 자료 수집 및 분석

연구참여자들과의 면담은 연구참여자들의 집 부근에 있는 카페나 연구참여자의 집, 또는 연구자의 집 등, 상황에 따라 연구참여자에게 편한 장소에서 수행되었다. 코로나 19로 인해서 사람이 많은 공개적인 장소에서 면담을 진행하는 것에 어려움이 있어서 가능하면 연구참여자의 집으로 방문해서 면담을 진행하였다.

면담은 연구자가 미리 준비한 질문지에 의거하되 실제로는 주로 연구참여자들이 편안하게 자신의 이야기를 풀어놓는 방법으로 진행되었다. 연구참여자가 자신의 경험을 충분히 이야기하도록 최대한 편안한 분위기를 조성하였으며, 한국어가 이들의 모국어가 아닌 점을 감안하여 연구자의 질문을 명확하게 이해할 수 있도록 유의하였다. 연구참여자들은 질문내용에 따라 결혼 이후 한국에 입국한 지금까지의 한국생활 경험 및 관광통역안내사라는 직업을 선택하게 된 동기, 그리고 자격증 취득을 위한 준비과정, 직업

생활의 어려움과 긍정적인 측면에 대해서 자유롭게 구술하였다. 6명의 연구참여자들 모두 연구자와 짧게는 3개월, 길게는 6개월 동안 직업훈련교사와 학습자로 조우하였기 때문에 연구자와는 깊은 라포(rapport)가 형성되어 있었다. 이에 각각의 연구참여자들과 편하게 차를 마시거나 식사를 하면서 면담을 진행할 수 있었다. 연구참여자와의 공식적인 면담은 개별적으로 1차례씩 진행하였고, 시간은 2시간에서 3시간 정도 소요되었다. 그리고 면담 이후에도 이들과 수시로 전화통화나 SNS, 이메일을 통해서 추가 질문이 필요한 부분을 묻고 이를 기록하였다.

연구참여자의 수가 최종적으로 6명으로 결정된 것은 면담진행과정에서 확인한 자료의 포화상태(saturation)에 기인한다. 연구 초기 연구참여자의 숫자에 관해서는 추가 섭외가 필요할 수 있는 가능성을 이유로 개방성을 견지하였다. 이후 섭외된 6명의 면담을 통해 수집된 자료를 일별한 결과, 연구참여자 경험의 유사성이 반복적으로 확인되고 새로운 경험에 대한 자료가 현격히 줄어드는 상황이 확인되어 자료 수집과정을 종료하고 분석으로 이행하였다.

자료수집 기간은 2020년 10월부터 11월까지의 2개월이었다. 각각의 면담 내용은 연구참여자의 동의를 받아서 모두 녹음하였고, 녹취된 자료를 모두 전사하였다. 그리고 항시비교법(constant comparative method)을 사용하여 전사자료 검토를 되풀이하여 의미 있는 패턴과 주제를 도출하였고, 발견된 패턴과 주제를 다시 전사자료에서 확인하는 과정을 반복함으로써 결혼이주여성 관광통역안내사의 직업경험 구성요소의 대주제와 소주제를 확정하였다. 또한 분석에 대한 삼각검증(triangulation) 차원에서 일부 참여자에게 분석결과를 공유하여 이견이 있는지를 확인하였고, 이주 분야에 전문성이 있는 학자 1인에게 분석결과에 대한 자문을 받고 이를 분석에 반영하였다.

연구참여자들은 모두 관광통역안내사 자격증을 취득하였고, 2년 이상 한국에서 관광통역안내사로 활동하였다. 하지만 심층면담 당시 코로나 19로 인해서 6명 모두 관광통역안내사 일을 쉬고 있었으며 일부는 식당이나 병원 등에서 아르바이트를 하면서 생계를 유지하고 있었다. 연구참여자에 대한 자세한 정보는 〈표 1〉과 같다. 연구참여자 보호를 위해 이름은 모두 가명을 사용하였다.

〈표 1〉 연구참여자의 인적사항(2020년 기준)

이름 (가명)	나이	학력	가족사항	현재 국적	출신 국적	직업 경험 기간	자격증 취득	거주지
장주란	36	대졸	아들(10) 어머니(60) 남편과 이혼	한국	중국 한족	4년	2015	서울
디엠	44	대졸	남편(47)	인도네시아	인도네시아	3년	2016	김포
이진미	42	고졸	남편(43) 딸(12)	영주권	중국 동포	2년	2014	서울
소미란	31	고졸	남편(48) 아들(6)	이중 국적	베트남	2년	2017	서울
따오	40	대졸	남편(41)	태국	태국	2년	2017	인천
리나	46	대졸	아들(28) 딸(18)	한국	러시아	2년	2017	인천

Ⅳ. 연구결과

본 연구에 참여한 6명의 결혼이주여성 관광통역안내사들은 이들이 관광통역안내사라는 직업을 선택한 동기부터 자격증 시험을 준비하는 과정, 직업생활을 하면서 겪었던 여러 가지 어려움과 성취 등의 생생한 직업경험을 연구자에게 풍부하게 들려주었다. 이를 통해 연구자는 이들이 들려준 풍부한 이야기 중에서 중요한 진술에 초점을 맞추어 의미모음(cluster of meaning)을 추출하였고, 이를 토대로 4개의 대주제와 11개의 소주제로 관광통역안내사의 직업경험을 아래와 같이 구성하였다.

〈표 2〉 결혼이주여성 관광통역안내사의 직업경험 구성요소

소주제	대주제
● 세상과 소통하고 싶은 열망 ● 모국에 대한 향수 ● 경제적 안정에의 희구	이주민으로서의 성장과 치유 (직업선택 동기)
● 자격증 취득 전념을 위한 생업 또는 육아 중단 ● 방대한 학습량과 어려운 내용 사이에서의 분투	외롭고 치열한 '학습 전투' (자격증 취득과정의 어려움)
● 직업현장의 모순으로 추락하는 자긍심 ● 강도 높은 노동과 나빠진 건강 ● 불리한 근로조건과 위기의 가정생활 ● 불안정한 고용시장과 불합리한 임금구조	여성/이주민/노동자로서의 갈등 (직업경험의 어려움)
● 문화전문가로서의 자긍심 ● 한국과 모국의 가교로서의 역할	대한민국 민간 홍보대사 (직업경험에서의 성취)

1. 직업선택의 동기: 이주민으로서의 성장과 치유

1-1. 세상과 소통하고 싶은 열망

결혼이주여성들은 자신들을 '결혼하러 와서 아이만 낳고 키우는 여성'으로 취급하는 데에서 상처를 받는다. 이들 중 상당수는 사회와 단절된 사적 공간에서 끝없이 반복되는 가사노동과 양육을 넘어 정착한 사회와 소통하고 싶어 하는데, 그 타개책의 하나가 취업이다.

연구참여자 중에는 집 안에 갇혀 아무도 자신을 알지 못하는 고립된 상황에서 오는 소외감, 무력감에서 탈피하여 바깥세상과 소통하고, 세상을 알고 싶은 지적 욕망을 채우기 위해서 관광통역안내사라는 직업을 선택한 경우가 다수 있었으며, 이진미씨가 대표적이다.

> 저는 오랫동안 가정주부로 살다가 관광통역안내사가 되었는데, 당시에 집에서 아이만 기르고 살다보니 점점 세상과 단절되는 느낌이 들었어요. 그래서 세상 밖으로 나가서 오랫동안 세상과 단절된 만큼 세상 돌아가는 것을 알고 싶었어요. 그래서 관광통역안내사가 되기로 결심했고, 자격증 시험을 준비하면서 한국 역사에 대해서 많이 알게 되어서 좋았어요. 그리고 관광통역안내사가 되면 중국의 여러 지방에서 오시는 분들을 만날 수가 있잖아요, 그러면 중국의 다양한 문화를 배울 수 있어요. 또한 한국 여행지도 많이 돌아다니면서 배울 수도 있구요.
>
> – 이진미 –

이진미씨는 관광통역안내사 자격증을 준비하는 과정에서 한국 역사와 문화에 심취하여 한국사능력검정시험 1급 자격까지 취득하였다. 그녀는 2017년도에 육아 문제와 사드로 인한 중국 정부의 한국 여행 제한조치에 따라 관광통역안내사 일을 일시적으로 그만둘 수밖에 없었지만, 아이가 성장하고 중국과의 관계가 나아지면 다시 관광통역안내사로 활동하고 싶다는 희망을 가지고 있다. 그녀는 한국 역사와 문화를 중국인들에게 알려주고 싶고, 중국인이 한국인에 대해서 가지고 있는 오해나 편견 등을 풀어주어 양국이 우호적인 관계를 형성하는데 다리 역할을 하고 싶다는 희망을 피력하였다.

1-2. 모국에 대한 향수

인도네시아 출신 결혼이주여성인 디엠씨가 관광통역안내사라는 직업을 선택한 동기는 '모국에 대한 향수를 달래기 위해서'였다. 그녀는 한국으로 이주 후 E여대를 졸업할 정도의 고학력자인데다가 남편도 대기업에 다니고 있어 경제적인 동기가 이 직업을 선택한 일차적인 목적은 아니었다. 그녀는 한국에서 인도네시아 사람을 만나기는 쉽지 않기 때문에 모국 사람들을 만나서 모국어로 대화하고, 모국 음식을 먹고 싶은 마음이 컸다고 한다. 이는 중국이나 베트남 결혼이주여성 관광통역안내사들이 이 분야로 입직하는 주요 동기와는 차이가 있다. 중국과 베트남 출신 이주여성들은 한국에 모국출신의 친구가 많고, 한국 사회 곳곳에서 중국이나 베트남 음식문화를 즐길 수 있기 때문에 인도네시아 결혼이주여성에 비해서 모국에 대한 향수를 달랠 수 있는 통로가 많다. 하지만 인도네시아 출신의 결혼이주여성은 여전히 한국 사회에서는 소수에 불과하고, 한국에서 이들의 문화를 느낄 수 있는

곳도 많지 않아 이주민이라는 소수자 중에서도 소수에 속한다.[10]

> 처음부터 관광통역안내사가 되고 싶은 생각은 없었어요. 하지만
> 한국에 살면서 인도네시아 사람들을 만나기가 쉽지 않다 보니 인도
> 네시아에 대한 향수병이 생겼어요. 인도네시아 사람들을 만나고 싶
> 고, 그들과 인도네시아어로 이야기하고 싶었어요. 그래서 관광통역
> 안내사가 되었어요. 관광통역안내사가 된 후 관광객들과 마음껏 인
> 도네시아어로 이야기 나누고, 관광객들이 가끔 인도네시아 음식도
> 나누어 주셔서 향수병을 치유할 수 있었어요.
>
> — 디엠 —

실제로 인도네시아는 다양한 민족, 문화 종교 등의 특수성을 가지고 있
기 때문에 인도네시아 결혼이주여성의 문화적응 경험은 다른 국가에서 온
이주여성들과 다르게 나타날 수 있다. 특히, 인도네시아인의 87%가 이슬람
교를 믿기 때문에 이슬람교의 식습관에 관한 종교적 규율로 인해 한국생활
에 적응하는데 어려움을 겪는 것으로 나타났다.[11] 게다가 인도네시아 음식
에 사용하는 향신료를 한국인들을 좋아하지 않는 경우가 많아 이들은 집에
서 인도네시아 음식을 만들지 않는 경우가 많고, 이로 인해 인도네시아 음
식에 대한 그리움을 강하게 느낀다고 한다.[12]

이처럼 결혼이주여성 중에서도 소수에 속하는 인도네시아인들은 문화적

---

10) 2019년 기준 결혼이주여성의 국적 분포를 살펴보면 중국계 55,050명, 베트남
    39,628명에 비해서 인도네시아는 663명에 불과하다(통계청).
11) 허민·허창수, 「인도네시아 무슬림 유학생의 문화충격을 통한 한국의 문화적 특성 이
    해」, 『학습자중심교과교육연구』 17, 2017.
12) 엠마누엘라 사바티니, 「결혼이주여성의 문화적응 경험에 관한 현상학적 연구: 인도네
    시아 여성을 중심으로」, 계명대학교 석사학위논문, 2020.

특수성으로 인해서 한국 사회에서 더욱 고립감을 느끼고 있고, 이를 위한 탈출구로 모국인을 자유롭게 만날 수 있는 관광통역안내사라는 직업을 선택하기도 한다.

1-3. 경제적 안정에의 희구

관광통역안내사는 우리나라에 입국한 외국인 관광객들에게 입국에서부터 출국까지 그들의 모국어로 우리 역사를 알리고 우리 문화를 나누며 세계와 소통하는 '문화관광전문가'라는 명시적인 설명과는 달리 실제로는 강도 높은 노동과 불안정한 고용상태에 놓여있는 직업이다. 그럼에도 불구하고 이 직업을 선택한 동기는 다른 직업에 비해 고소득이 가능하다는 점이다. 많은 결혼이주여성들의 가정이 경제적으로 어려운 상황에 있으며 본인의 역량에 대해 어느 정도의 확신이 있는 이들은 이런 이른바 '하이 리스크, 하이 리턴(high risk, high return)' 상황에 도전한다. 대부분의 연구참여자가 이런 입직 이유를 공유하였다.

> 관광통역안내사가 다른 직업에 비해서 수입이 좋다는 말을 들었어요. 저는 아들이 2살 무렵에 도박중독자인 남편과 이혼했어요. 그래서 이혼하고 아들을 혼자 책임져야 했어요. 게다가 전 엄마와도 함께 사는데 엄마는 다리가 불편하고 한국말을 전혀 할 줄 몰라서 일을 할 수가 없어요. 제가 엄마와 아들을 책임져야 하기 때문에 돈을 많이 벌어야 해요. 그래서 관광통역안내사가 되었어요.
>
> — 장주란 —

저는 이전에 관광지에서 자수정 판매원으로 일했지만 돈을 많이 벌지 못했어요. 그때 관광통역안내사가 수입이 좋다는 말을 들었어요. 그래서 이건 짧은 기간 동안 큰 돈을 벌 수 있다고 생각하고 관광통역안내사 시험을 준비했어요.

- 소미란 -

실제로 관광통역안내사는 이중언어강사나 모국어 강사에 비해서 짧은 기간에 비교적 고소득을 올릴 수 있는 직업이다. 게다가 학력 제한이 없기 때문에 어떤 면에서는 모국어 능력을 갖춘 결혼이주여성이 쉽게 접근할 수 있다. 하지만 전술한 바대로 까다로운 자격취득 요건으로 인해 결혼이주여성이 관광통역안내사 자격증을 취득하기가 쉽지 않고, 또한 자격증을 취득한 모든 관광통역안내사가 많은 돈을 벌 수 있는 것도 아니다. 실제로 언어 유창성과 문화 역량은 기본이고 여행 서비스 능력이 뛰어나고 언변이 뛰어난 소수의 사람만이 이 분야에서 두각을 나타낸다. 그리고 잦은 외박과 새벽부터 늦은 밤까지 이어지는 업무의 특성상 여성보다는 남성에게 유리한 직업이라는 인식이 있기도 하다. 따라서 결혼이주여성에게 관광통역안내사라는 직업은 '이주민'에게 유리하고 비교적 좋은 일자리로 인식되면서도 현실적으로는 '여성'이 감당하기에는 여러 가지 면에서 불리한 직업이기도 한 측면이 있었다.

2. 자격증 취득과정: 외롭고 치열한 '학습전투'

2-1. 자격증 취득 전념을 위한 생업 또는 육아 중단

관광통역안내사가 되기 위해서는 외국어 시험, 필기시험, 면접시험 단계를 거쳐야 한다. 그러나 한국어가 익숙하지 않은 외국인이 4과목으로 구성된 필기시험을 통과하는 것은 아주 힘겨운 일이다. 특히 한자문화권이 아닌 태국, 인도네시아, 베트남, 러시아 출신들이 한국 역사와 관광자원을 배우고, 관광학 개론과 관광법규를 학습한다는 것은 더욱 그렇다. 그래서 이들은 자격증을 취득하기 위해 생업 또는 육아를 포기하다시피 한다. 인도네시아 출신인 디엠씨의 경우는 7개월 동안 오로지 공부에만 매달려서 자격증 취득에 성공했다고 한다.

> 저는 집과 학원에서 공부만 했어요. 밥 먹고 화장실 가고, 잠자는 시간을 제외하고는 오로지 공부만 했어요. 당시에 머리카락이 빠지고 얼굴에 여드름까지 생긴 것은 평생 기억에 남을 것 같아요. 저희들은 한자를 전혀 모르기 때문에 학습내용을 이해하는 것이 어려워요. 그렇게 7개월을 공부만 해서 필기시험에 합격했어요. 면접시험은 98.7점으로 최고점수를 받았구요.
>
> — 디엠 —

인도네시아 출신으로서 최초의 관광통역안내사 자격증을 취득한 디엠씨는 당시에 무자격으로 불법적으로 활동하고 있던 관광통역안내사 일을 그만두고 오로지 시험 준비에만 전념하여 자격증 취득에 성공하였다. 그녀의 친구들 중에는 여전히 무자격 활동을 하고 있는 사람들이 있고 이들은 신고를 당하면 300만 원이나 되는 벌금을 내야 하므로 꼭 자격증을 취득하고 싶어하지만 도저히 시험에 합격할 자신이 없다고 한다. 이처럼 다수의 결혼이주여성들은 자격증 시험에서 여러 번의 실패를 경험하거나 자격증을 취득하겠다는 엄두조차 내지 못하는 실정이다.

한편, 소미란씨는 갓 태어난 아이를 베트남에 계신 어머니께 맡기고 시험 공부에만 전념한 경우이다.

> 저는 시험 준비할 때 아이를 베트남에 보내서 엄마에게 맡겼어요. 그렇게 1년 4개월을 공부해서 자격증을 취득했어요. 저는 역사를 공부하는 것은 재미있었어요. 제가 베트남 화교여서 한자를 조금 알아요. 그래서 역사 공부는 어렵지 않았죠. 그런데 관광자원이 어려웠어요. 제가 한국여행을 다녀본 적이 없어서, 동해, 서해, 남해가 어딘지도 몰랐어요. 그래서 한국 관광지와 관광자원을 외우는 것이 쉽지 않았어요.
>
> – 소미란 –

이처럼 결혼이주여성으로 관광통역안내사 자격증을 취득하기 위해서는 생업과 육아를 중단한 채 오로지 시험 준비에만 매진할 수밖에 없다. 한국어도 서툴고 한국 역사나 문화, 법률 등에 대한 기초지식이 부족한 이들이 시험에 합격하기 위해서는 다른 모든 것들을 포기하거나 유예하는 힘겨운 과정을 견뎌내야만 한다.

2-2. 방대한 학습량과 어려운 내용 사이에서의 분투

관광통역안내사 필기시험은 관광국사를 비롯하여 4과목으로 구성되어 있는데, 각 과목의 범위가 상당히 광범위하고 문제난이도와 예상문제를 예측하기가 어렵다. 또한 관광자원해설의 경우에는 한국의 관광자원을 지역별로 암기해야 하고, 어느 부분에서 문제가 출제될지 예측하기 어렵다. 연구자가 결혼이주여성 뿐만 아니라 한국인을 대상으로 교육한 경험에 의하면 한국인도 시험을 준비하는데 상당한 어려움을 호소하였다.[13] 더구나 한국어도 서툴고 한국 역사나 지리를 거의 배워본 적이 없는 결혼이주여성이 관광통역안내사 필기시험을 준비하는 것은 난이도가 높은 도전이다.

연구참여자 중 러시아 출신의 리나씨는 관광통역전문학원을 다니는 것 뿐만 아니라 개인과외까지 받으면서 자격시험을 준비했는데, 학습교재에 한자가 많아서 내용을 이해하는데 곤욕스러웠다고 토로하였다.

> 저의 경우에는 언어능력도 부족했고, 교재도 한자를 많이 쓰고 있잖아요. 한자로 표기되어 있으면 중국 사람에게는 유리하겠지만 러시아 사람인 저에게는 너무 어려워요. 러시아 사람인 저는 한자를 전혀 몰라요. 차라리 교재가 그림이 많고, 한글로만 표기되어 있으면 좋겠어요.
>
> – 리나 –

한자용어 때문에 학습에 어려움을 느낀 경우는 태국 출신인 따오씨도 마찬가지였다. 따오씨는 시험 준비기간 동안에 심리적인 스트레스를 심하게 겪어서 지금도 그때를 떠올리면 눈물이 난다고 말했다.

---

13) 연구자는 2016년부터 2018년까지 서울시 강남구에 있는 HRD교육기관에서 관광통역안내사 훈련교사로 활동하였다. 당시에 교육생 분포는 대체로 한국인이 80%이고, 이주민이 20%였다.

시험 공부할 때 매일 새벽까지 공부했고, 한국 역사와 관광지를 모두 외워야 하고... 가장 어려운 것은 용어였어요. 예를 들어 어느 날 선생님이 '조선은 누가 건국했나요?'라고 질문했어요. 그런데 저는 '건국'이라는 용어를 몰라서 답을 못했어요. 그냥 '조선은 누가 세웠나요?'라고 물었으면 답할 수 있었을 텐데... 그때 선생님께서 저를 한심한 눈으로 바라보던 모습이 아직도 기억이 나요. 왜냐하면 전 그날 집에서 많이 울었고, 그때 슬펐던 기억이 지금도 생생하게 떠올라요.

　　　　　　　　　　　　　　　　　　　　　　　- 따오 -

이처럼 한국 역사나 문화에 대한 기본적인 지식이 없고 한국어가 서툰 결혼이주여성들이 한국인을 대상으로 하는 자격시험을 동일하게 준비하는 것은 어려운 일이다. 게다가 이들을 위한 맞춤형 교재도 없고, 이들의 한국어 수준을 고려한 동영상 강의도 개발되어 있지 않다.[14] 이렇게 어려운 과정을 이겨내고 관광통역안내사 자격을 취득에 성공한 결혼이주여성들은 어쩌면 당연하게도, 스스로에 대한 자신감을 바탕으로 향후 자신에게 펼쳐질 직업적 삶에 대해 큰 기대를 하게 된다.

---

14) 연구자가 결혼이주여성들을 대상으로 교육을 진행할 당시에 가장 안타까웠던 것은 이들이 예습이나 복습용도로 활용할 수 있는 동영상 강의가 없다는 것이었다. 이에 연구자는 이들이 자유롭게 강의내용을 녹음할 수 있도록 허락하였다. 한국어가 서툴고 학습내용에 대한 전반적인 이해가 어려운 결혼이주여성들은 계속적으로 반복해서 수업을 듣는 방법이 거의 유일하게 효율적인 학습방법이기 때문이다.

3. 직업경험의 어려움: 여성/이주민/노동자로서의 갈등

3-1. 직업현장의 모순으로 추락하는 자긍심

지난(至難)한 과정을 이겨내고 관광통역안내사 자격을 취득한 결혼이주 여성들은 한국을 모국에 알리는 역할을 수행하면서 당당하게 직업활동을 펼쳐나갈 수 있을 것이라는 기대감에 차 있었다. 하지만 이들이 직면한 현실은 오로지 쇼핑성적을 올리는데 모든 열정을 쏟아야 하는 상황이었다.

물론 관광통역안내사에게 쇼핑 및 선택관광은 수익창출의 중요한 부분이다. 관광통역안내사와 인바운드 여행사의 궁극적인 목적은 쇼핑 및 선택관광을 통한 수익증대라고 할 수 있으며, 특히 관광통역안내사 수입의 대부분은 쇼핑 및 선택관광 수수료로 지급되는 관행이 있다. 따라서 관광통역안내사의 능력을 평가하는 기준은 쇼핑이나 선택관광을 통하여 얼마나 수익을 창출했는가 하는 것이다. 이에 관광통역안내사는 국내 인바운드 여행사로부터 과도한 쇼핑압력에 시달릴 수밖에 없다.

> 관광통역안내사는 월급이 없어요. 단체로 온 관광객들이 인삼이나 화장품을 사면 그 수수료의 일부를 받아요. 만약에 관광객들이 쇼핑을 하지 않게 되면 저는 돈을 벌지 못해요. 저희들은 숙박비도 스스로 부담해야 되고, 어떤 경우에는 기사들의 팁도 개인 돈으로 지불해요. 그래서 무조 건 쇼핑성적이 잘 나와야 해요. 그리고 제가 맡은 단체 관광객들이 쇼핑을 하지 않으면 회사도 손해를 보기 때문에 2번 이상 쇼핑성적이 좋지 않으면 회사는 더이상 저에게 단체를 주지 않아요.
>
> — 이진미 —

이진미씨는 중국인이 운영하는 A 회사의 관광통역안내사로 활동했는데, 중국 관광객을 단체로 받을 경우는 1일 안내비와 숙박비조차 회사로부터 제공 받지 못한다고 한다. 이는 중국전담 여행사의 저가여행상품 위주의 과도한 덤핑현상으로 인해 여행사는 관광통역안내사에게 정당한 인건비를 지급하지 않고 상품판매수수료(쇼핑 리베이트)로 수입을 충당하는 경우가 많기 때문이다.

> 4박 5일간의 여행 중에 주로 4일째 되는 날에 쇼핑시간이 있어요. 그런데 쇼핑시간에 관광객들이 전혀 쇼핑을 하지 않는 경우도 있어요. 이런 경우에는 마지막 날 공항에서 관광객들을 보낼 때 저도 모르게 눈물이 나요. 왜냐하면 전 4박 5일간 일을 하고도 보수를 하나도 받을 수 없기 때문이에요.
>
> − 장주란 −

위와 같은 부당한 상황은 베트남과 태국의 경우도 마찬가지다. 베트남과 태국도 저가여행상품으로 단체 관광객을 받기 때문에 중국과 같은 상황이 벌어지고 있는 것이다. 모국의 경제적 상황 역시 연구참여자들의 수입과 긴밀히 연결되어 있으며 이들이 '여성'이라는 점은 일을 하는 동안 본인이 부담해야 하는 비용조차 절약하기 어렵게 한다.

> 저희들도 1일 안내비(=일비)가 없어요. 숙박비도 없구요. 남자들의 경우에는 운전기사들과 함께 숙박을 할 수 있지만 여성인 경우에는 어쩔 수 없이 방을 별도로 얻어야 해요. 그래서 숙박비를 절약하기 위해서 사우나에서 잠을 자는 경우가 많아요.... 그리고 베트남 사람들은 생각보다 쇼핑을 하지 않아요. 그들은 돈을 아껴

서 한국 여행을 오기 때문에 쇼핑으로 돈을 쓰려고 하지 않죠.

- 소미란 -

반면에 인도네시아와 태국, 러시아 관광통역안내사는 상황이 달랐다. 이들은 1일 안내비와 숙박비, 그리고 기사들에게 지급할 팁도 미리 회사로부터 제공받았다. 아울러 단체 관광객들이 관광통역안내사에게 일정하게 지급해야 하는 팁도 정해져 있었다. 그러나 관광객들이 쇼핑을 많이 했을 때 회사와 관광통역안내사가 더 많은 이익을 남길 수 있기 때문에 이들도 쇼핑 압력에서 자유로울 수는 없었다.

> 요즘 중국여행사들이 인도네시아 시장까지 들어오고 있어요. 그래서 저희들도 쇼핑압력을 많이 받고 있어요. 저희들은 1일 안내비와 숙박비를 회사에서 줘요. 하지만 저희들도 걱정이에요. 벌써 1일 안내비를 5만원에서 3만원으로 줄이는 곳도 있어요.

- 디엠 -

이처럼 언어권별로 관광시장 상황이 조금은 차이가 있지만 과도한 쇼핑 압력에 시달리는 것은 동일하다. 이는 우리나라 관광 이미지에 타격을 줄 뿐만 아니라 관광통역안내사의 직업에 대한 자긍심도 추락시키는 결과를 가져온다.

한편, 한국인 관광통역안내사의 경우에도 쇼핑이나 선택관광 수익이 이들의 능력을 평가하는 기준이 된다. 심지어 관광통역안내사에게 쇼핑 할당이 떨어지기도 하는데, 이를 채우지 못하면 여행사에 벌금을 내야 하는 경우도 있다. 불합리한 관광업계의 관행으로 인해 과도한 쇼핑압력에 시달리는 것은 한국인 관광통역안내사도 예외는 아닌 것이다. 조속히 관광업계의 정상화를 위한 제도적 방안이 마련될 필요성이 있다.

3-2. 강도 높은 노동과 나빠진 건강

관광통역안내사의 인적서비스 역량에 따라 관광객이 체감하는 여행서비스의 품질이 좌우되기 때문에 이들의 수행능력은 관광객의 여행경험 성공 여부를 결정하는 중요한 속성으로 평가받고 있다.[15] 일반적으로 관광통역안내사는 중국이나 동남아시아에서 온 단체관광객을 배정받으면 3박 4일이나 4박 5일 동안 여행서비스를 제공하게 된다. 문제는 여행기간 동안에 사전에 촘촘히 짜여진 여행일정표에 따라 개별관광으로는 소화할 수 없는 다량의 일정을 소화해야만 한다는 것이다.

> 관광통역안내사는 사람도 아니에요. 몸이 너무 힘들어요. 사람을 상대하는 것도 힘들고…. 단체 관광객이 오면 새벽 5시에 일어나서 공항을 가서 관광객들을 모시고 일정을 시작해요. 그리고 4박 5일 동안 여행서비스를 제공하고 여행 마지막 날 오전 9시에 공항에서 헤어져요. 그런데 가끔은 단체 관광객을 보낸 바로 당일 오전 10시에 새로운 단체를 맡을 때도 있어요. 그러면 오랫동안 집에 들어가지 못하게 되죠.
>
> – 소미란 –

전 관광통역안내사 일을 계속하고 싶지는 않아요. 왜냐하면 4박

---

15) 임형택·오정근, 「관광통역안내사 제도의 문제점과 개선방안에 관한 연구」, 『관광진흥연구』 5(1), 2017.

5일 동안 집에도 못 들어가고.... 체력적으로 너무 힘들어요. 아침에 6시에 일어나고 밤 11시까지 일하고.... 또 새벽에 일어나고....

– 디엠 –

관광통역안내사 일은 스트레스를 너무 많이 받아요. 마치 전쟁 같아요. 관광통역안내사는 국적, 학력 같은 것은 필요 없어요. 오로지 쇼핑성적을 올리고, 꽉 짜여진 스케줄을 손님들의 불평 없이 잘 소화해 내는 것이 가장 중요해요. 솔직히 관광통역안내사는 품격 없는 장사꾼 같아요

– 따오 –

6명의 연구참여자들은 공통적으로 관광통역안내사 직무는 체력적으로 견디기 어려운 강도 높은 노동이라고 언급하였다. 특히 여행기간 중에 숙박비조차 지급받지 못하는 중국이나 베트남 관광통역안내사의 경우에는 숙박비를 아끼기 위해서 사우나에서 숙박을 해결하기도 한다. 소미란씨는 "몸이 망가져요.", "1주일에 한 번은 술을 먹지 않고는 정신적으로 도저히 견딜 수가 없어요."라고 표현할 정도로 체력적으로나 정신적으로 힘겹다고 토로하였다.

3-3. 불리한 근로조건과 위기의 가정생활

관광통역안내사는 직무 특성상 잦은 외박과 새벽부터 늦은 밤까지 이어지는 강도 높은 노동으로 인해서 안정된 육아와 가정생활을 병행하기가 어려운 구조를 가지고 있다. 예컨대, 장주란씨는 이혼 후 육아를 전적으로 친

정어머니께서 맡아주었기 때문에 관광통역안내사 일을 할 수 있다고 했다. 디엠씨와 따오씨의 경우는 아이가 없기 때문에 육아부담에서 자유로울 수 있었다. 리나씨는 남편과 이혼상태이고 두 아이가 성장했기 때문에 비교적 가정생활에서 자유로운 상태였다. 하지만 이진미씨의 경우는 친정어머니께서 육아를 맡아 주었을 때는 일을 할 수 있었지만 이후 친정어머니의 건강 악화로 그녀가 육아를 전적으로 해야 되는 상황이 발생하자 결국 관광통역안내사 일을 그만둘 수밖에 없었다고 한다. 소미란씨는 어린 아들을 남편이 돌보고 있고, 그녀의 일을 남편이 지원해 주기 때문에 관광통역안내사 일을 할 수 있다고 했다. 하지만 그녀는 아이가 있으면 실제로 관광통역안내사 일을 하는 것은 불가능하다고 토로했다.

> 남편이 보석세공 하는 일을 하는데 남편이 주로 아이를 돌보죠. 아빠가 아이 어린이집도 보내고…그런데 아이 때문에 계속해서 이 일을 할 수는 없을 것 같아요. 지금도 아이가 저를 잘 따르지 않아요. 사실 주변을 보면 관광통역안내사 일을 하면서 이혼하는 경우가 많아요. 제가 처음 이 일을 할 때 기사님께서 "이 일 하면 안 되는데… 이혼하는데…"라고 말했어요. 이 직업은 아이가 있으면 솔직히 할 수 없는 직업이에요.
>
> – 소미란 –

> 아이 엄마들은 이 일에 전념하기는 어렵죠. 관광통역안내사 일을 하려면 아이를 키우는 것을 포기할 수밖에 없죠. 아이를 키우고 나면 가능하죠.
>
> – 이진미 –

이렇듯 관광통역안내사로 활동하기 위해서는 육아와 안정된 가정생활을 포기할 수밖에 없다. 이는 한국인 기혼여성과 공유하고 있는 어려운 근로조건이지만 특히, 양육을 지원해 줄 가족과 친지가 한국인 여성보다 부족하기 쉬운 결혼이주여성으로서 관광통역안내사로 활동하는 것은 더 어렵다. 결국, 관광통역안내사는 결혼이주여성들에게 비교적 좋은 직업으로 인식되고 있지만 일과 가정을 병행해야 하는 이들에게는 '이주민'이라면 대부분 경험하는 가족 및 지인 등의 지원체계(support system)의 부족으로 인해 더한 어려움이 따르는 직업이 되는 구조를 갖고 있다.

3-4. 불안정한 고용시장과 불합리한 임금구조

대부분의 관광통역안내사는 여행사의 정식직원이 아닌 계약직으로 근무하고 있다. 이에 관광통역안내사는 고정월급이 정해진 것이 아니라 주로 근무수당이나 쇼핑수수료에 의존하고 있다. 하지만 중국어권이나 베트남어권 관광통역안내사의 경우에는 정해진 팁도 없고, 일비(1일 안내수당)도 없으며, 어떤 경우에는 기사에게 주는 팁과 숙박비마저 개인 비용으로 지불해야 한다. 게다가 관광객의 여행일정에 따라 직무를 수행하기 때문에 시간 외 근무가 잦지만 추가 수당은 받지 못하고 있는 실정이다. 뿐만아니라 이들은 근로기준법과 최저임금법이 적용되지 않고 4대 보험도 적용되지 않기 때문에 회사의 강제폐업으로 인해서 임금이 지급되지 않아도 이들은 호소할 곳이 없다.

> 가장 참기 어려운 것은 관광통역안내사라는 직업은 보호받을 데
> 가 없다는 거예요. 심지어 월급을 받지 못할 때도 있어요. 그런 양

아치 사장들이 많아요. 여행사들이 그냥 강제폐업하고 월급을 주지
않는 거죠.

- 이진미 -

한편, 단체관광을 맡아서 쇼핑성적이 좋지 않으면 회사에서 자동적으로
퇴출되는 경험을 하기도 한다.

이번 단체에서 쇼핑성적이 좋지 않았는데 다음 단체까지 연속으
로 쇼핑성적이 좋지 않으면 여행사가 더 이상 저에게 단체를 주지
않아요. 왜냐하면 여행사는 돈을 지불해서 손님을 데리고 오는데,
손님들이 쇼핑을 하지 않으면 여행사도 손해를 보기 때문이죠.

- 장주란 -

언어권별로 관광시장은 다소 차이는 있지만 관광통역안내사는 상당히 불
안정한 직업임에는 틀림없다. 게다가 성수기와 비수기도 뚜렷하고, 사드 같
은 국제관계에도 민감하게 영향을 받으며, 코로나 19와 같이 국가 간 이동
이 얼어붙은 상황에서는 언제 다시 일을 할 수 있을지 기약할 수 없는 현실
에 직면하게 된다. 결혼이주여성으로서 어렵게 자격증을 취득해서 관광통
역안내사가 되었지만 이들에게 닥친 현실은 결코 녹록하지 않다. 이러한 현
실은 한국인 관광통역안내사와 공유하는 어려움으로 이에 관광통역안내사
의 4대 보험 가입은 필수적으로 지켜져야 하고, 이들의 직업적 특성을 고려
한 표준근로계약서를 마련할 필요성이 있다.

4. 직업경험의 성취: 대한민국 민간 홍보대사

4-1. 문화전문가로서의 자긍심

관광통역안내사가 관광객에게 영향력을 행사하기 위해서는 무엇보다도 관광통역안내사의 전문적인 지식이 중요하다. 관광통역안내사는 전문적인 관광지식 뿐만 아니라 한국 역사와 문화에 대해서 깊이 있게 알아야 한다. 아울러 모국의 역사에 대해서도 한국 역사와 비교해서 설명할 수 있는 능력을 갖추어야 한다. 실제로 결혼이주여성들은 관광통역안내사 자격 시험을 준비하면서 한국 역사와 문화, 그리고 관광지에 대해서 심도 있게 학습하게 된다. 그리고 결혼이주여성 중에는 한국사능력검정시험 자격을 취득하는 경우도 종종 있다. 이를 바탕으로 이들은 관광객들에게 한국을 소개하고, 이 과정에서 자신의 직업에 대해서 자긍심을 느낀다고 한다. 러시아 출신인 리나씨는 한국 역사에 대해서 해박한 지식을 가지고 있는데, 그녀는 관광객들에게 한국을 알려줄 때 가장 행복하다고 말한다.

> 손님들이 여행사로 편지를 보내서 가이드 설명이 너무 좋았다고 칭찬해 줄 때 너무 행복해요. 손님들이 "예전에도 자주 한국에 왔었지만 오늘 리나씨 설명 때문에 제대로 한국을 알게 되었어요"라고 이야기할 때요. 전 경복궁에 가면 경복궁에 대해서만 이야기를 하는 것이 아니라 명성왕후가 어떻게 도망갔고, 고종이 어떻게 덕수궁으로 갔는지 등을 설명해 줘요. 그러면 사람들이 나한테 너무 고맙다고 말해줘요. 그러면 내가 정말 이 일을 잘 선택했다고 생각하죠.
>
> — 리나 —

태국 출신의 따오씨는 태국 관광객을 안내하는 관광통역안내사가 갖추어야 할 가장 기본적인 자질은 '한국 역사와 모국(태국)의 역사를 비교해서 설명하는 능력'이라고 말한다.

> 예를 들어 제가 경복궁에 가면 한국 역사를 설명해 줘야 하잖아요. 예를 들면 경복궁이 세워졌을 때 태국 역사와 같이 설명해 줄 수 있어야 해요. 그리고 태국은 불기를 사용하기 때문에 연도 표기가 달라요. 그러니까 예를 들어 1392년이라고 하면 여기서 532년을 더해야 해요. 그리고 옛날에는 한국은 가난했잖아요. 그래서 태국인은 예전에 태국이 한국보다 더 잘 살았는데 왜 지금은 한국이 더 잘 살게 되었는지 궁금하게 생각해요.
>
>   – 따오 –

연구참여자들은 한결같이 관광통역안내사 일을 하면서 한국 역사와 문화를 모국인에게 알려줄 때 자긍심을 느낀다고 언급하였다. 인도네시아 출신의 디엠씨의 경우에는 본인은 관광통역안내사라는 직업을 좋아하지 않지만 한국을 모국에 소개한다는 면에서는 다른 결혼이주여성에게도 권하고 싶다고 했다. 중국동포인 이진미씨는 관광객들에게 한국 역사를 제대로 알려주기 위해서 깊이 있게 공부하게 되었고, 그 과정에서 스스로 많은 성장을 이루게 되었다고 술회했다. 베트남 출신의 소미란씨는 관광객들에게 한국 역사를 설명해 줄 때, '우와, 우와'하고 이들이 감탄사를 연발하면 가장 뿌듯함을 느낀다고 말한다. 이처럼 결혼이주여성 관광통역안내사들은 한국 사회에서 의미 있는 존재로 인정받고 싶은 욕구를 가지고 있으며, 직업을 수행하면서 한국을 모국에 알리는 '문화전문가'로 인정받을 때 비로소 직업에 대한 자긍심을 느낀다는 것을 알 수 있다.

4-2. 한국과 모국의 가교로서의 역할

결혼이주여성 관광통역안내사는 한국과 모국을 연결하는 가교 역할을 한다. 그리고 이들은 한국의 이미지를 모국에 알리고 모국인들이 한국에 대해 가지고 있는 편견과 오해를 풀어주어 양국 간의 우호를 증진시키는데 실질적인 도움을 주는 '민간 홍보대사'의 역할을 하고 있다고 생각한다.

> 한국 사람이 중국 사람에 대한 오해가 있고, 중국 사람은 한국 사람에 대한 오해가 있어요. 그런데 우리가 정정해 줄 때 보람을 느껴요. 예를 들어 중국 분들이 "한국 사람들은 0000해"라고 하면 제가 "아니에요. 사람 사는 것은 모두 비슷해요"라면서 오해를 풀어주죠. 그리고 한국에 와서 좋은 인상을 가지고 돌아가시면 우리도 정말 뿌듯해요. 그리고 어떤 관광통역안내사들은 손님들로부터 감사편지까지 받는 경우도 있어요.
>
> — 이진미 —

> 태국사람은 한국에 놀러올 때 일본이랑 비교를 많이 해요. 일본은 무조건 좋고 한국은 좋지 않다는 식으로 말을 많이 하죠. 예를 들면 한국 사람들은 지나가다가 부딪치면 사과를 하지 않고 가는 경우가 있어요. 일본은 그렇지 않다고 이야기하구요. 그리고 서비스가 좋지 않고 딱딱하다는 말도 많이 하구요. 그런데 이럴 때 제가 한국에 대해서 설명을 해서 오해를 풀어줄 때가 있어요.
>
> — 따오 —

결혼이주여성 관광통역안내사들은 한국 사회에서 의미 있는 존재로 살아가기를 원하고, 이를 자신들의 직업경험을 통해서 실천하고 있었다. 이들은 직업활동을 통해 한국 사회에서 자신들이 하는 역할에 긍지를 느끼고 있었다. 비록 결혼이주여성 관광통역안내사들이 겪고 있는 직업현실은 척박하지만 이러한 환경 속에서도 이들이 수행하는 직업경험 속에서 삶의 의미를 찾아가고 있었다.

V. 결론 및 제언

지금까지 6명의 결혼이주여성 관광통역안내사들의 생생한 목소리를 바탕으로 이들이 이 직업을 선택하게 된 동기와 자격증 준비과정, 그리고 직업경험을 구체적으로 살펴보았다. 이는 지금까지 거의 논의된 바 없는 '결혼이주여성 관광통역안내사'의 입장에서 이들의 직업경험에 대해 구체적으로 분석하였다는 일차적인 의의를 넘어 이주민의 언어와 문화자원을 활용한 직업세계에 대해 한층 더 확장된 시각을 학계에 제공한다는 의의도 가진다. 이와 함께 본 연구에서는 연구결과를 바탕으로 하여 해당 노동시장에서 이들의 뚜렷한 강점을 활용하는 취업지원 정책과 방안을 수립하는 데 필요한 논의를 제공한다는 점에서 실천적인 의도 역시 가지고 있다.

연구 결과, 이들은 모국어를 자유롭게 구사하고 모국문화에 능통한 장점을 활용하여 한국을 방문한 관광객들에게 한국 역사와 문화를 알리는 의미 있는 역할을 수행하고 있었다. 특히 이들은 한국을 방문한 모국인들에게 한국에 대해서 보다 풍부하게 이해할 수 있는 기회를 제공하고 있으며 모국인들이 한국에 대해 가지고 있는 편견이나 오해가 있다면 이를 풀어줌으로써 양국이 우호적인 관계를 유지하도록 하는 역할에도 긍지를 가지고 있었다. 이런 점에서 이 연구는 결혼이주여성 관광통역안내사의 경험을 밀도 있게 제시함으로써 이중언어를 활용하는 분야에 종사하는 결혼이주여성이 자신감과 자긍심을 가지고 직업활동을 하고 있다는 현실에 대해 긍정적인 결과를 제시한 유사분야 선행연구의 결과를 지지하고 확인한 측면이 있다. 또한 이런 선행연구들과 마찬가지로 이주민들이 모국어와 정착국의 언어를 함께 활용할 수 있는 직업에 도전하는 것은 이주민 개인의 자긍심을 고취하는 개인적 효과를 넘어 사회통합에 긍정적으로 작용할 수 있다는 점 역시 확인하고 있다.

또한 본 연구는 결혼이주여성 관광통역안내사가 한국과 모국 사이에서 의미 있는 연결고리 역할을 수행하며 관광업계의 인적자원으로 기능하는 모습을 확인하였다는 점에서 그 의의가 있다. 특히 태국어, 베트남어, 인도네시아어, 러시아어 등 소수 언어권 결혼이주여성 관광통역안내사들은 업계에 더욱 희소하며 관광업계의 귀중한 인적자원으로 자리매김하고 있는 상황은 그 어떤 선행연구에서도 파악된 바 없다.

한편 연구결과로 명료하게 드러나는 어두운 면은 결혼이주여성이 관광통역안내사라는 직업을 획득하기 위해서 많은 희생과 '전투'에 가까운 학습을 수행하고 있으며 일부 불필요하거나 효율이 떨어지는 제도적 절차를 감수하고 있다는 점이다. 연구결과는 이주민이기 때문에 불리하게 작용하는 시험제도는 내국인에게도 불필요한 장애물이 되고 있음을 함께 지적하였다. 또한 관광업계의 불합리한 구조적 현실 속에서 이들이 여성으로서 남성보다 불리한 직업적 조건에 놓이게 되고 직업의 유지가 위태롭게 된다는 점은 내국인 기혼여성과 공유하는 어려움이며 관광업계의 발전을 위해 타파되어야 할 모순임을 확인하였다.

이러한 연구결과를 바탕으로 한 핵심적인 제언은 관광업계에서 발생하고 있는 부당한 관행들에 대해 정부의 적극적인 조치가 필요하다는 것이다. 이는 관광통역안내사의 기본적인 권리를 보호함과 동시에 한국 관광산업의 이미지와 관광통역안내사들의 직업적 자긍심을 훼손시키지 않기 위해서도 반드시 해결되어야 할 과제이다. 역량 있는 이주민의 관광통역안내사 진출은 관광업계를 비롯하여 국가사회적 이익이 예상된다. 일반적으로 이민자의 이중언어 역량, 특히 정착국 언어에 대한 높은 수준의 역량은 그에 상응하는 경제적 보상으로 돌아오는 데 비해 이들의 경험은 과도한 쇼핑압력, 불합리한 임금구조, 강도 높은 노동 등, 관광업계가 안고 있는 구조적인 모순으로 점철되어 있었다. 이런 관광업계의 모순에는 한국 사회의 여성이 필요로 하는 노동 조건을 무시하거나 남성보다 불합리한 상황을 감수하라는 강요가 다수 포함되어 여성, 이주민, 그리고 노동자의 복합적인 문제가 자리잡고 있어 여성, 다문화, 고용과 노동, 그리고 문화관광 등, 다양한 정부 부처 정책입안자의 관심이 필요한 부분임을 제기하고자 한다.

이에 더해 본 연구에서는 결혼이주여성 관광통역안내사들이 한국 관광산업 발전에 기여할 수 있고 이들이 한국 사회에서 의미 있는 존재로 직업활동을 할 수 있도록 다음과 같은 실천적인 제언을 하고자 한다.

첫째, 결혼이주여성을 포함한 외국 출신으로 관광통역안내사 자격을 취득하고자 하는 사람들을 위한 합리적인 자격시험제도 변경이 필요하다. 관광통역안내사의 역량을 검증하는데 필수적이지 않으면서 이민자에게 불필요한 장애물이 되는 관행에 대한 이들의 경험은 시사하는 바가 있다. 주지하다시피 한국의 관광시장은 태국어, 베트남어, 인도네시아어, 러시아 등 소수언어와 문화에 능통한 외국 출신의 관광통역안내사들이 상당히 필요하므로 결혼이주여성을 포함한 이민자들을 대상으로 한 자격시험 제도를 합리적으로 수정할 필요성이 있다. 예컨대, 필기시험의 비중을 줄이고 면접시험에서 한국어 능력의 비중을 높이거나 필기시험 문제를 출신국의 언어로 출제할 것을 고려해 볼 수 있다. 이는 결혼이주여성의 관광통역안내사 진입을 늘리려는 현실적인 타협이라기보다는 역량 있는 이민자들이 해당 자격을 취득함으로써 관광업계와 한국 사회에 기여할 수 있는 측면이 더 큰, 효율적인 방안이 될 것으로 생각한다.

둘째, 결혼이주여성을 포함한 이민자 관광통역안내사에 대한 지속적인 전문성 제고 교육의 제공이 필요하다. 이들은 한국인 관광통역안내사로부터 한국 역사와 문화에 대한 전문성 부족으로 인해 끊임없이 비판받고 있다. 아울러 이민자 출신이라고 해도 모국의 역사와 문화에 대해 반드시 전문성이 있다고 할 수 없으므로 이들은 모국의 역사와 문화에 대해서도 체계적으로 학습해야 한다. 관광업계의 이민자 인적자원의 의미있는 활용과 이를 위한 여러 교육적 지원은 한국 관광의 질적 향상을 위해서 반드시 수행되어야 할 과제이다.

마지막으로 소수언어권 결혼이주여성 관광통역안내사들 중에서 직무능력이 우수한 관광통역안내사들은 정부 및 공공기관 등에서 적극적으로 활용할 필요성이 있다. 이들이 시간과 노력을 투자하여 얻은 역량은 다양한 공적 사업에서 국가 간 우호적인 관계를 증진시키는데 기여할 수 있을 것이다.

본 연구는 그동안 심층적으로 논의되지 않았던 결혼이주여성 관광통역안내사들의 직업경험을 분석하여 제도적·관행적 변화가 필요한 부분을 제안하였다는 것에 그 의미가 있다. 이주민 관광통역안내사를 대상으로 하는 후속연구로서 각 국가 및 언어별로 결혼이주여성의 입직 및 직업경험을 비교하는 연구 및 남성 이주민의 입직과 활동상황에 대한 연구도 필요하며, 이 연구에서는 수도권 거주 결혼이주여성이 참여하였으므로 비수도권에 거주하는 이주민의 입직 및 자격취득 상황에 대한 연구도 정책과 사업의 개선에 유용할 것으로 생각된다.

참고문헌

■ 국내문헌

〈단행본〉

강선주, 『역사교육 새로보기』, 한울아카데미, 2015.

강택구 외, 『역사교육과 국가이미지』, 선인, 2018.

김민호 외, 『다문화교육의 이론과 실제』, 박영스토리, 2015.

김진희, 『다문화교육과 세계시민교육의 이론과 쟁점』, 박영스토리, 2019.

김한종, 『역사교육과정과 교과서 연구』, 선인, 2006.

_____, 『역사수업의 원리』, 책과함께, 2007.

김한종 외, 『역사교육과 역사인식』, 책과함께, 2005.

_____, 『시민교육을 위한 역사교육의 이론과 실천』, 책과함께, 2019.

박기현, 『우리 역사를 바꾼 귀화 성씨』, 역사의 아침, 2007.

박재영 외, 『한국 역사 속의 문화적 다양성』, 경진출판, 2016.

법무부, 『2020 출입국·외국인정책 통계연보』, 법무부, 2020.

배상률, 『중도입국청소년 실태 및 자립지원 방안연구』, 한국청소년정책연구원, 2016.

양호환 외, 『역사교육의 이론』, 책과함께, 2009.

여성가족부, 『2018년 전국다문화가족실태조사』, 2019.

유발하라리 저, 조현욱 역, 『사피엔스』, 김영사, 2015.

윤종배, 『역사수업의 길을 묻다』, 휴머니스트, 2018.

장인실 외, 『다문화교육의 이해와 실천』, 학지사, 2014.

전국역사교사모임, 『역사, 무엇을 어떻게 가르칠까』, 휴머니스트, 2008.

_____, 『외국인을 위한 한국사』, 휴머니스트, 2010.

_____, 『우리아이들에게 역사를 어떻게 가르칠 것인가』, 휴머니스트, 2002.

정선영 외, 『역사교육의 이해』, 삼지원, 2001.

중앙대학교 문화콘텐츠기술연구원 외, 『한국사 속의 다문화』, 선인, 2016.

차윤경 외, 『융복합교육의 이론과 실제』, 학지사, 2014.

_____, 『글로벌 시대의 다문화교육』, 한국학중앙연구원, 2018.

최상훈 외, 『역사교육의 내용과 방법』, 책과함께, 2007.

Banks. J. A. 저, 방명애 외 공역, 『다문화교육의 세계동향』, 시그마프레스, 2014.

Bennett, C.I. 저, 김옥순 외 공역, 『다문화교육 이론과 실제』, 학지사, 2009.

Sleeter, C.E. & Grant, C.A. 저, 문승호 외 공역, 『다문화교육의 탐구 : 다섯가지
　　　방법들』, 아카데미프레스, 2009.

_____, 김영순 외 공역, 『교사를 위한 다문화 교육』, 북코
　　　리아, 2013.

〈연구논문〉

강선주, 「문화적 접촉과 교류의 역사」, 『역사교육연구』 3, 한국역사교육학회, 2006.

_____, 「역사교육의 내용 선정과 조직 연구의 현황 및 문제」, 『역사교육』 113, 역사교
　　　육연구회, 2010.

강소정, 「외국인 한국어 학습자를 위한 비언어적 표현 교육방안연구」, 『한민족문화연
　　　구』 57, 한민족문화학회, 2017.

강인애, 「구성주의적 교수학습 원리와 적용」, 『교육원리와 실험』 8(1), 1998.

강인애 외, 「Constructivist Research in Educational Technology : A
　　　Retrospective View and Future Prospects」, 『Asia Pacific Education
　　　Review』 8(3), 2007.

강종훈·전주성, 「초등학교 이중언어강사의 다문화교육 경험 탐색 및 시사점: 서울시
　　　를 중심으로」, 『교원교육』 3(3), 2014.

강택구·박재영, 「중국 조선족 역사교과서에 나타난 한국관련 내용분석」, 『백산학보』
　　　81, 백산학회, 2008.

고경민, 「아시아 전래동화의 비교를 통한 한국문화교육 방안:전래동화의 문화콘텐츠
　　　활용을중심으로」, 『동화와 번역』 24, 2012.

곽희정, 「중도입국 청소년을 위한 역사교재개발방안」, 『다문화교육연구』 10(2), 한국

다문화교육학회, 2017.

_____, 「중도입국 청소년을 한국사 교재의 구성 및 체제」, 『역사와 교육』 28, 역사와 역사교육학회, 2019.

곽희정, 「중도입국청소년을 위한 한국사 교수전략 연구」, 동국대학교 박사학위논문, 2020.

곽희정, 「한국사 수업에서 공평교수의 실천방안」, 『학습자 중심의 교과교육연구』 20(14), 2020.

곽희정 외, 「문화감응교수법을 활용한 한국사 수업 사례연구」, 『역사와 교육』 29, 2019.

곽희정·박재영, 「문화감응교수법(Culturally responsive teaching)을 활용한 한국사 수업 사례연구」, 『역사와 교육』 29, 역사와 역사교육학회, 2019.

권명희, 「결혼이주여성의 국제의료관광코디네이터 활성화 방안 연구」, 『사회적경제와 정책연구』 1(1), 2016.

권화숙, 「다문화 배경 학습자를 위한 내용 중심 학습 한국어 교수·학습방안」, 『새국어교육』 113, 한국국어교육학회, 2017.

길형석, 「학습자중심교육에서의 교수학습원리」, 『학습자중심의 교과교육학회』, 2001.

김기봉, 「세계화시대 다문화사회를 위한 역사교육」, 『철학과 현실』 89, 2011.

김민정, 「역사교사의 가르칠 궁리에 대한 반성과 공유」, 『역사교육』 117, 2011.

김보림, 「일본의 다문화교육정책과 역사교육」, 『역사교육논집』 49, 역사교육학회, 2012.

김선미, 「다문화교육의 개념과 사회과 적용에 따른 문제」, 『사회과교육학연구』 4, 한국사회과교육연구회, 2000.

_____, 「역사수업을 통한 다문화교육 실행 방안 탐색」, 『역사교육논집』 49, 역사교육학회, 2010.

김영주, 「전래동화 스토리텔링을 활용한 한국어교육 방안-다문화 및 재외동포 가정 아동을 중심으로」, 『새국어교육』 80, 2009.

김윤주, 「재외동포 아동학습자용 한국어 교재 개발 방안 연구」, 『한국어교육』 21, 2010.

_____, 「내용중심교수법을 활용한 한국어 문화수업 설계방안」, 『국어국문학』 184, 국어국문학회, 2018.

김윤주, 「이중언어강사의 역할 수행 실태 및 개선 방안 연구」, 『어문논집』 79, 2017.

김종훈 외, 「문화적으로 적합한 교수법의 개념 탐색」, 『다문화교육연구』 8(5), 2015.

_____, 「문화적으로 적합한 교수법 실행경험에 대한 내러티브 연구」, 『교육문화연구』 24(2), 인하대학교 교육연구소, 2018.

김한종, 「다문화사회의 역사교육 캐나다 BC 주의 경우」, 『역사교육연구』 4, 한국역사교육학회, 2006.

_____, 「다원적 관점의 역사이해와 역사교육」, 『역사교육연구』 8, 한국역사교육학회, 2008.

김현덕, 「다문화교육의 내용체계 구축과 실천방안」, 『비교교육연구』 20(5), 한국비교교육학회, 2010.

김현지, 「오스트레일리아의 역사교육과정 분석」, 서울교육대학교 교육대학원 석사학위논문, 2013.

나장함, 「문화적으로 적합한 교수법에 대한 고찰: Ladson-Billings의 이론을 중심으로」, 『사회과교육』 50(4), 한국사회과교육연구학회, 2011.

노정은·장미정, 「중도입국자녀 대상의 한국어 읽기 자료 개발 방안 연구 – 교과서 기반 초등학교 고학년 학습 자료를 중심으로」, 『리터러시연구』 29, 한국리터러시학회, 2019.

먼리리·김정원, 「이중언어강사의 역할, 만족도 및 문제점에 대한 탐색」, 『다문화교육연구』 8(3), 2015.

문형진, 「조선족 결혼이주여성의 한국사 인식 정도와 다양한 교육방안 연구」, 『중국학논총』 49, 2016

류방란·오성배, 「중도입국 청소년의 교육 기회와 적응 실태」, 『다문화교육연구』 5(1), 한국다문화교육학회, 2012.

류영철, 「중도입국 학생을 위한 다문화 교육의 효율적 방안」, 『다문화와 평화』 10(1), 다문화평화연구소, 2016.

박미은·신희정·이미림, 「결혼이주여성의 취업경험에 관한 현상학적 연구」, 『사회과학연구』 23(4), 2012.

박성옥, 「중도입국 청소년의 조기적응 프로그램 운영실태 사례 및 발전방안 연구」, 『다문화교육연구』 9(3), 한국다문화교육학회, 2016.

박재영, 「다문화 역사교육을 위한 교재개발 과정과 내용구성」, 『다문화콘텐츠연구』 22, 문화콘텐츠기술연구원, 2016.

배상률, 「중도입국청소년의 실태 및 자립지원 방안 : 진로 및 취업을 중심으로」, 『다문화아동청소년연구』2(3), 다문화아동청소년학회, 2017.

석영미·이병준, 「결혼이주여성 원어민 강사의 생애사 연구」, 『다문화교육연구』9(2), 2016.

안소현·이충기, 「관광통역안내사의 쇼핑 및 선택관광 지향행위에 대한 탐색적 연구」, 『관광학연구』41(5), 2017.

양은아·노일경·이혜연, 「다문화 배경 학습자 대상 고등평생교육 지원방안 탐색: 방송대 사례를 중심으로」, 『평생학습사회』14(4), 2018.

양정현, 「역사교육에서 민족주의를 둘러싼 최근 논의」, 『역사교육』95, 역사교육연구회, 2005.

양호환, 「역사교과서의 서술양식과 학생의 역사이해」, 『역사교육』59, 1996.

_____, 「내러티브의 특성과 역사학습에의 활용」, 『사회과학교육』2, 1998.

_____, 「역사서술의 주체와 관점」, 『역사교육』68, 1998.

엠마누엘라 사바티니, 「결혼이주여성의 문화적응 경험에 관한 현상학적 연구: 인도네시아 여성을 중심으로」, 계명대학교 석사학위논문, 2020

원진숙·장은영, 「다문화 배경 이중언어 강사의 역할과 핵심 역량에 대한 연구」, 『교육문화연구』24(2), 2018.

우희숙, 「중학교 사회수업에 대한 다문화가정 학생의 학습경험이해」, 『다문화교육연구』2(1), 2009.

이경주·반월, 「중국어 투어가이드(관광통역안내사)의 셀프리더십(Self-leadership)이 주관적 경력성공에 미치는 영향에 관한 연구」, 『관광연구논총』27(3), 2015.

이민경, 「거꾸로교실을 활용한 학습자 중심의 다문화교육」, 『학습자중심교과교육연구』16(3), 학습자중심의 교과교육학회, 2016.

_____, 「국제결혼가정 자녀들의 정체성 재구성」, 『교육사회학연구』26(1), 한국교육사회학회, 2016.

이바름·정문성, 「협동학습이 다문화태도에 미치는 영향」, 『다문화교육』2(3), 2011.

이인호, 「역사는 가르쳐야 하나」, 『역사비평』12, 1990.

이정우, 「국가수준 학업성취도 평가 결과를 통해 본 다문화가정 학생의 사회과 학업성취도 특성」, 『시민교육연구』45(2), 한국사회과교육학회, 2013.

이정우, 「국가수준 학업성취도 평가 결과를 통해 본 다문화가정 학생의 사회과 학업성취도」, 『시민교육연구』45(2), 2013.

이종서·남완우, 「무자격 관광통역안내사 현황 및 원인에 관한 연구: 중국인 대상 관광통역안내사를 중심으로」, 『관광연구』 31(4), 2016.

임형택·오정근, 「관광통역안내사 제도의 문제점과 개선방안에 관한 연구」, 『관광진흥연구』 5(1), 2017.

장의선, 「다문화가정 중학생의 사회과 학습 실태에 관한 연구」, 『글로벌 교육연구』 7(3), 2015.

_____, 「다문화교육을 위한 교사교육 교육과정 모형탐구」, 『초등교육연구』 21(2), 글로벌교육연구학회, 2015.

장인실, 「다문화가정 중학생의 사회과 학습 실태에 관한 연구」, 『초등교육연구』 21(2), 한국초등교육학회, 2008.

전은희, 「고학력 결혼이주여성들의 구직활동과 취업경험에 관한 내러티브 연구」, 『평생교육학연구』 20(3), 2014.

전영은 외, 「한국의 이해와 역사 교재 개발에 관한 요구 분석」, 『사회과교육』 57(4), 한국사회과교육연구학회, 2018.

전영준, 「다문화교육 관점에서 현행 중학교 9종 역사교과서 고려시대 단원분석」, 『대구사학』 112, 2013.

정윤경, 「문화감응교육의 재음미」, 『교육사상연구』 26(3), 한국교육사상연구회, 2012.

_____, 「문화반응교수 관점에서 본 사회과 수업」, 『초등교육연구』 24(1), 2013.

진대연, 「한국 문화 교육의 개선을 위한 역사 문화 교육과정 시론」, 『교육문화연구』 21(4), 인하대학교 교육연구소, 2015.

천은수, 「다중시각의 역사인식과 역사교육」, 한국교원대학교 박사학위논문, 2021.

최근애 외, 「다문화 가정 학생의 학습 한국어 이해 실태 연구-초등학교 사회과 역사 영역을 중심으로」, 『외국어로서의 한국어 교육』 39, 연세대 언어교육연구원, 2013.

최병욱, 「다문화사회에서 문화교류사의 사회 치유적 역할」, 『다문화콘텐츠연구』 13, 중앙대학교 문화콘텐츠 기술연구원, 2012.

추병완, 「다문화적 시민성 함양을 위한 문화감응교수방법 개발」, 『교육과정평가연구』 13(2), 한국교육과정평가원, 2010.

_____, 「도덕과에서 공평교수법의 함의에 관한 연구」, 『초등교육연구』 24, 한국초등교육학회, 2011.

허민·허창수, 「인도네시아 무슬림 유학생의 문화충격을 통한 한국의 문화적 특성 이해」, 『학습자중심교과교육연구』 17, 2017.

허선미·최인이, 「고학력 결혼이주여성의 탈구위치와 인정투쟁: 이중언어강사를 중심
　　으로」, 「사회과학연구」 27(4), 2016.
홍성두, 「학습장애 위험군 청소년들의 성격 특성 탐색연구」, 「학습장애연구」 8(1),
　　2011.
황철형 외, 「다문화가정 학생 가르치기: 세 명의 초등교사가 찾아낸 효과적인 수업지
　　도의 방법들」, 「초등교육연구」 27(2), 한국초등교육학회, 2013

■ 해외문헌

Aitken, C., & Hall, C. M., "Migrant and foreign skills and their relevance to
　　the tourism industry", *Tourism Geographies*, 2(1), 2000.
Allison, B.N. & Rehm, M.L., "Effective Teaching Strategies for Middle
　　School Learners in Multicultural, Multilingual Classrooms", *Middle
　　School Journal* 39, 2007.
Arja Virta, "Learning to teach history in culturally diverse classrooms",
　　Intercultural Education 20(4), 2009.
Arja Virta, "Whose history should be dealt with in a pluricultural context",
　　Intercultural Education 27(4), 2016.
Au, K.H. & Kawakami, A. J., "Research currents : Talk story and learning
　　to read", *Language Arts* 62(4), 1985.
Banks, J. A., "Teaching for social justice, diversity, and citizenship in a
　　global world", *The Educational Forum* 68(4), 2004.
　　_____, *An introduction to multicultural education*, 2008.
Bnaks, C. A. & Banks, J. A, "Equity Pedagogy : An Essential Component of
　　Multicultural Education", *Theory into Practice* 34(3), 1995.
Dunne, K. A. & Martell, C. C., "Teaching America's Past to Our Newest
　　Americans", *Social Education* 77(4), 2013.
Franquiz, M. E. & Salinas, C. S., "Newcomers to the U.S.:Developing
　　historical thinking among latino immigrant student in a central texas

high school", *Bilingual Research Journal* 34, 2011.

Garcia, E. E., "Attributes of effective schools for language minority students", *Education and Urban Society* 20(4), 1988.

Gay, G., "Preparing for culturally responsive teaching", *Journal of Teacher Education* 53(2), 2002.

Gay, G., "Culturally responsive teaching: Theory, research, and practice", *Teachers College Press*, 2010.

Greenwood, C. R., "Reflection on a research career: Perspective on 35 years of research at the Juniper Gardens's Project", *Exceptional Childern* 66, 1999.

Johnson, D. W. & Johnson. R. T., "Mainstreaming and cooperative learning strategies", *Exceptional Children* 52(6), 1986.

Karen Dooley, "Reconcepyualising Equity : Pedagogy for Chinese Student in Australian School", *The Austraian Educational Researcher* 30(3), 2003.

Ladson-Billings, G., "But that's just good teaching! The case for culturally relevant pedagogy", *Theory Into Practice* 34(3), 1995.

Ladson-Billings, G., "But that's just good teaching! The case for culturally relevant pedagogy", *Theory Into Practice* 34(3), 1995.

Martell1, C. C., "Race and histories: Examining culturally relevant teaching in the U.S. history classroom", *Theory & Research in Social Education* 41, 2013.

＿＿＿＿＿＿, "Approaches to teaching race in elementary social studies: A case study of preservice teachers", *The Journal of Social Studies Research* 41, 2017.

＿＿＿＿＿, "Teaching Race in U.S. History: Examining Culturally Relevant Pedagogy in a Multicultural Urban High School", *Journal of Education* 198(1), 2018.

Martell, C. C. & Dunne, K. A., "Teaching Americas Past to Our Newest Americans", *Social Education* 77(4), 2013.

Merriam, S. B., & Clark, M. C., "Work and love: Their relationship in adulthood", *International Journal of Behavioral Development* 16(4), 1993.

Nieto, S., "Profoundly multicultural question", *Educational Leadership* 60, 2002.

Slavin, R. E., "Cooperative learning & Cooperative school", *Educational Leadership* 45, 1987.

Topping, K. J., "Trends in Peer Learning", *Educational Psychology* 25(6), 2005.